splendeur des jardins de la
CÔTE D'AZUR

LOUISA JONES

PHOTOGRAPHIES DE VINCENT MOTTE

Traduction de Jean Froberger

FLAMMARION

Direction éditoriale
GHISLAINE BAVOILLOT
Création graphique
MARC WALTER

Réalisation PAO
Octavo Editions
Photogravure Colourscan France
© Flammarion Paris 1993
ISBN 2-08-201923-3
Numéro d'édition 0750
Dépôt légal avril 94
Imprimé en Italie par Canale

A tous les nouveaux amis
que j'ai rencontrés en préparant
ce livre, et à mon plus vieil ami,
mon mari.

Sommaire

7
Rêves d'Azur

27
Jardins de Légendes

75
Terrasses au Soleil

115
Jardins intimes

149
Jardins spectaculaires

201
Guide du Promeneur

Rêves d'Azur

Les fleurs luxuriantes de bougainvillée ornent les villas et les jardins sur toute la Côte d'Azur (p. 1). Nombre de jardins de la Côte d'Azur sont empreints de luxuriance et d'exotisme : chênes, palmiers, lauriers-roses et teucrium contribuent tous ici à ce tableau éclatant (p. 2-3). « La mer limite, continue, prolonge, ennoblit, enchante cette parcelle d'un lumineux rivage » : c'est ainsi que Colette décrivait ces spectaculaires paysages marins (p. 4-5) de la Côte d'Azur. Les premiers grands jardins de la Côte d'Azur sont nés sur les promontoires rocheux qui se jettent dans la Méditerranée, avec de pittoresques pins qui encadrent le bleu profond de la mer (p. 6-7).

Si la Côte d'Azur partage avec l'Italie et la Provence, ses deux voisines, un ancien héritage méditerranéen, cette étroite bande de territoire de quelques trois cents kilomètres s'étendant entre Hyères et Menton a connu un destin exceptionnel, tout à fait unique en Europe. La conjonction du climat, de la topographie et des différentes cultures a créé un pays de rêve, un lieu de distraction pour les princes et un paradis pour les collectionneurs de plantes depuis le XVIIIe siècle. « Côte d'Azur », le nom inventé par le poète Stéphane Liégeard en 1887 évoque non seulement une mer, un ciel et une lumière uniques, mais un monde où l'on pouvait réaliser les visions de beauté les plus désirables. Le mot « azur » lui-même traduit un tel idéal pour toute la génération symboliste en France, dont Liégeard faisait partie.

Un climat particulièrement privilégié attira l'élite cosmopolite vers ce monde idyllique. Des montagnes dressées juste derrière la mer protègent son littoral bien exposé, favorisant cette alliance de la mer et du soleil maintenant célèbre dans le monde entier. La réalité est bien sûr plus complexe que le bleu et or des affiches de voyage. D'un côté, la Côte d'Azur réunit dans son étroite bande plusieurs formations géologiques différentes – notamment les crêtes et les criques pourpres en porphyre des montagnes de l'Esterel et les roches calcaires de la chaîne des Maures. De l'autre, elle offre un vaste éventail de variations climatiques : près d'Hyères, autour de Beaulieu, dans la région baptisée la « Petite Afrique », et dans la baie de Garavan aux environs de Menton par exemple, se trouvent des collines abritées, tournées vers le sud, où il gèle rarement. Dans l'arrière-pays, en revanche, le thermomètre peut descendre jusqu'à moins 10 °C en hiver. Cette diversité de types de sol et d'expositions tente depuis longtemps les botanistes et les collectionneurs, désireux de connaître les limites du pays, de faire sans cesse pousser des variétés de plantes nouvelles, de réaliser des rêves qui resteraient utopiques ailleurs. Aujourd'hui, ces havres de douceur, avec leur microclimat particulier, continuent de receler une débauche de trésors exotiques hauts en couleur. On trouve désormais toutes les associations de végétation locale, méditerranéenne et étrangère, dans une heureuse profusion, à la grande joie des jardiniers, qu'il s'agisse de collectionneurs mondialement célèbres ou de simples retraités propriétaires de petits terrains. Cette diversité végétale donne à la Côte d'Azur une texture et un éclat tout à fait caractéristiques.

Les montagnes qui plongent dans la mer, et qui forment des pentes abruptes près du littoral, offrent également des possibilités de tracé très différentes de celles qu'on trouve ailleurs en France. En Provence, les propriétaires contemporains peuvent choisir de s'établir dans les plaines agricoles fertiles des Alpilles ou du Comtat, autour de vieux châteaux ou de fermes, ou encore dans des maisons de village rénovées. Rares sont ceux qui entreprennent de restaurer des collines escarpées, couvertes de murs en pierre soutenant des kilomètres de terrasses, alors que tant d'autres choix sont plus faciles.

Sur la Côte d'Azur, les options sont complètement différentes. Les premiers grands jardins furent créés sur les célèbres caps, ces promontoires rocheux qui se jettent dans la mer près d'Antibes, Nice, Monaco et Menton, par des propriétaires prêts à entreprendre d'importants travaux de terrassement et de faire venir des montagnes de terre. Les contemporains préfèrent généralement les anciennes oliveraies en terrasses de l'arrière-pays. Presque tous ont amoureusement encadré une vue sur la Méditerranée au loin. La montagne et la mer jouissent d'une intimité magique sur la Côte d'Azur, absente de la tradition provençale de façon générale, mais créée ici par leur spectaculaire proximité.

Les collines de la Côte d'Azur possèdent les plus vieux oliviers de France, car la douceur du climat dans cette région en a épargné beaucoup lors des gelées meurtrières de 1956 et 1985. Comme en Italie, ces géants ont les formes anciennes, noueuses et sculpturales dont rêve tout jardinier, non seulement pour leur vertu décorative, mais comme d'amis à forte personnalité et aux humeurs sans cesse changeantes.

Les caprices de l'histoire ont empli ces sites d'innombrables jasmins, rosiers, myrtes, glycines, tubéreuses, agrumes de toutes sortes. Et cette richesse de senteurs s'est développée au cours des cinq derniers siècles grâce à l'industrie du parfum qui

Les Jardins botaniques Hanbury à l'est de Menton, vus à travers les arcades de la Villa Orengo.

Dans ces criques de l'Esterel, Maupassant voyait la mer « découpée élégamment, avec une fantaisie coquette et pourtant artiste » (ci-contre).

prospérait à Grasse. Alors que d'autres régions méditerranéennes luttaient pour survivre grâce aux pois chiches, aux olives, au raisin et aux amandes, la Côte d'Azur produisait déjà des montagnes de fleurs.

LE KALEIDOSCOPE CULTUREL

Les parfumeries de Grasse ont amorcé une expansion étrangement cosmopolite de cette région essentiellement rurale, développement qui s'est considérablement intensifié à la fin du XVIIIe siècle et plus encore à l'époque romantique. La nature s'est montrée généreuse au départ ; l'ingéniosité humaine allait se révéler sans bornes. Peu à peu, le phénomène fabuleux de la Côte d'Azur a pris corps.

Henry, lord Brougham, lord-chancelier d'Angleterre, en est généralement considéré comme l'« inventeur ». En 1834, fatigué de ses années passées à se battre pour l'abolition de la traite des esclaves, le recul de l'illettrisme et bien d'autres causes progressistes, il vint dans le Midi pour sa santé et celle de sa fille. Avant d'arriver à Nice, il fut arrêté avec les siens par une épidémie de choléra et dut se réfugier dans un hôtel près de Cannes.

Lord Brougham tomba amoureux de ce lieu et acheta des terres alentour, fit construire une demeure à l'italienne à laquelle il donna le nom de sa fille, Villa Eléonore. Stendhal, la découvrant peu de temps après, admira ce « joli petit château » entouré de vastes pelouses, étonnamment vertes à longueur d'année. Car, à cette époque, personne, pas même les Anglais, n'était assez fou pour envisager de passer l'été sur cette côte. Le créateur de jardins Roderick Cameron racontait, dans les années 1960, qu'autrefois « les jardins, avec la maison, étaient mis de côté, disparaissaient en quelque sorte sous des housses. Lourd et argileux, le sol se durcissait et se fendillait, les pelouses étaient retournées... Même les allées de gravier s'évanouissaient, balayées de côté, prêtes pour l'automne... ».

La saison d'hiver était néanmoins fort brillante. Nombre d'Anglais distingués suivirent l'exemple du lord Chancelier, créant de savants jardins. L'un d'eux, Thomas Robinson Woolfield, se mit à construire et à vendre à ses amis. C'était lui aussi un homme aux multiples qualités : un homme d'une grande piété, qui contribua à fonder la première église anglicane sur la côte, un jardinier dont les pelouses étaient si parfaites que la reine Victoria

Les collectionneurs de la Côte d'Azur ne cessent d'expérimenter. Le vicomte de Noailles s'enorgueillissait à Grasse de deux collections de camélias (au centre). Les plantes communes dans les régions septentrionales, comme les campanules à grosses fleurs (en bas) ou l'Hydrangea quercifolia (ci-contre), trouvent ici des compagnons exotiques, comme ces yuccas pointus.

y jouait au croquet, un collectionneur à qui on attribue l'introduction de l'eucalyptus sur la Côte d'Azur. Ses jardins furent conçus par un certain John Taylor, qui se lança également dans l'immobilier. Sa réussite fut telle que l'un de ses descendants continue son affaire aujourd'hui encore à Cannes.

Bon nombre de ces domaines du XIXᵉ siècle survivent encore, certains dans une situation précaire, témoins fabuleux d'un âge d'or depuis longtemps révolu. Et lord Brougham a sa statue au cœur de Cannes, qui l'honore pour avoir marié le palmier avec le rosier anglais. Mais son influence ne fut pas au goût de tous : Prosper Mérimée, qui était alors inspecteur des Monuments historiques, protesta énergiquement contre ces « châteaux de carton campés sur de belles montagnes », qui ressemblaient selon lui « à des fleurs de papier au milieu d'un parterre ».

La Côte d'Azur est, on l'a dit, une invention britannique, sorte d'invasion culturelle bienveillante qui transforma complètement les localités qu'elle toucha. Patrick Howarth a même intitulé son amusante histoire de la présence anglaise dans cette région *Lorsque la Côte d'Azur était à nous*. Mais lord Brougham et ses pairs ne furent pas les seuls ni les premiers à s'intéresser aux plantes et aux jardins. Les historiens Michel Racine et Ernest Boursier-Mougenot citent plusieurs jardins botaniques prestigieux qui sont antérieurs à l'arrivée de Brougham dans la région, dont les moindres n'étaient pas les collections exotiques que l'impératrice Joséphine avait données en 1804 à l'administrateur des jardins de Nice, plantes qui avaient été cultivées sous serre à La Malmaison, mais qui pouvaient ici survivre en plein air.

Alphonse Karr, journaliste, écrivain et critique dramatique français, arriva dans les années 1860, peu de temps après la construction du chemin de fer qui lui permit d'expédier à Paris des fleurs coupées destinées à la vente sur les marchés. Il ouvrit une boutique de fleuriste à Nice, simple excentricité pour un homme de lettres à succès, mais il comptait parmi ses clients la plupart des têtes couronnées d'Europe. Il était réputé pour son esprit parisien : on dit que Karr demanda un jour à consulter des ouvrages rares de botanique qui appartenaient à son voisin, le roi de Suède, lequel accepta à condition qu'ils

soient examinés dans sa bibliothèque. Peu de temps après, le roi demanda à Karr de lui prêter ses arrosoirs, et le Parisien y consentit aussitôt, pourvu qu'ils soient utilisés sur sa propriété à lui…

A partir de 1864, Karr s'établit à Saint-Raphaël, où sa villa fut surnommée la « Maison close ». La légende dit qu'il fermait les volets à la vue de visiteurs indésirables. Il aimait en revanche recevoir des hôtes comme Dumas fils, Maupassant, Gounod et Berlioz. Il se consacrait entièrement à son jardin, qui croissait à merveille. N'avait-il pas écrit à son grand ami Léon Galayes : « Quitte donc Paris, où il n'y a pour soleil qu'une demi-lune, et viens t'installer ici tout près de moi. A peine arrivé, tu planteras ta canne dans mon jardin, et, le lendemain, à ton réveil, tu verras qu'il y a poussé des roses. »

Anglaise et parisienne : ces deux influences ont certainement contribué à la naissance de la légende de la Côte d'Azur, enrichies par maints autres courants. Dans les années 1920, ce sont les Américains qui ont lancé la mode de la saison d'été. L'opulence et l'extravagance furent de mise dès le début. Même ceux qui prétendaient fuir le monde et sa pompe le faisaient très publiquement. Le geste de Karr avec ses volets, comme sa façon de s'habiller (en noir, suivi d'un labrador noir et d'un domestique métis tout en rouge), étaient avant tout de caractère théâtral.

Exilés, expatriés, hédonistes de toutes sortes créèrent de nouvelles scènes flamboyantes pour des spectacles extravagants. Le jeu s'y épanouit, tandis que le chemin de fer, et ensuite l'automobile, rendaient la quête de ces plaisirs fugaces encore plus accessible. Le casino de Monte-Carlo devint une nouvelle Mecque pour des pèlerins douteux. La Côte d'Azur offrait après tout des fruits interdits en même temps que des fleurs : c'était le pays de la tolérance, que le romancier britannique Somerset Maugham considérait comme « un lieu ensoleillé pour des gens pas très clairs ».

La région devint bientôt une terre de rêve créée par et pour une élite qui pouvait ne se refuser aucun caprice. En quel autre lieu le magnat de la presse américain James Gordon Bennett, ne trouvant pas de table dans son restaurant préféré de Monte-Carlo, aurait-il pu acheter la maison sur-le-champ et donner l'acte de vente en guise de pourboire à l'heureux serveur ?

*L*e prince Albert Iᵉʳ de Monaco créa son Jardin exotique (ci-contre) dans le même esprit que son célèbre aquarium, avec une grande diversité de lignes, de textures et de couleurs.

*L*es jardins mentonnais de Maria Serena, disposés autour d'une villa Belle Epoque, comportent une célèbre collection de palmiers (en haut).

*L*e prolifique Acacia dealbata, qu'on appelle communément 'mimosa', étend sa profusion d'or sur les pentes autour du village de Bormes dans le Var (double page suivante).

Les voyageurs du XVIIIe siècle, tel le romancier Tobias Smollett, admiraient les jardins de la Côte d'Azur qui mêlaient les fleurs, les légumes et les fruits – roses, œillets de poète, anémones, petits pois, salades et agrumes. Les collectionneurs d'aujourd'hui peuvent choisir dans une palette beaucoup plus vaste, par exemple Abutilon x milleri *(en haut), ou l'exquise* Campanula takeismenia *(au centre).*

La Côte d'Azur fut d'abord l'œuvre d'un milieu social et financier choisi, qui réunissait bon nombre de têtes couronnées. Mais ce n'était pas uniquement un phénomène mondain : à la Belle Epoque et pendant l'entre-deux-guerres, les grands artistes européens vinrent également sur la côte à la poursuite de leurs visions d'un soleil idyllique. Les désirs de toutes ces personnes, génération après génération, étaient infinis, variés et imprévisibles, parfois surréalistes, parfois vulgaires, presque toujours festifs et ostentatoires. Bon nombre d'entre eux se concrétisèrent sous forme de jardins.

Mais il y avait aussi une tradition locale, difficile à démêler aujourd'hui de l'apport cosmopolite. Autrefois, un certain nombre de domaines privés étaient ouverts au public, peut-être plus qu'aujourd'hui. Les guides de voyage publiés régulièrement depuis la fin du XVIIIe siècle décrivent les élégants parcs de l'aristocratie locale, telle la belle villa du comte Gubernatis à Cimiez, qui abrite maintenant le Musée archéologique de Nice. Une certaine miss Brewster, écrivant au XIXe siècle, admira la Villa Arson du docteur Arnulfi, où Talleyrand séjourna et où le romancier britannique lord Lytton écrivit l'un de ses livres. Des allées de jardin à l'italienne, bordées de statues, de grottes et d'escaliers ainsi que d'une célèbre collection de camélias faisaient de cette propriété « l'une des vues élégantes du monde élégant de Nice ». Si la légende de la Côte d'Azur fut créée par des étrangers (dont des Parisiens), tous les historiens constatent un fort intérêt local pour les plantes et les jardins, antérieur de plusieurs siècles à l'arrivée des Anglais.

Un certain nombre d'éminentes propriétés de famille témoignent encore de cet héritage, avec leurs parcs, leurs terrasses géométriques et leurs arbres séculaires. Groupées pour la plupart sur les hauteurs de Nice, la plus grande ville de la région, ou autour de Grasse, centre de l'industrie du parfum, elles arborent un style qui évoque l'Italie – de même que la cuisine niçoise ressemble à la cuisine génoise. C'est ainsi que la Villa Châteauneuf, dans les collines au-dessus de Nice, possède une cour du XVIIe siècle avec une série d'arcades autour d'un parterre italianisant, chacune abritant un buste différent de César. Une inscription datée de 1681, un madrigal en piémontais, célèbre les charmes de la déesse Flore. Cette propriété appartient encore à la famille pour laquelle elle fut construite, quoiqu'une grande

On peut trouver Fuchsia fulgens *et* Salvia leucantha *à la pépinière Pellizzaro (en haut). L'humble fleur de courgette apparaît maintenant sur les meilleures tables de la région (au centre).*

partie du parc soit récemment tombée aux mains des promoteurs.

De même, la Villa d'Andon du XVIIIe siècle, près de Grasse, présente, sur sa série de terrasses, une élégante descente avec des bassins et des fontaines ; les cimes de vieux platanes abritent la façade principale avec l'une des glycines les plus exubérantes de la région, tandis qu'une allée de buis conduit à une statue de faune, le tout dans une symphonie d'ocres tendres et de verts – bel et authentique témoin du passé.

A mesure que la vogue de la Côte d'Azur grandissait, les arrivants anglais achetaient souvent ces propriétés et les transformaient. A la Villa Garibondy, la prestigieuse famille Paget recevait régulièrement la reine Victoria, qui daigna planter un pin parasol dans leur somptueuse pelouse en 1891. Les rosiers de Paget étaient célèbres – mais il n'y avait pas de palmiers, malgré les tendances prédominantes. Aujourd'hui le domaine subsiste, refuge insoupçonné près de Cannes, mariage de deux cultures.

La tradition régionale, à laquelle les créateurs de mythes ont longtemps fait de l'ombre, est depuis peu mise en avant par la mode contemporaine. Le cosmopolite actuel, qui continue de venir sur la Côte d'Azur pour réaliser ses fantaisies personnelles, met l'accent sur les racines rurales, transformant le style campagnard en un élégant art de vivre.

CITRONNIERS, PALMIERS, CYPRES ET OLIVIERS

Les rêves de la Côte d'Azur, et les jardins qu'ils ont produits, ont suivi un certain nombre de modes depuis le XVIIIe siècle, chacune symbolisée par un arbre. Au début, c'est la famille des agrumes qui séduisit les voyageurs septentrionaux. A longueur d'année, le feuillage vert vif de ces arbres devint le symbole de la présence de l'été en hiver, ou de l'éternel printemps. Mme de Sévigné s'extasia devant les merveilleux orangers, lauriers-roses et grenadiers qu'elle vit à Nice, et les historiens Racine et Boursier-Mougenot vont jusqu'à dire que l'introduction de l'oranger « marque la naissance des jardins les plus anciens que nous y connaissions ». Goethe avait invité la génération romantique à découvrir toutes les terres de soleil en évoquant les « pays où fleurit le citronnier ».

La famille des agrumes incarne toute l'histoire ancienne de la Côte d'Azur, ses possibilités climatiques uniques, ses industries – à la fois dans la parfumerie et l'agri-

Les jardins profitent aujourd'hui des modes des générations passées : des oliviers traditionnels flanqués de palmiers, de lauriers-roses, de glycines et de Beschorneria yuccoides *entourent une piscine dans la montagne (double page suivante).*

culture. En hommage à sa diversité, la ville de Menton célèbre une fête du citron tous les ans en février. Cette petite communauté pittoresque près de la frontière italienne possède un climat si doux que les citronniers produisent ici des fleurs et des fruits à tous les stades de développement à longueur d'année, ce qui n'est possible nulle part ailleurs au nord de Palerme. Menton en est si fier que la ville a créé un parc municipal autour du palais Carnolès pour présenter la vaste gamme de variétés d'agrumes qui croissent ici en plein air.

Une légende mentonnaise pittoresque honore la magie du citronnier. Elle fut racontée, dans l'une de ses versions, par une blanchisseuse de Garavan à une touriste fin du XIXe siècle, lorsque le palmier inaugura son règne sur la Côte d'Azur. Bien qu'on l'eût déjà observé près d'Hyères aux XVIe et XVIIe siècles, son introduction est généralement située entre 1830 et 1870. Le dattier des Canaries, *Phoenix canariensis*, aurait, dit-on, été acclimaté pour la première fois par le comte de Vigier à Nice en 1864, s'étendant peu après vers l'ouest le long de la côte et devenant l'arbre emblématique, entre autres, de la ville d'Hyères. Des palmiers de toutes sortes invitaient l'imagination à des rêveries exotiques. Pour Flaubert, qui écoutait le vent bruire dans leurs feuilles à Toulon, entouré de fleurs parfumées dont il ignorait le nom, « on se sent le cœur faible, et tout prêt à aimer ».

Dans leur fabuleuse collection de plantes exotiques à La Mortola, les frères Hanbury furent toujours les précurseurs de la mode, et non des suiveurs (ci-contre).

L'attrait des agrumes tient à leur feuillage qui reste vert à longueur d'année, à leurs fleurs parfumées et à leurs fruits qui ressemblent à des lanternes dorées.

anglaise du nom de Frances M. Gostling en 1927 : « Tandis qu'Eve suivait son époux aux portes du paradis, elle s'arrêta pour cueillir un rameau de citrons. "Ils nous rappelleront notre première et chère demeure, dit-elle, et en outre les citrons sont si rafraîchissants lorsqu'on voyage." Le couple erra dans le malheur jusqu'à ce que la chance les conduise sur le site de Menton. Ici Eve s'exclama : "Regarde, nous l'avons enfin trouvé – notre second paradis." C'est toujours le paradis, ajoute Mme Gostling, le plus bel endroit de la Côte d'Azur, un lieu de palmiers et de vagues qui murmurent, de crépuscules dorés, de rêves et de contes de fées ! »

Les « palmiers et les vagues qui murmurent » de Mme Gostling rappellent la grande mode pour l'exotisme que connut la

Les palmiers ornant les brochures touristiques des villes situées tout le long du littoral continuent de faire rêver. Mais dans la plupart des cas, leur présence sur la Côte d'Azur n'évoquait pas des décors de jungle ou d'îles tropicales inconnues. Ils prenaient plutôt leur place, comme ils font aujourd'hui, dans des ensembles paysagers, en avenues ou en groupes, les pieds entourés de géométries de plantes à massif aux couleurs vives. Ils étaient plutôt signe de civilisation et de richesse. Cette même Mme Gostling constate : « Les jardins ici sont pleins de rares palmiers, de caoutchoutiers, de succulents, d'arbustes rares et étranges… et de fleurs telles que seuls les milliardaires peuvent s'offrir. » Même les jardins exotiques privés avaient souvent l'air de parcs publics,

Les jardins élaborés de la Villa Fiesole à Cannes furent créés dans les années 1920 par le peintre Jean Gabriel Domergue et par sa femme le sculpteur Maujendre-Villiers dont les œuvres constituent une grande partie du décor. La mairie de Cannes y donne de nos jours de brillantes réceptions.

tels ceux qu'on voit encore autour du casino de Monaco de nos jours.

Le début du XXᵉ siècle vit cependant une nouvelle évolution des sensibilités. Mme Martineau, chroniqueuse des jardins, écrivit en 1924 un livre intitulé *Gardening in Sunny Lands*, dans lequel elle bannissait le style ancien et proclamait l'avènement du nouveau, « un soulèvement contre la tyrannie de la plante à massif ; car c'était une véritable tyrannie lorsqu'un jardinier pouvait se targuer d'utiliser 350 000 pots en une seule saison ! Partis sont les monticules multicolores de cinéraires et de cyclamens, les bordures en mosaïque et les palmiers entourés de primevères ; l'amour du jardinage plus compétent et plus intelligent, tel qu'il s'est développé au cours des années récentes en Angleterre et aux Etats-Unis, n'aurait plus supporté cette forme de décoration sans vie, quand bien même le coût plus élevé de la main-d'œuvre ne l'aurait pas rendue impossible. Les cyprès du pays remplacent le palmier étranger ; et les grandes masses de plantes de rocaille, d'arbustes à fleurs, de mimosas (acacias) et de plantes grimpantes ont supplanté les "plates-bandes" de la vieille école ».

Le cyprès commençait effectivement à s'imposer, non seulement dans les jardins influencés par le nouveau mouvement horticole anglais, mais aussi dans les domaines qui renouaient avec le style méridional. Ferdinand Bac, artiste et paysagiste, a réuni le cyprès et l'olivier dans des jardins évoquant toute une gamme de mythes méditerranéens :

notamment dans son extraordinaire jardin des Colombières à Menton. Les modèles italiens furent très admirés et imités dans les grandioses parterres créés par le paysagiste anglais Harold Peto, ainsi que par les architectes français Achille Duchêne, Octave Godard, Jean-Claude Nicolas Forestier et beaucoup d'autres sur toute la côte.

Aujourd'hui, le majestueux olivier est le souverain incontesté. Les jardiniers et les paysagistes soulignent à nouveau les liens avec la Provence et l'Italie, et leur héritage méditerranéen commun resurgit, perdurant avec une constance surprenante. Les frontières nationales et régionales ont en effet imposé des divisions quelque peu arbitraires à une terre qui, depuis les temps anciens, était vouée à l'élevage du mouton et de la chèvre, à la culture de la vigne, de l'olivier et des fruits. Il subsiste encore des paysans dans les collines derrière Nice, malgré les pressions exercées par les promoteurs qui veulent acheter leurs terres. On en voit qui vendent leurs produits sur le marché, empruntant l'autoroute pour s'y rendre de leurs fermes dans la montagne puis repartant aussitôt. L'opinion actuelle considère leur mode de vie traditionnel comme un modèle de vie saine et simple. Virgile l'avait déjà dit…

Dans le même temps, les jardiniers actuels perpétuent la tradition que connaît la Côte d'Azur depuis son invention : choisir dans chaque époque et chaque partie du monde les éléments qui conviennent le mieux

Des arbres de Judée et des cerisiers fleuris peuplent les vieux jardins provençaux, auxquels viennent s'ajouter, sur la Côte d'Azur, des palmiers et des eucalyptus (ci-contre).

De nombreux jardins grandioses de la Belle Epoque encadraient le long éperon de Monaco, comme ici à la Villa Roquebrune, soulignant ainsi le piquant contraste entre leur tranquillité et l'agitation mondaine de la principauté (ci-contre).

au rêve individuel de chaque propriétaire. Sur la Côte d'Azur, un style régional ne peut être que cette infinie variété de rêves personnels, rendus possibles par un climat de tolérance et une histoire extrêmement diversifiée. Les modes de la Côte d'Azur sont fantaisistes et fabuleuses, repoussant toujours les limites de la réalité dans telle ou telle direction. Tout y est possible.

Nulle part ailleurs au monde on n'a créé en une si petite région un tel éventail de visions extravagantes – et c'est d'autant plus vrai de nos jours qu'il n'y a plus de saison d'hiver ou d'été spécifique. Les jardins doivent maintenant être en beauté à longueur d'année, ce qui est un défi encore plus grand que ceux relevés par les générations précédentes. L'imagination est une force motrice aussi importante que l'argent. Tous les jardins d'aujourd'hui ne sont pas réalisés grâce à des fortunes colossales et des dépenses extravagantes. Certaines des créations les plus ingénieuses sur la Côte d'Azur sont modestes dans leurs moyens et leur superficie. L'art du jardin contemporain sur la Côte d'Azur réserve de nombreuses surprises, dont certaines seront dévoilées dans les chapitres qui suivent. Beaucoup de propriétés historiques sont extrêmement célèbres – celles qui ont contribué à créer le mythe de la Côte d'Azur, de la Belle Epoque à l'après-guerre, et qui ont considérablement influencé toutes les créations ultérieures. Elles constituent aujourd'hui l'héritage de la région. Certaines sont ouvertes au public, d'autres le seront après une restauration dont elles ont grand besoin (surtout la Serre de la Madone, création du célèbre paysagiste anglais Lawrence Johnston, l'exemple le plus triste de la côte). L'histoire de leur naissance, de leur grandeur et, dans certains cas, de leur décadence, évoque une fois encore le mythe de l'âge d'or.

Certains de ces jardins étaient situés sur des collines en terrasses – c'est le cas de la grande majorité des propriétés sur la Côte d'Azur, tant anciennes que nouvelles, étant donné la topographie de la région. On sous-estime généralement l'importance de cette configuration commune, et pourtant rien ne révèle mieux l'étonnante diversité des créations de la Côte d'Azur que les différents usages que l'on a pu faire de la colline en terrasses classique. Maintenant que les jardins de l'arrière-pays régissent la mode, la diversité de ces sites prend encore plus d'importance.

De même, les jardins de légende étaient d'une telle opulence qu'on a peu prêté attention aux jardins intimes de la Côte d'Azur, issus pour certains de la tradition horticole anglaise, pour d'autres des efforts de collectionneurs modestes mais passionnés.

Il existe encore des jardins grandioses aujourd'hui, dont bon nombre sont de conception délibérément théâtrale. Certains d'entre eux ont d'anciennes racines et ont conservé toute leur splendeur, mais, ayant toujours fui la renommée de leurs contemporains plus célèbres, restent extrêmement privés et fermés. D'autres sont des créations tout à fait récentes, qui ont puisé à l'opulence des modèles passés et aux richesses non moins stimulantes des plantes nouvellement disponibles pour renouveler la tradition du jardin de prestige sur la Côte d'Azur.

Une région d'une telle richesse d'imagination permet une variété quasi infinie. On pourrait envisager d'autres thèmes pour les jardins de la Côte d'Azur, et ceux-ci ne s'excluent du reste pas les uns les autres. Mais ces choix particuliers permettent de jeter un regard neuf sur une région surmenée et surfréquentée, et de faire figurer bon nombre d'exemples fascinants et méconnus.

Les deux grandes tendances qui semblent dominer le monde du jardin de façon générale, le courant paysager et la passion de la collection, se mêlent dans tous ces types de jardin sur la Côte d'Azur, des plus intimes aux plus grandioses. Mais ici encore les alliances sont parfois tout à fait surprenantes.

La Côte d'Azur se débarrasse de ses images d'extravagance élitiste et de vacances au bord de la mer pour aller vers une élégance plus sereine. Les jardins ont un rôle important à jouer dans cette nouvelle vision, car beaucoup sont accrochés aux collines de l'arrière-pays et aux traditions rurales qu'elles incarnent, certains petits, luxuriants et riches de texture, d'autres essentiellement théâtraux, conçus pour tout un spectacle nouveau. Et ce n'est que le lever du rideau...

Le Cycas revoluta, originaire des côtes japonaises, fleurit ici dans les jardins de la Villa Maria Serena à Menton. Cette espèce existait déjà il y a cent millions d'années (au centre).

Le jardin botanique privé des Cèdres recèle des merveilles, tel ce brillant Caesalpina japonica syn. sepiara, trop rampant et trop épineux pour la plupart des petits jardins (double page suivante).

Jardins de Légendes

Nombre de domaines fabuleux qui datent de l'âge d'or de la Côte d'Azur ont survécu, même si on ne peut s'empêcher de regretter tout ce qui a disparu. On devrait du reste dire plutôt « âges d'or », car il y en eut plusieurs dans l'histoire des jardins : les domaines aristocratiques qui appartenaient aux anciennes familles, de la Renaissance aux XVIIe et XVIIIe siècles ; les excentricités anglaises, les collections exotiques internationales et les parcs paysagers qui ont proliféré au XIXe siècle ; au lendemain de la Première Guerre mondiale, ce fut le double mouvement vers le formalisme méditerranéen d'une part, et vers l'horticulture anglaise de l'autre. Quantité de gens différents ont jardiné sur la Côte d'Azur, pour des raisons différentes. Les jardins décrits ici ont été créés entre le second Empire et les lendemains de la Seconde Guerre mondiale. Tous furent – et restent – extrêmement célèbres, et tous ont exercé une immense influence en tant que modèles, parfois au travers de plusieurs générations. Il s'agit de jardins opulents, expressions extravagantes de propriétaires talentueux et privilégiés. Stimulés par leur passion commune, ils se sont souvent connus les uns les autres, échangeant plantes, conseils et découvertes avec une grande générosité. Certains sont encore présents dans des tombeaux ou mausolées sur les terres mêmes qu'ils ont transformées – geste de grandeur que peu de propriétaires contemporains envisageraient d'imiter.

Beaucoup de ces propriétés sont maintenant ouvertes au public ; quelques-unes sont en cours de restauration, mais nombre des domaines importants sont dans une situation précaire. Les grands jardins de la Côte d'Azur représentent un héritage culturel unique au monde, dont il faut ardemment souhaiter la préservation. Mais même les plus abandonnés d'entre eux persistent en tant que légendes, et continuent d'enchanter jusqu'à ce jour.

LA MORTOLA

Le plus grand jardin de la Riviera est sans doute La Mortola – grand par le nombre d'années, la richesse de ses collections, la force de sa présence et, surtout, l'influence exercée sur toute la Côte d'Azur. La Mortola est en fait située juste au-delà de la frontière italienne, à huit kilomètres à l'ouest de Vintimille. La légende de ses origines a souvent été racontée : en 1867, Thomas Hanbury, prospère marchand anglais, apercevant d'une barque en mer cette colline en terrasses, densément plantée d'agrumes, de vignes, d'oliviers et de cyprès autour de la Villa Orengo, une ruine de la Renaissance, imagina d'y créer un grand jardin expérimental et de restaurer la villa. Le microclimat et le sol se révélèrent favorables à la culture de plantes exotiques rares provenant du monde entier, la limite septentrionale pour un certain nombre d'espèces africaines dont le papyrus. Thomas sollicita l'aide de son frère Daniel, botaniste et pharmacologiste de renom, et le jardin fut bientôt célèbre, grâce notamment à la générosité des Hanbury, qui surent répondre à l'intérêt du public et favoriser les échanges dans le monde entier. A tel point qu'en 1937 dix-huit mille sachets de graines furent expédiés à des collectionneurs à l'étranger.

Le fils de sir Thomas, Cecil, avait alors repris depuis longtemps le domaine en main, avec l'aide de plusieurs éminents conservateurs allemands. L'épouse de Cecil, Dorothy, et le frère de celle-ci, Bertram Symons-Jeune introduisirent une dimension paysagère, créant des perspectives, des pergolas, des belvédères, des fontaines et un petit temple. C'est de cette époque que date l'unique axe spectaculaire du jardin, qui descend la colline, avec ses paliers, ses escaliers courbes, ses grottes et ses bassins.

Les contributions, les qualités et les limites de Dorothy Hanbury ont suscité quelques controverses, mais il faut porter à son crédit la restauration du jardin, avec des moyens restreints, au lendemain de la Seconde Guerre mondiale. Il avait alors été utilisé pour des manœuvres de combat, bombardé par toutes les armées, choisi comme théâtre d'une rencontre secrète entre Mussolini et Franco en 1941, fortement miné, comme la plupart des jardins côtiers à cette époque. Il avait vu ses inestimables collections de graines dispersées aux quatre vents. Dorothy vendit la propriété à l'Etat italien, et de nombreuses années s'écoulèrent ensuite avant que son statut administratif ne fût réglé. Aujourd'hui, les jardins botaniques Hanbury sont administrés par les professeurs Paola

Les collines particulièrement protégées au-dessus de la baie de Garavan à Menton ont accueilli un grand nombre des jardins les plus extraordinaires de la Belle Epoque, qui constituent un héritage unique pour cette ville pittoresque (ci-contre).

Les frères Hanbury, non contents de cultiver de belles fleurs de yucca à La Mortola, introduisirent également l'insecte capable de les polliniser (au centre).

Les jardins Hanbury étendent leur luxuriance au-dessus de la nappe bleue de la Méditerranée, autour de la Villa Orengo. Teucrium fruticans, avec ses fleurs bleues, y sert souvent pour les haies (double page suivante).

Le père et le frère de Dorothy Hanbury créèrent le principal axe vertical de ce jardin, baptisé Viale Nuovo, où chaque niveau conduit à de nouvelles découvertes (en haut).

Profumo et Paola Gastaldo, de l'Institut botanique de l'université de Gênes, fondé en partie grâce aux terres données par sir Thomas en 1892. Elles sont secondées par le Dr Campadonico et un comité consultatif d'experts internationaux.

L'administration actuelle renoue avec la tradition accueillante des Hanbury. Les plantes sont à nouveau soigneusement étiquetées et entretenues par quinze jardiniers. Une jeune équipe bien formée reçoit chaque année cinquante mille visiteurs. On tient à nouveau des registres détaillés, comme on a fait pendant des décennies, avec notamment une liste faite chaque année des variétés de plantes en fleur le 1er janvier — on en a compté jusqu'à quatre cents à la fois ! Un récent documentaire télévisuel réalisé par le célèbre expert anglais Roy Lancaster montrait bien l'étonnante diversité de plantes à floraison hivernale qui subsiste encore.

Thomas et Daniel Hanbury souhaitaient au départ non seulement collectionner des plantes à La Mortola, en se spécialisant dans celles à usage commercial et pharmaceutique, mais aussi réaliser des expériences d'acclimatation pour voir quelles espèces pouvaient survivre dans différents microclimats. La plupart des arbres exotiques du jardin datent de

leur époque (un impressionnant *Casimiroa edulis*, par exemple), ainsi que les collections d'origine d'agrumes, de cactées et d'autres plantes grasses. Les frères ont également créé la célèbre pergola de trois cents mètres de long, avec trois plantes grimpantes différentes sur chaque pilier — toutes sortes de jasmins, de passiflores, de mandevillas, thunbergies, bignones rouges et jaunes, ainsi que *Pandorea*, *Phaedranthus* (ou *Distictis*), *Tecoma* et bien d'autres. Ils ont aussi favorisé la repousse de la végétation naturelle et sauvage aux abords du jardin en empêchant les bergers d'y passer. L'Etat italien continue de préserver avec le plus grand soin ce rare exemple de maquis côtier intact, qui couvre environ la moitié des dix-huit hectares de La Mortola.

Le portail encadré de piliers de La Mortola donne accès à un domaine magique, où les premières marches, escarpées et bordées de cyprès, descendent vers tout un monde de jardins. Bon nombre de plantations spécialisées se trouvent aux extrémités des terrasses, avec la mer en toile de fond, ou sont groupées autour de la maison, ou encore occupent les endroits abrités en contrebas. Une carte fournie à l'entrée permet au visiteur de n'oublier aucun recoin caché et donne une liste de quelques-uns des arbres les plus

La célèbre fontaine au dragon de La Mortola, ici à moitié cachée par un cyprès entremêlé de glycine, et crachant ses eaux au travers de papyrus, vient de Kyōto (au centre).

La Mortola abrite des collections de plantes de renommée internationale, qui ont pourtant été négligées et endommagées pendant la guerre. Felicia folifolia (qu'on appelle également 'aster' ou 'diplopappa') apparaît dans nombre d'anciens jardins de la Côte d'Azur (en haut à droite).

Le rare Bignonia unguis-cati, drapé sur une fontaine (en haut à gauche), ou la renoncule, variété double de jardin (en bas), donnent l'un et l'autre des fleurs jaune vif.

rares, tel l'*Araucaria cunninghamii* semé par Daniel Hanbury en juin 1872. La tour ocrée de la villa restaurée est visible de tout le jardin. Ses portes furent rapportées de Chine par Thomas, avec une immense cloche de temple dans la cour. Juste au-dessous, un pont en pierre enjambe les vestiges restaurés d'une voie romaine, la Via Aurelia. Au pied même de la colline se trouve un salon de thé en plein air, qui permet de se restaurer avant d'amorcer l'ascension du retour. Une visite unique ne suffit du reste pas à faire le tour des richesses du jardin.

Chacun aura son endroit de prédilection : peut-être la zone de forêt australienne de Dorothy, avec des spécimens des genres *Brachychiton, Acacia, Eucalyptus, Melaleuca* et *Callistemon*. Dans le bois que l'on aperçoit de la maison, d'immenses cèdres bleus de l'Atlantique et des cyprès mexicains (*Cupressus guadalupensis*) abritent les vieux oliviers, au pied desquels des roses banks déroulent, au printemps, d'immenses broderies d'or. Ailleurs les pentes délicates sont couvertes de plantes grasses, dont les infinies et étonnantes variations de couleur, de forme et de texture proviennent des déserts du monde entier. Un escalier à double rampe abrite la fabuleuse fontaine-dragon de Kyōto, le monstre déversant l'eau à travers d'élégants rideaux de papyrus. Une allée à deux niveaux de plantes parfumées, de l'eucalyptus à parfum de citron aux lavandes rares, a été restaurée avec beaucoup de charme. Le jardin de fruits exotiques donne des nèfles, des kiwis, des kakis, des noix de Macadamia et bien d'autres, moins connus. La collection d'agrumes, avec ses étonnants pamplemousses Shattuck de trois livres, est maintenant le centre d'un élégant jardin blanc. Peut-être un jour le public reverra-t-il sur la colline se déployer cent quinze espèces de ficoïdes (*Mesembryanthemum*) aux couleurs éclatantes. Quiconque souhaiterait emporter un croquis de son recoin préféré pourra se rappeler que la reine Victoria en fit autant en 1882.

Sans doute tous les jardins de la Côte d'Azur abritent-ils aujourd'hui des descendants de plantes qui ont un jour fleuri à La Mortola. Des variétés de roses, d'agaves et d'aloès portent des noms attestant qu'elles y ont vu le jour. Certaines spécialités mériteraient d'être mieux connues : les rosiers à floraison hivernale, par exemple, une belle sélection de Nabonnands du XIXe siècle (tout un mur de 'Noëlle Nabonnand'). A mesure que la restauration progresse, de plus en plus d'endroits retrouvent leur esprit premier.

« Longue vie et bonheur » : voilà ce que dit l'idéogramme au-dessus de l'entrée, offert à sir Thomas par l'ambassadeur de Chine en Angleterre. Puisse-t-il protéger le jardin tel qu'il évolue aujourd'hui.

LA VILLA THURET

Les frères Hanbury échangèrent des plantes avec un autre collectionneur, le botaniste Gustave Thuret, qui en 1855 avait choisi un site au Cap-d'Antibes. Pour George Sand, lorsqu'elle visita la Villa Thuret en 1868, c'était « un éden qui semble nager au sein de l'immensité ». Sur plus de trois hectares, ce jardin a réussi à enrichir considérablement les possibilités botaniques de la région. Rattaché au réseau national de recherche agricole dès 1927, il continue d'être à l'avant-garde, créant par exemple des variétés de cyprès résistant aux maladies. Deux cents espèces nouvelles sont introduites chaque année, et tous les trois ou quatre ans on développe un nouveau secteur du jardin.

La Villa Thuret est un jardin de recherches en activité, avec quelque 3 000 espèces présentées de manière que les familles de plantes soient facilement reconnaissables. Les préoccupations esthétiques sont ici secondaires, comme elles l'étaient autrefois pour les frères Hanbury. Le site fut choisi pour les conditions exceptionnelles qu'il offrait et est un excellent exemple de l'extrême diversité des microclimats et des types de sol que l'on peut trouver sur la Côte d'Azur. Dans cet endroit particulier, l'humidité atteint 90 pour cent en été. Sur le versant nord, la température peut descendre jusqu'à - 4 °C chaque hiver. Bien que le sol soit fortement alcalin, il s'agit d'un sol volcanique, et non calcaire. Beaucoup de plantes qui refusent de pousser sur le calcaire prospèrent ici, tandis que la lourde argile retient l'humidité.

Tout cela permet d'importantes expériences dans le domaine de l'adaptation des plantes.

Rien n'est arrosé ni abrité en hiver – le but est l'acclimatation naturelle. De même, les traitements contre les maladies et les insectes sont réduits au strict minimum. Les plantes qui ne sont pas assez robustes pour survivre à ces épreuves sont laissées en place jusqu'à ce qu'elles meurent, ce qui n'est pas sans incidence sur l'attrait esthétique du jardin. La Villa Thuret possède néanmoins quelques magnifiques spécimens, notamment ses eucalyptus et ses vingt-cinq variétés de palmiers, ainsi qu'une belle collection de plantes à floraison hivernale.

LES CEDRES

Cet autre jardin de collectionneur légendaire doit sa renommée au roi Léopold II de Belgique, qui l'établit dès les années 1890. Le roi acheta de grandes étendues de terre sur le promontoire de Saint-Jean-Cap-Ferrat, cultivant à l'extérieur, sur ses versants abrités, des plantes qu'il ne pouvait garder que dans ses célèbres serres de Laeken. Une autre propriété sur le cap, la Villa Mauresque, également achetée à l'origine pour le roi, devint célèbre à partir de 1928 lorsque Somerset Maugham en fit sa demeure. C'est là qu'il prétendit avoir cultivé les premiers avocats sur la Côte d'Azur, après avoir importé les graines cachées dans un sac de golf. Il avait en fait été devancé par Thomas Hanbury.

En 1900 Léopold II acquit la Villa Pollonais, toujours à Saint-Jean-Cap-Ferrat, un domaine romantique du XIXᵉ siècle qui avait accueilli la reine Victoria, un prince Bonaparte et le général américain Grant. Dans les premières années du siècle, la propriété fut ornée d'un parterre italien par Harold Peto, architecte anglais dont les créations dans d'autres grandes villas du Cap-Ferrat étaient célèbres en leur temps.

Son dessin architectural est maintenant largement éclipsé par la vocation véritable du domaine : être le plus prestigieux jardin botanique privé au monde. En le rebaptisant Les Cèdres, la famille Marnier-Lapostolle

Les Jardins botaniques Thuret recèlent un monde de merveilles, même pour le non-spécialiste, notamment de nombreuses variétés d'eucalyptus (en haut) et de palmiers (en bas).

D'immenses collections de plein air ont été mises en place aux Cèdres pour donner à chaque spécimen rare le sol, le soleil et l'ombre dont il a besoin (ci-contre).

Aux Cèdres, une copie du Moïse de Michel-Ange, vue ici de la collection de cycas, compte au nombre des vestiges de l'ancien jardin à l'italienne (double page suivante).

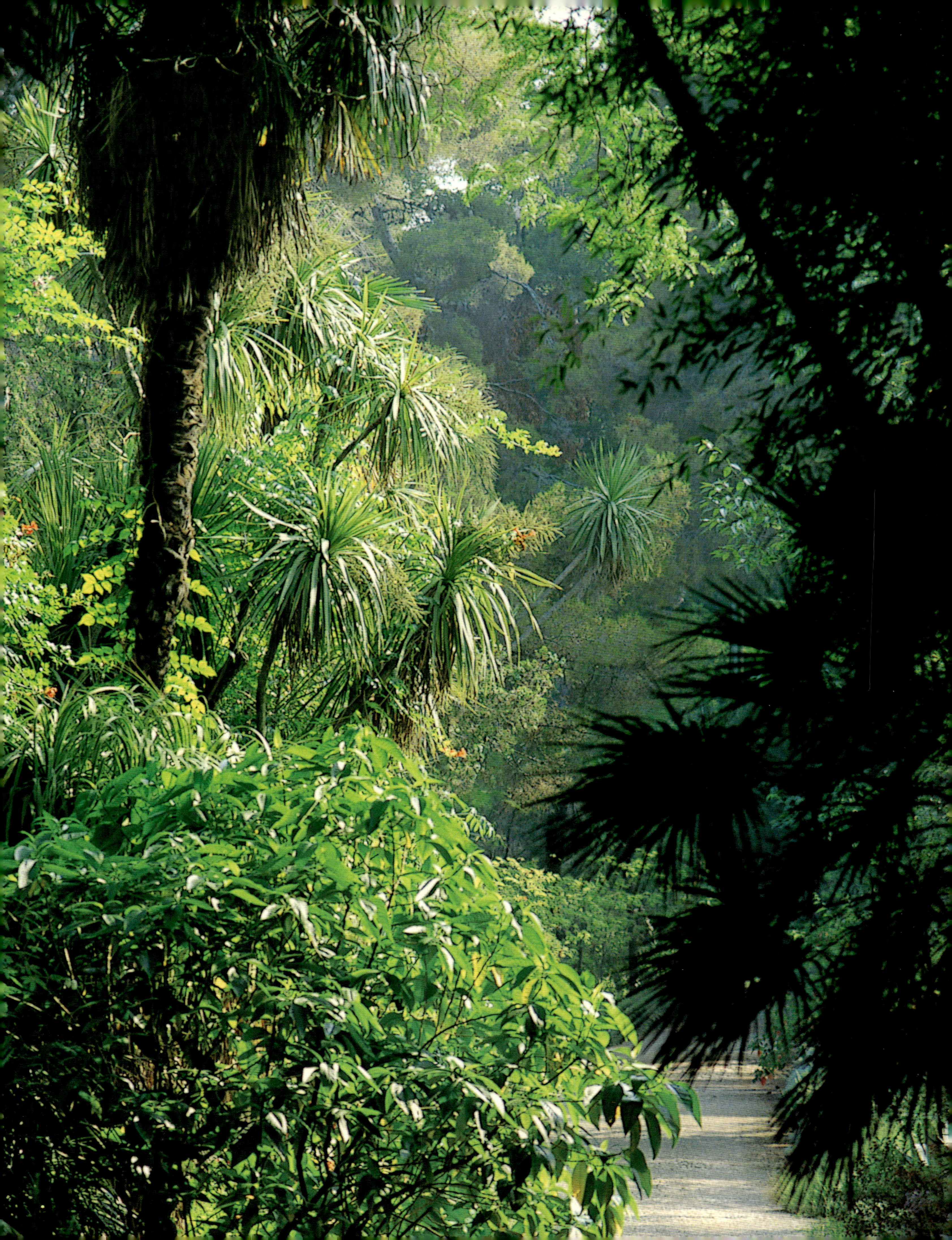

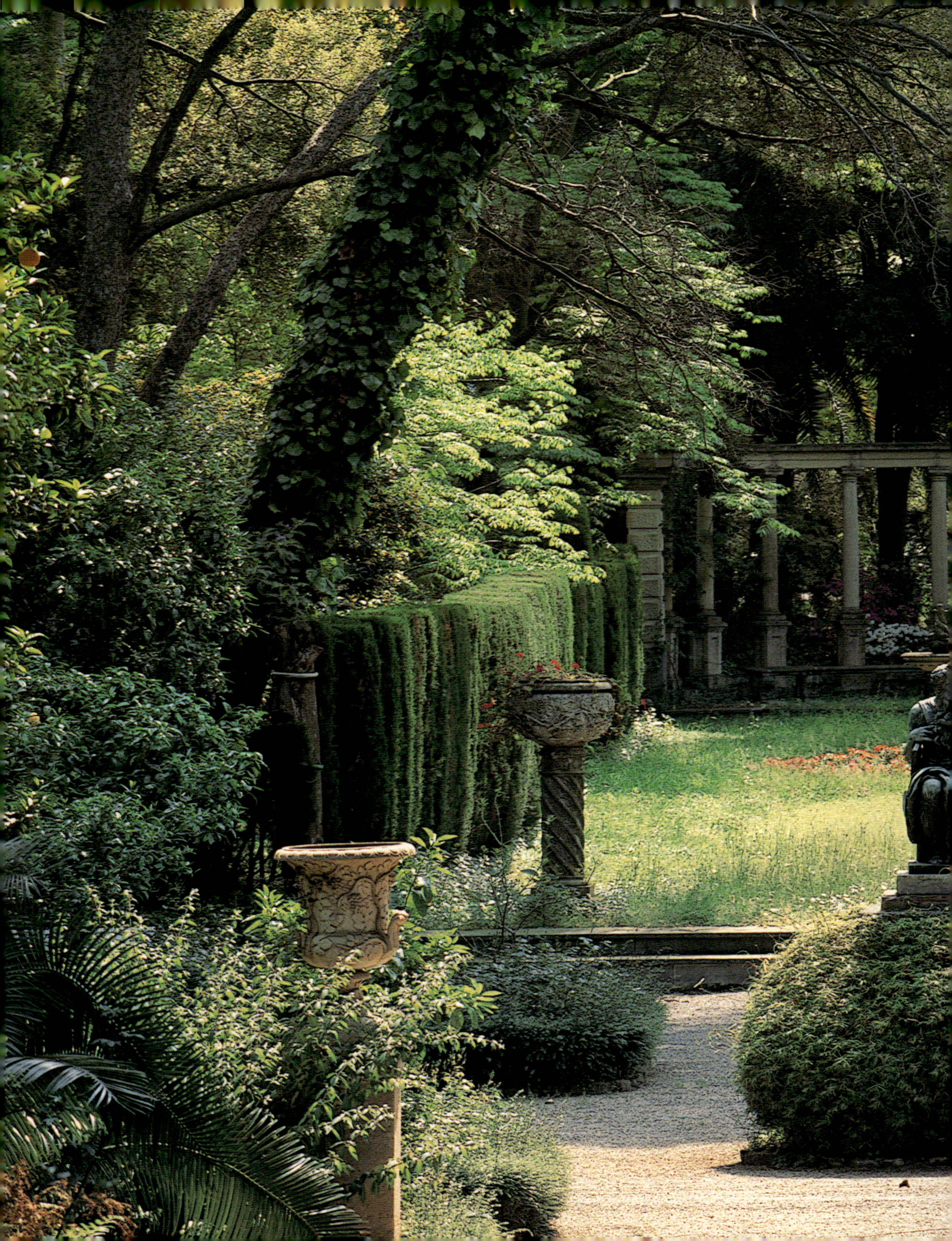

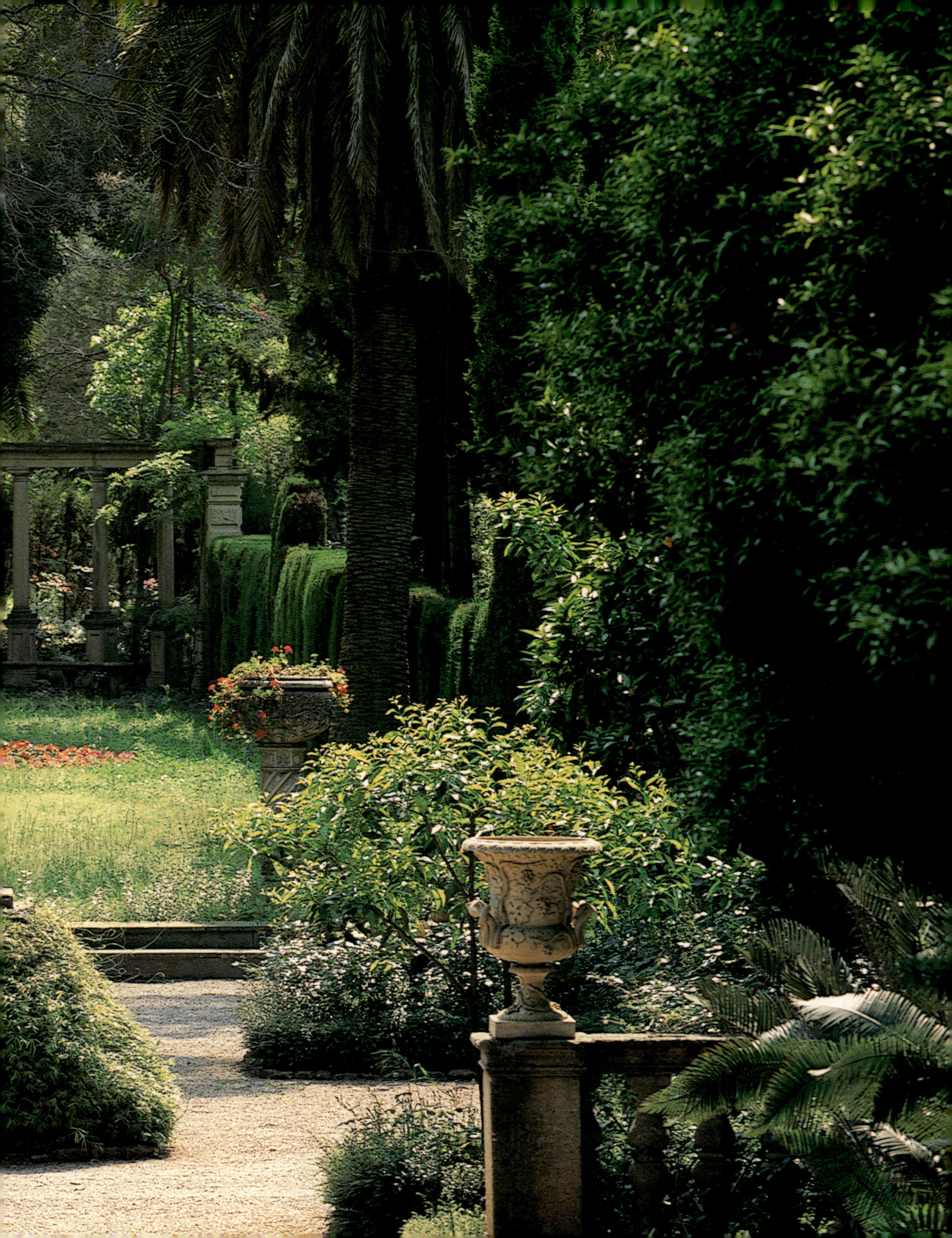

D'épais massifs de Phyllostachys bambusoides *(en haut) conduisent à des recoins secrets, tandis que les plantes grasses couvrent un vaste versant dégagé. Pour la romancière Kay Boyle, ces plantes sont « épaisses et blanches comme le ventre d'un serpent, avec de grandes défenses cornues » (en bas).*

commença à y collectionner les plantes au milieu des années 20 et réussit grâce à ses efforts à couvrir une quinzaine d'hectares. Les jardins des Cèdres sont disposés comme autant de livres, chaque rayon étant défini par un biotype différent. Certaines collections, comme les plantes grasses rustiques, se détachent sur la mer en toile de fond. D'autres sont arrangées en îlots, où les arbres et les arbustes plus grands (souvent des avocatiers) sont soigneusement taillés pour laisser passer le soleil jusqu'aux feuillages du bas – ce qui donne en outre de beaux effets d'ombre et de lumière. La grande masse des plantes est abritée dans vingt-deux serres, discrètement situées au-delà de la maison et de ses promenades. La propriété, entretenue par vingt jardiniers, compte plus de 12 000 espèces différentes, dont beaucoup de grands arbres rares.

Une longue allée monte en serpentant jusqu'à la maison, au-delà de bois où les plantes méditerranéennes communes (arbres de Judas, cerisiers et un maquis où croissent des bulbes et des fleurs sauvages) se mêlent à tout l'éventail des palmiers et à d'autres raretés. On laisse beaucoup d'espèces se resemer seules des deux côtés de l'allée, dont le seul jasmin originaire d'Europe, des echiums et des solanums maintenant retournés à l'état sauvage. Des trouées dans le feuillage offrent d'impressionnants coups d'œil sur le port de Villefranche, et le buste d'un empereur romain émerge d'un taillis ombragé. L'escalier de Harold Peto, désormais inutile, bordé de canaux de part et d'autre, conduit au parterre à l'italienne planté de cyprès, de pins parasols et d'un magnifique *Aucuparia*. Bien plus spectaculaire aujourd'hui est le grand étang en haut de l'allée, dont la surface lisse est ornée de larges soucoupes de victorias (*regia* et *cruziana*) et de nombreuses variétés rares de nénuphars.

D'ici, l'allée de cèdres de l'Atlas, plantée par Marnier-Lapostolle, monte vers la maison, bordée de chaque côté par des parterres surélevés de petites plantes de rocaille. Le sol est, bien entendu, de calcaire blanc, mais tapissé de fragments de porphyre rouge provenant de l'Esterel voisin ; la gamme de feuillages et de fleurs est étonnante : délospermas, iris nains, lampranthus, sedums, oxalis, mesembryanthemums et petits agaves, entre des centaines d'autres plantes.

La cour, devant la maison, est placée sous le regard féroce d'une paire d'aigles posés sur la façade. Une statue de Minerve porte un imposant casque de guerrier qui semble en contradiction

Les vedettes de cet étonnant jardin aquatique aux Cèdres sont les victorias en forme de soucoupe, qui sont à leur apogée en automne (en haut).

avec son regard étonné et le rameau d'olivier qu'elle tient à la main. Elle est entourée de plantes à massif et de majestueux oliviers abritant des filles-de-l'air et autres plantes parasites de la curieuse famille des *Tillandsia*. Cette entrée semble hantée par l'enthousiasme des générations successives, qui ont chacune apporté leur contribution à cet illustre jardin.

S'éloignant du monumental porche méridional de la maison, l'allée de cycas présente d'envoûtants spécimens gris et verts de cette famille déjà connue à l'époque des dinosaures ; le plus âgé ici a plus d'un siècle, mais mesure moins de deux mètres de haut. Disposés derrière des haies basses (de *Lonicera nitida*), ils sont élégamment mélangés à des fuchsias, à l'ombre d'immenses pins. Ici comme partout dans le jardin, des spécimens des cinq continents exigeant les mêmes conditions de culture sont groupés – l'Afrique du Sud étant confortablement installée entre l'Australie et le Chili. Les proportions de chaque espace restent néanmoins harmonieuses. Chacun des premiers architectes contribua à imposer un ordre que les collectionneurs ont soigneusement adapté à leurs propres besoins. L'allée de cycas est ainsi partiellement bordée de deux hauts murs de pergola ; les colonnes de droite sont encore visibles derrière un rideau de *Jasminum polyanthum*, tandis que celles de gauche sont complètement submergées par une *Thunbergia coccinea*, aux fleurs rouges en trompette. Des marches à l'extrémité de la pergola conduisent à une perspective à l'italienne, avec un rideau de verdure servant de toile de fond à une copie du *Moïse* de Michel-Ange.

D'ici, des allées sinueuses garnies de gravier et bordées de pierre conduisent au labyrinthe de collections d'arbres et d'arbustes rares. On peut y voir l'étrange arbre flamme, avec des fleurs rouge vif en été mais pas de feuillage, ou un bambou rare à la tige carrée. Ailleurs, un haut rideau de bambou argenté s'élève d'un simple tapis d'aspidistra. Au milieu des racines d'autres arbres, on aperçoit des trésors, tel le délicat *Iris japonica* aux fleurs violettes, qui ressemble plus à une orchidée rare qu'à un simple iris.

Cette jungle soigneusement contrôlée donne ensuite sur une autre rocaille, autour d'importants vergers d'agrumes, qui ramènent en cercle, le long de la façade est de la maison, à la piscine. Aucune autre piscine de la Côte d'Azur n'est tout à fait comme celle-ci, placée derrière une balustrade courbe en pierre, face à un superbe panorama sur la vieille ville, avec la Pointe de

Les Cèdres possèdent la plus grande collection au monde de plantes de la famille des Broméliacées, dont cette fille-de-l'air ou barbe-de-vieillard (Tillandsia usneoides) qui se balance à la branche d'un olivier (en bas).

l'Hospice sur la droite et Villefranche sur la gauche. Deux pavillons en stuc de part et d'autre ajoutent leurs boules dorées et leurs voûtes rouge égyptien au turquoise de la piscine elle-même. Mais l'effet le plus théâtral de ce site est le vaste massif de plantes grasses, de toutes les formes et couleurs imaginables, entre la piscine et la maison au-dessus. Des allées y serpentent, délimitées par des haies basses de *Lampranthus haworthii*, qui ressemblent à une forme verticale de la plante semi-succulente qu'on appelle « dent de sorcière », mais couvertes de fleurs jaune vif. Au cœur de ce massif s'élèvent les dattiers du XIXe siècle plantés par la famille Pollonais.

Si riche que se révèle le jardin, il est éclipsé par les plantes disposées, avec un effet décoratif surprenant, dans vingt-trois serres. Certaines d'entre elles abritent également des oiseaux exotiques, des bassins décoratifs ou présentent leurs trésors devant des rideaux de bougainvillées multicolores. Les collections les plus célèbres sont les plantes grasses, les plantes épiphytiques (en particulier les Broméliades) et l'immense variété d'arbres.

Le jardinier en chef, René Hebding, est le grand prêtre de ces mystères. Roderick Cameron, propriétaire et créateur d'un autre fabuleux jardin à proximité, après plusieurs visites en compagnie du savant conservateur, disait : « Chaque fois j'en repars avec l'impression d'avoir parcouru des milliers de kilomètres. » Les jardins sont en effet si vastes qu'il est difficile de tout embrasser d'un coup. Tout en maintenant une solide réputation dans le monde des botanistes, Les Cèdres préserve l'esprit luxueux de l'ancienne Côte d'Azur avec un panache qui lui est propre.

VILLA ILE-DE-FRANCE

Le roi Léopold ne fut pas assez rapide pour acquérir les sept hectares à l'entrée de la péninsule de Saint-Jean-Cap-Ferrat, que la baronne Béatrice Ephrussi de Rothschild transforma juste avant la Première Guerre mondiale. Visible des Cèdres ainsi que de Beaulieu et de Villefranche de l'autre côté, le domaine navigue tel un paquebot – c'est du moins ce que pensait la baronne, qui lui donna le nom de l'immense transatlantique, « Ile-de-France ». On dit qu'à une certaine époque trente-cinq jardiniers y travaillaient habillés en marin avec des bérets à pompon rouge. Les jardins étaient disposés comme une invitation au voyage : l'espagnol à côté du florentin, conduisant au japonais, et ainsi de suite. Seul le versant est fut laissé inachevé, faute d'argent, et malgré les sommes colossales qui y furent investies. Il est devenu le jardin provençal, avec des romarins, des térébinthes, des buis, des pins et d'autres plantes de garrigue.

Le projet fut dès le départ d'une grande ampleur, avec des travaux de terrassement considérables. Ayant choisi le site le plus venté de la région, la baronne refusait d'être limitée « par les lois stupides de la nature et du bon sens ». Le sommet de la colline fut aplani pour faire une esplanade de quelque trois cents mètres de long et quarante de large. La villa, destinée à abriter les fabuleuses collections d'art et de mobilier de la baronne, fut commencée en 1910. De nombreux architectes s'essayèrent à cette imitation d'un palais vénitien, construisant parfois des maquettes grandeur nature de la façade. Des trains emplis d'antiquités et de palais italiens démantelés, ou de boiseries sculptées provenant de l'hôtel Crillon à Paris, furent déchargés en gare de Villefranche, où la baronne de Rothschild choisissait ce qui lui plaisait – des colonnes de marbre de Vérone pour la terrasse de la maison, par exemple. Achevé en 1912, son domaine fut abandonné en 1915 lorsqu'elle divorça et s'établit à Monaco, créant une fondation pour l'entretien de sa collection.

Aujourd'hui, la villa et ses jardins, en cours de restauration depuis 1987, appartiennent à l'Institut et reçoivent de nombreux visiteurs. Le jardin espagnol, juste en dessous de la maison à l'est, le premier que les visiteurs découvrent, fut dégagé des gravats laissés par l'effondrement de la terrasse. Deux amphores de Grenade furent conservées et renforcent cette atmosphère espagnole qui émane de petits canaux enserrés dans un carré de hauts murs et entourés de grenadiers. La triple colonnade qui sépare ce jardin du suivant soutient de somptueuses plantes de pergola, dont une plante grimpante rare que le jardinier, M. Vitale, appelle *Bossiaea yervamora*. Autrefois un filet s'étendait au-dessus de ces arches, pour retenir les ibis blancs qui habitaient ce jardin.

La Villa Ile-de-France et son jardin sont une mosaïque de cultures, de fragments et de souvenirs de voyage. Les remarques de Kay Boyle s'appliquent bien à ce lieu : « De grandes colonnes de marbre en fleur et la fausse mer profonde ». Mais le sens du pastiche de Béatrice de Rothschild était en accord avec l'esprit de l'époque (au centre et ci-contre).

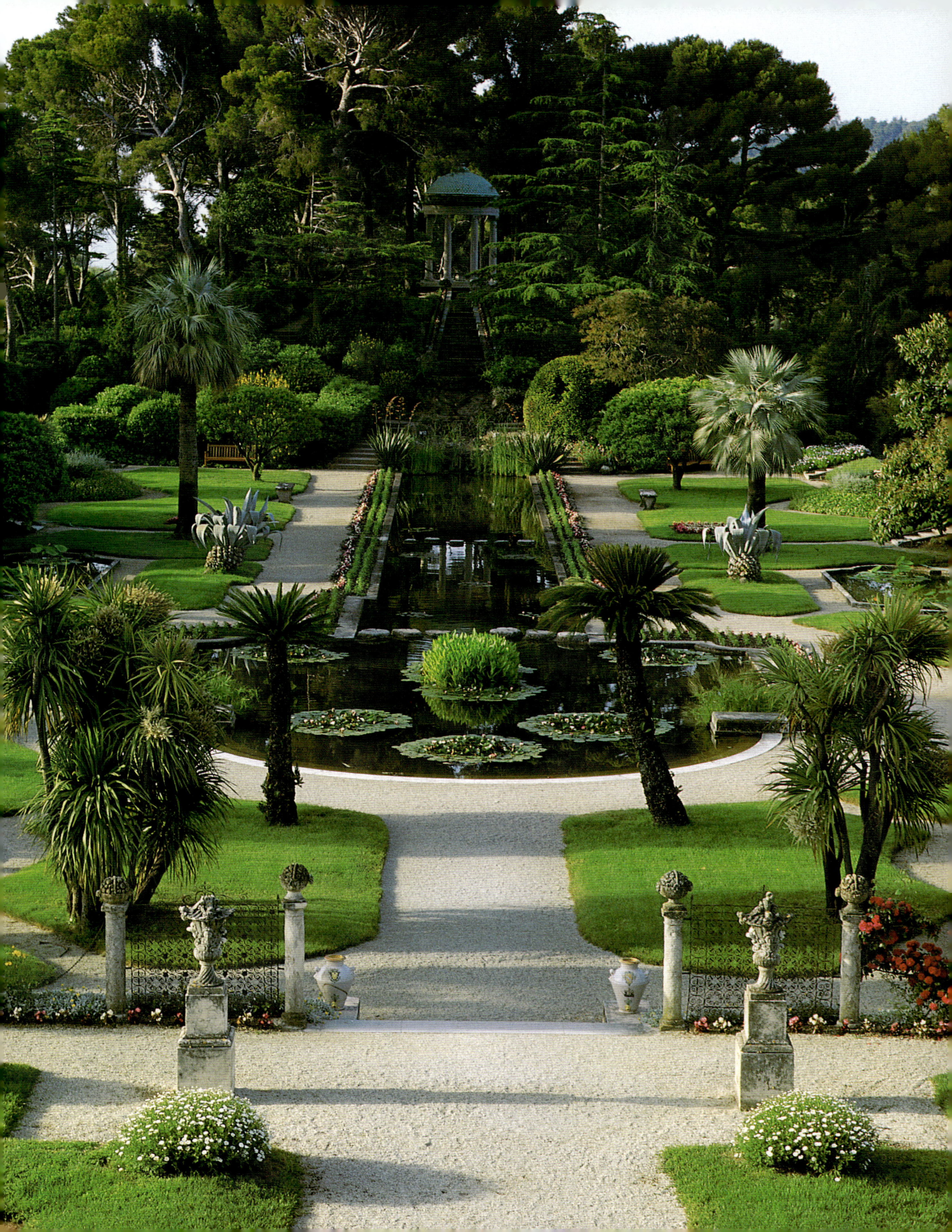

Devant la Villa Ile-de-France, des haies ondoyantes séparent le jardin à la française des jardins à thème (espagnol, florentin, japonais...) faisant face à Villefranche, à l'ouest. Les haies et les plates-bandes élaborées étaient autrefois entretenues par un régiment de jardiniers coiffés de bérets de marins.

    Au-delà du jardin espagnol on arrive en Italie – encore que le nom soit un peu fantaisiste. Des massifs de fleurs entourent un imposant escalier baroque qui conduit au niveau de la maison ; en haut, il est flanqué d'arcs de cyprès et de glycine en espalier, qui servent de toile de fond à la scène en contrebas. Ici, chaque saison a ses heures de gloire : les mimosas sont suivis de massifs de raphiolepis. En été, des parterres d'agapanthes, des bougainvillées et une paire d'*Acacia farnesiana* fleurissent ensemble. De nombreuses plantes rares se dressent au milieu de massifs sans prétentions de laurier-rose. La grotte et le bassin situés entre les deux volées de marches sont ombragés par *Holboellia latifolia*, discrète plante grimpante, dont le parfum est si puissant et si pénétrant au printemps. Près d'une fontaine baroque, beaucoup plus petite et cachée en contrebas, se trouve un curieux arbre, un curieux *Nolina*, arbre qui ressemble à un palmier avec une écorce comme celle du chêne-liège. Le seul trait florentin ici est une longue allée de cyprès.

    Puis vient le jardin lapidaire, empli de fragments de pierre non utilisés dans la maison, y compris une élégante porte romaine. Cette partie est ombragée par des arbres de Judée et un camphrier, délimitée (comme souvent) par des bandes de sedums dressés, de *Felicia folifolium* (souvent appelé « aster » par les jardiniers de la Côte d'Azur), d'impatiens et de bergenias.

    Le jardin japonais doit son nom à ses maisons miniatures en pierre et en céramique, d'allure orientale, blotties dans des massifs denses de bambous, de *Ligularia tussilaginea* à feuilles rondes et brillantes, et d'acanthes. L'obscurité forme un saisissant contraste avec les pointes et les monticules de cactus parmi les rochers du jardin exotique d'à côté. Au-delà, des parterres ovales de roses Meilland, disposés sur plusieurs niveaux et surmontés d'une série de colonnes qui soutiennent des plantes grimpantes plantées récemment, suivent les courbes de la pointe sud-est du promontoire.

    Les allées sinueuses qui relient les différents niveaux des jardins sont souvent accompagnées de curieuses balustrades rustiques en ciment, qui ressemblent à des branches tordues et font partie du décor théâtral. L'une de ces allées ramène vers la villa, en montant à travers un secteur boisé autrefois qualifié d'« anglais », mais qui n'est pas encore restauré. Ici, au milieu de grands pins d'Alep, se trouve le joyau du jardin, le temple de l'Amour qui fait face au palais à quelque trois cents mètres de distance. Il est situé au niveau d'origine du jardin et, lorsqu'on regarde en contrebas vers la maison, on est étonné par la quantité de terre retirée – jusqu'au soubassement rocheux –, avant que l'on ne remette deux mètres de terre pour les plantations.

    Le canal qui relie la colline à la maison, bordé de plantes annuelles colorées et se déversant dans un bassin circulaire où se reflète la façade, constitue l'axe du jardin le plus spectaculaire, et le plus souvent photographié. A l'époque de Béatrice de Rothschild, il était bordé de carreaux turquoise. Les plantations symétriques autour d'urnes sur des piédestaux et des bassins jumeaux en feuille de trèfle de part et d'autre ont été qua-

Le côté est de la Villa Ile-de-France donne sur le jardin provençal sauvage, en direction de Beaulieu.

lifiées de « françaises », du fait de leur disposition régulière, encore qu'elles comportent aussi des glycines formées en arbres, des palmiers tantôt hauts tantôt trapus, et des agaves géants qui s'étendent, tels d'énormes ananas, vers le soleil d'hiver.

C'est ainsi que se termine la visite, faite avec plaisir par un public sans cesse croissant. La Villa Ile-de-France est l'un des grandioses jardins anciens ouverts au public – comme le voulait son créateur. L'une des plus grandes attractions ici pour l'apprenti jardinier est peut-être l'abondance de plantes couvre-sol disposées parmi les spécimens rares – trait discret dans un jardin qui reste tout à fait impressionnant, notamment du fait des nombreux points de vue soigneusement encadrés donnant sur les ports des deux côtés.

On a parfois reproché à ce domaine son atmosphère et son style de parc public. C'était pourtant l'esprit du jardin à sa création, à quelques différences près : autrefois, de nombreux jardiniers plantaient quelque 45 000 annuelles, alors qu'aujourd'hui trois doivent en planter 12 000. Il est vrai que le banal y côtoie parfois le rare, l'exotique le commun. Il ne faut néanmoins pas oublier qu'il vit le jour à une époque où le grand art considérait le pastiche comme la source même de la création moderne et méprisait – tout comme Béatrice de Rothschild – à la fois la nature et le bon sens. De tels mélanges d'époques et de genres, déjà fréquents sur la Côte d'Azur avant elle, sont précisément ce qui fit le caractère avant-gardiste de toute cette région. Ils naissent d'une conception de l'art qui célèbre effectivement les rencontres dues au hasard. Cette conception du temps – création quasi instantanée – et du hasard – arrangements d'apparence aléatoire – peut-elle être considérée comme faisant partie de l'art des jardins, qui demande généralement une longue maturation ? C'est une autre question. Cet esprit de fête reflète pourtant le climat de la Belle Epoque, et c'est bien ainsi qu'il faut voir ces jardins aujourd'hui.

LA GAROUPE

Le cap Ferrat n'était pas le seul promontoire rocheux à accueillir l'éclat des festivités cosmopolites. Le cap d'Antibes joua un rôle tout aussi éminent. Le grand-duc Nicolas de Russie aimait à y venir, de même que le duc et la duchesse de Windsor et Umberto d'Italie, ainsi que des écrivains comme Jules Verne et Anatole France. Guy de Maupassant y voyait « un jardin prodigieux, jeté entre deux mers où poussent les plus belles fleurs d'Europe ». Winston Churchill peignit de superbes vues marines de la Villa Horizon.

En 1922, le compositeur américain Cole Porter eut l'idée excentrique de passer l'été au Cap-d'Antibes. Il loua une villa baptisée le Château de La Garoupe, qui, comme toutes les autres villas cosmopolites de la Côte d'Azur à cette époque, était abandonnée par ses propriétaires en été. Une folle bande d'Américains bohèmes le suivirent au Cap-d'Antibes cette année, dont Scott et Zelda Fitzgerald étaient les plus célèbres, sinon les plus appréciés. L'hôtel voisin du Cap resta ouvert en fin de saison pour les recevoir. Porter ne revint jamais, mais

Le propriétaire actuel de La Garoupe, Anthony Norman, imagina cet étonnant parterre de santoline, lavande et romarin (double page suivante).

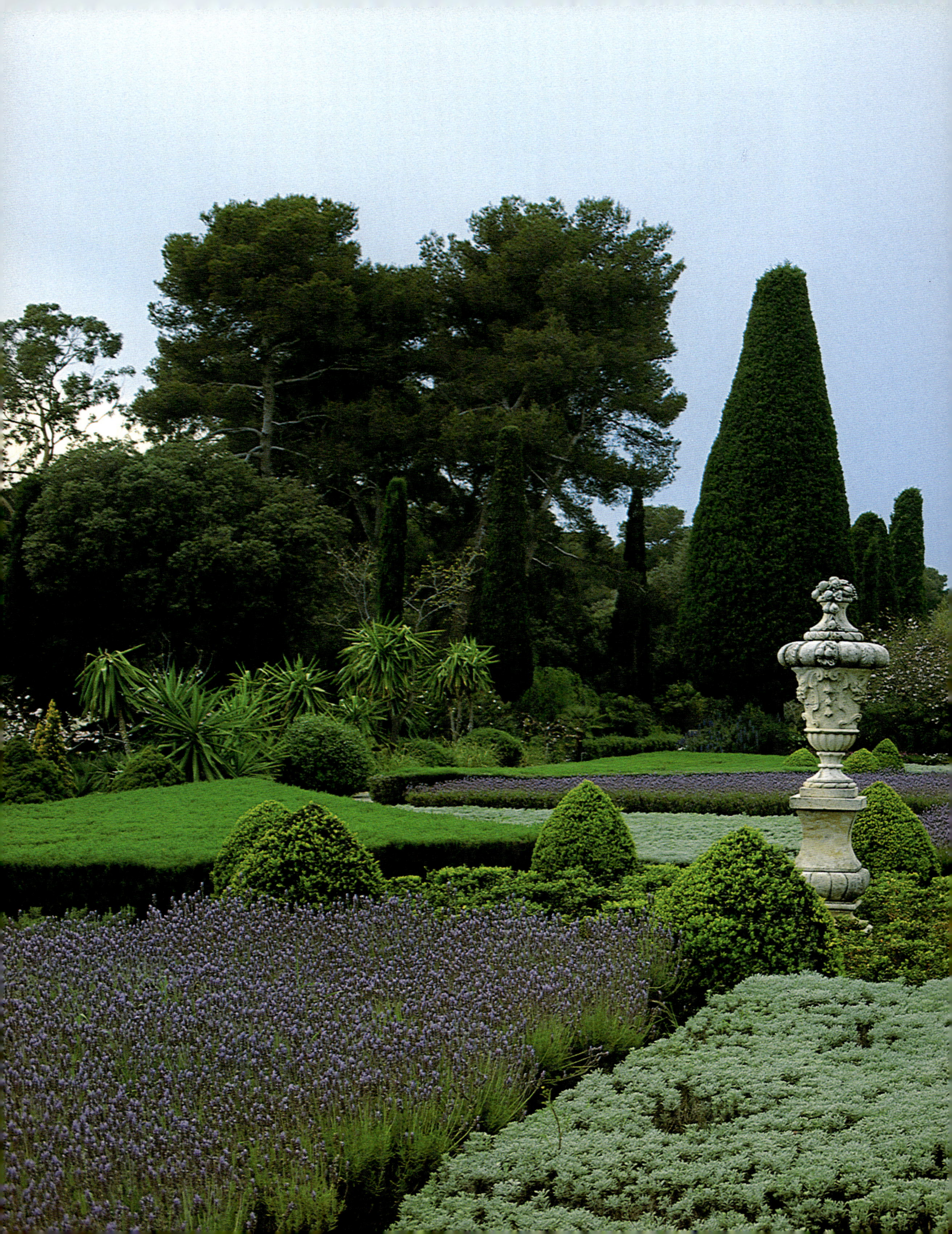

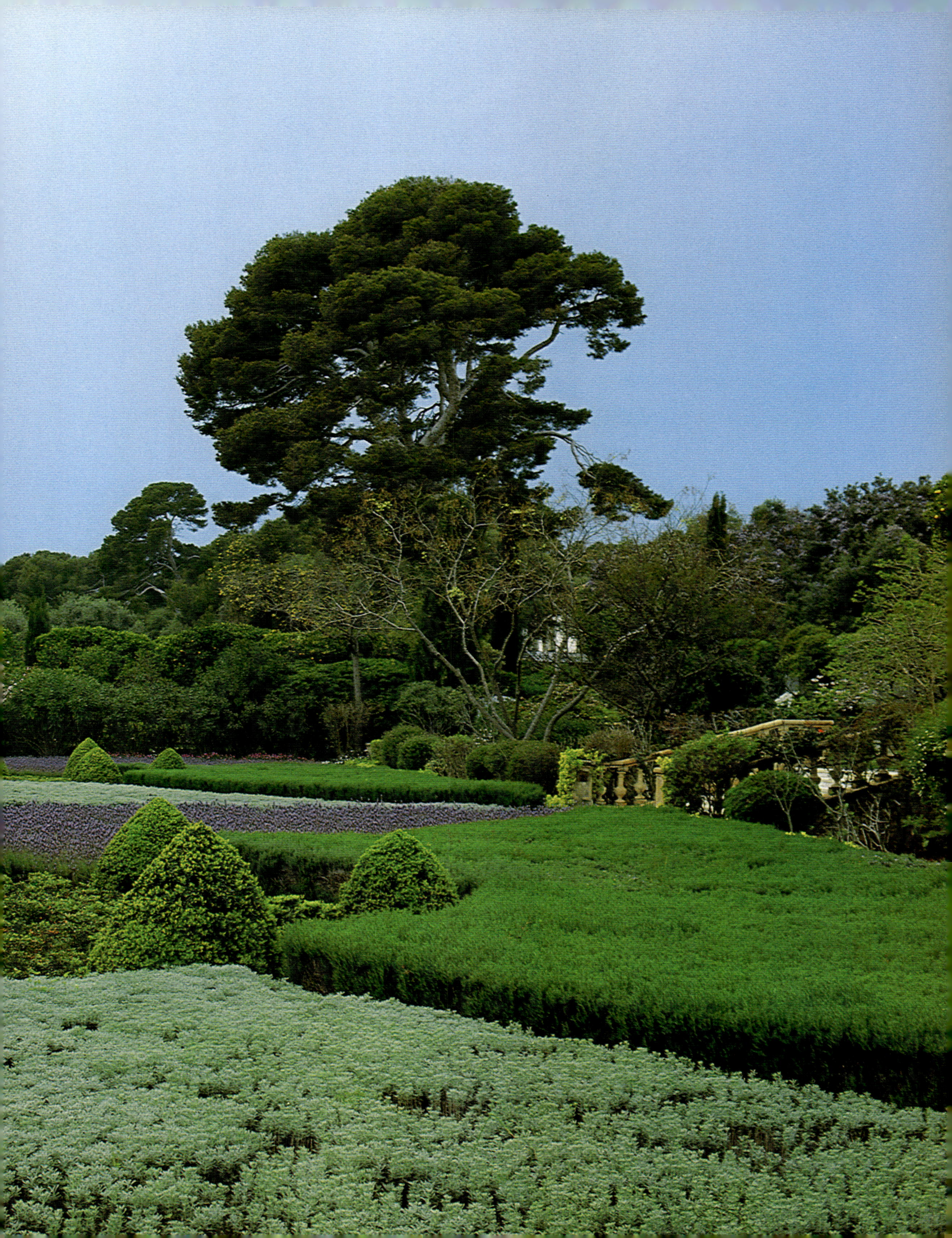

JARDINS DE LÉGENDE

A La Garoupe, le principal axe du jardin traverse le vaste parterre géométrique, plongeant vers la côte rocheuse en contrebas. Les proportions de ce tracé grandiose ont été parfaitement équilibrées pour encadrer la vue.

l'année suivante son rôle d'hôte fut repris par un autre couple légendaire, Gerald et Sarah Murphy. Peu à peu, ils restaurèrent une propriété de village pour en faire leur propre Villa America, avec l'un des tout premiers solariums de la côte, et lancèrent aussi la saison d'été qui persiste depuis lors.

Les aventures des Murphy sur la Côte d'Azur ont été bien racontées par Calvin Tomkin, dans *Living Well Is the Best Revenge*. Leur art de vivre était fort apprécié de leurs amis – Picasso, Stravinski, Dos Passos, Hemingway, Gertrude Stein et Alice Toklas, Archibald MacLeish. Il était centré autour de leur jardin. Gerald avait débuté comme paysagiste avant de devenir peintre. Ils choisirent une propriété ayant appartenu à un

moderne qui rendait meilleur quiconque avait le privilège d'y venir. Picasso admirait lui aussi l'hospitalité des Murphy, disant de Sarah qu'elle était « très festin ».

L'hôtel du Cap, où logeaient les Murphy et leurs amis pendant les travaux sur leur Villa America, attira par la suite toutes les stars de Hollywood, devenant l'un des plus grands « palais » de la Côte d'Azur avec ses légendes. L'imposante villa voisine, Eilen Roc, une propriété de la Belle Epoque redessinée dans les années 1930, est maintenant devenue un arboretum de dix hectares qui appartient à la ville d'Antibes où elle accueille les hôtes officiels.

Un autre destin attendait le Château de La Garoupe que Cole Porter avait loué en ce

officier de l'armée française, resté longtemps en poste au Proche-Orient, qui avait planté des « dattiers, des érables d'Arabie, aux feuilles d'un blanc pur, des poivriers, des oliviers, des citronniers, des figuiers blancs et noirs – qui avaient tous prospéré et proliféré. Les héliotropes et les mimosas envahissaient le jardin, qui descendait de la maison par une série de terrasses, entrecoupées d'allées de gravier. Il n'y avait guère de fleurs qui ne poussaient ici, car c'était le versant de la colline protégé du mistral. La nuit, le domaine tout entier vibrait du chant des rossignols ». Fitzgerald raconte dans *Tendre est la nuit*, roman dédié à « Gerald et Sarah, beaucoup de fêtes ! », une réception idyllique donnée sur leur terrasse. Le jardin des Murphy y est décrit comme une oasis de civilisation, une sorte de Thélème

premier été historique de 1922, car il était célèbre dès avant son arrivée et continue aujourd'hui encore d'évoluer, demeurant l'orgueil du cap d'Antibes. Rien n'a été laissé au hasard ici, puisque ce furent trois générations de longue maturation entre les mains de jardiniers talentueux et savants.

Le Château de La Garoupe fut construit par lady Aberconway en 1905-1907, qui en fit sa résidence hivernale lorsqu'elle quittait sa propriété d'été à Bodnant, dans le nord du pays de Galles. Au milieu de vingt-cinq hectares de collines rocailleuses et sèches, couvertes de thym, de ciste, de myrte et de medicago, cinq hectares de jardin prirent vie. La fille de lady Aberconway y passa régulièrement l'été dans les années 1920, faisant sa résidence d'une ancienne exploitation florale. Elle transmit son amour du jardinage à son fils, Anthony Norman, le propriétaire actuel. Depuis la mort de sa grand-mère en 1934, les changements ont été nombreux, notamment au profit de plantes à floraison printanière et estivale, qui respectent néanmoins la conception première.

L'imposante maison de style italien domine la propriété du sommet de la colline, au centre du jardin. Sa façade principale est orientée au sud. Un axe central bien marqué traverse la maison venant du versant nord puis plonge vers le sud, le long d'un escalier, vers la pointe de la plage de galets au-dessous. Cette descente vers la mer, avec ses cent trente petites marches et ses contre-marches en marbre blanc, est entourée de colline sous la maison. Les proportions harmonieuses de ce plan ancrent le jardin au versant sud et mettent en valeur le célèbre double parterre au cœur de la composition.

C'est ici qu'Anthony Norman imagina l'aspect le plus original et le plus impressionnant du jardin : un dessin géométrique autour de deux vases vénitiens, encerclé de cônes de buis. De ces foyers s'étendent des rayons de lavande (variété *pinnata*), de romarin, de santoline grise et verte. L'effet est d'une grande rigueur, avec des lignes puissantes, mais il y a aussi du mouvement dans ce tracé inspiré de la piazza del Popolo à Rome. Il paraît aussi saisissant vu de l'une des deux extrémités que d'en haut. Bien que certaines sections soient souvent en fleur (on laisse même fleurir les

Les allées qui parcourent les jardins nord de La Garoupe sont bordées d'iris violets et de cyclamens rose foncé.

Le jardin de curé, fait de plantes à massif blanches sur fond de daturas rouges, nécessite un entretien intensif. Derrière, une glycine géante s'entremêle aux couronnes d'oliviers (double page suivante).

tours de cyprès, de bandes de laurier-rose, d'épées de yucca et de boules de stipe, d'aloès, de buplèvre, de medicago à fleur de marguerite jaune, de convolvulus argenté, de grémils bleus et de *Carpobrotus edulis* violet, de taches de pélargoniums aux couleurs vives. C'est l'une des vues les plus photographiées de tous les jardins de la Côte d'Azur.

La mer est une compagne omniprésente à La Garoupe. Des piliers de cyprès sont soigneusement disposés pour l'encadrer, laissant entrevoir au loin les voiliers qui passent fréquemment.

Le puissant axe descendant est contrebalancé par une forte tension horizontale : deux maisons d'été en bois ouvragé se dressent gracieusement parmi les arbres à chaque extrémité d'une grande terrasse qui coupe la santolines), les couleurs restent douces et en demi-teintes, mettant en valeur la vue sur la mer au lieu de rivaliser avec elle. La pelouse est plantée de pins, de robiniers à feuilles dorées. Toutes ces formes amples et ces nuances de vert forment un beau contraste avec les sombres piliers de cyprès.

Le panorama de la grande terrasse qui longe la façade sud est vaste, embrassant toute une série de jardins à l'est et à l'ouest ainsi que le parterre devant, les marches et la mer au-dessous. A l'ouest, un pin d'Alep géant monte la garde sur la perspective lointaine. Des *mixed borders* hauts en couleur près de la maison conduisent à des agrumes taillés en boule et bordés de buis, sur un rideau formé de trompettes rouges de daturas à mi-distance, au-dessus duquel deux autres

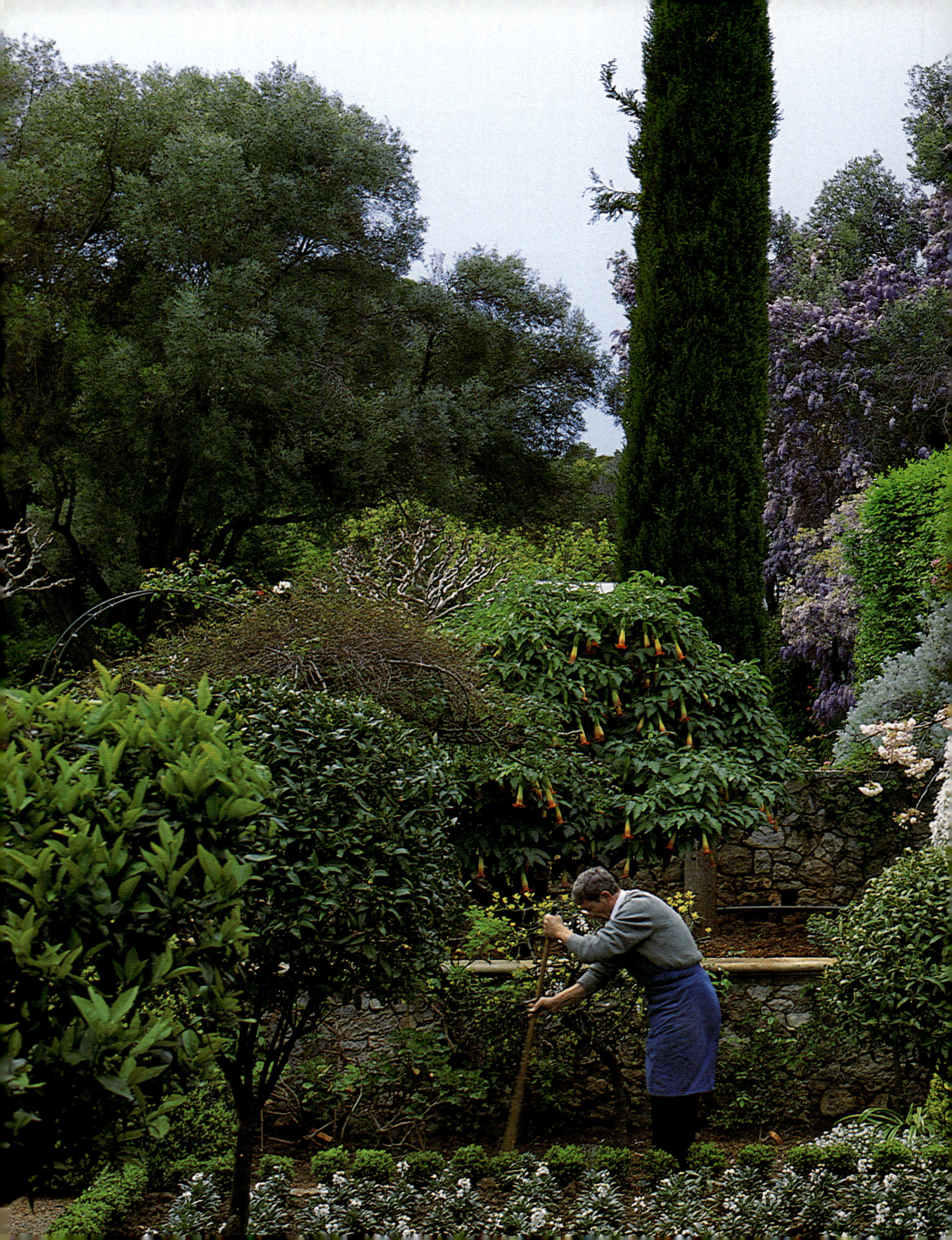

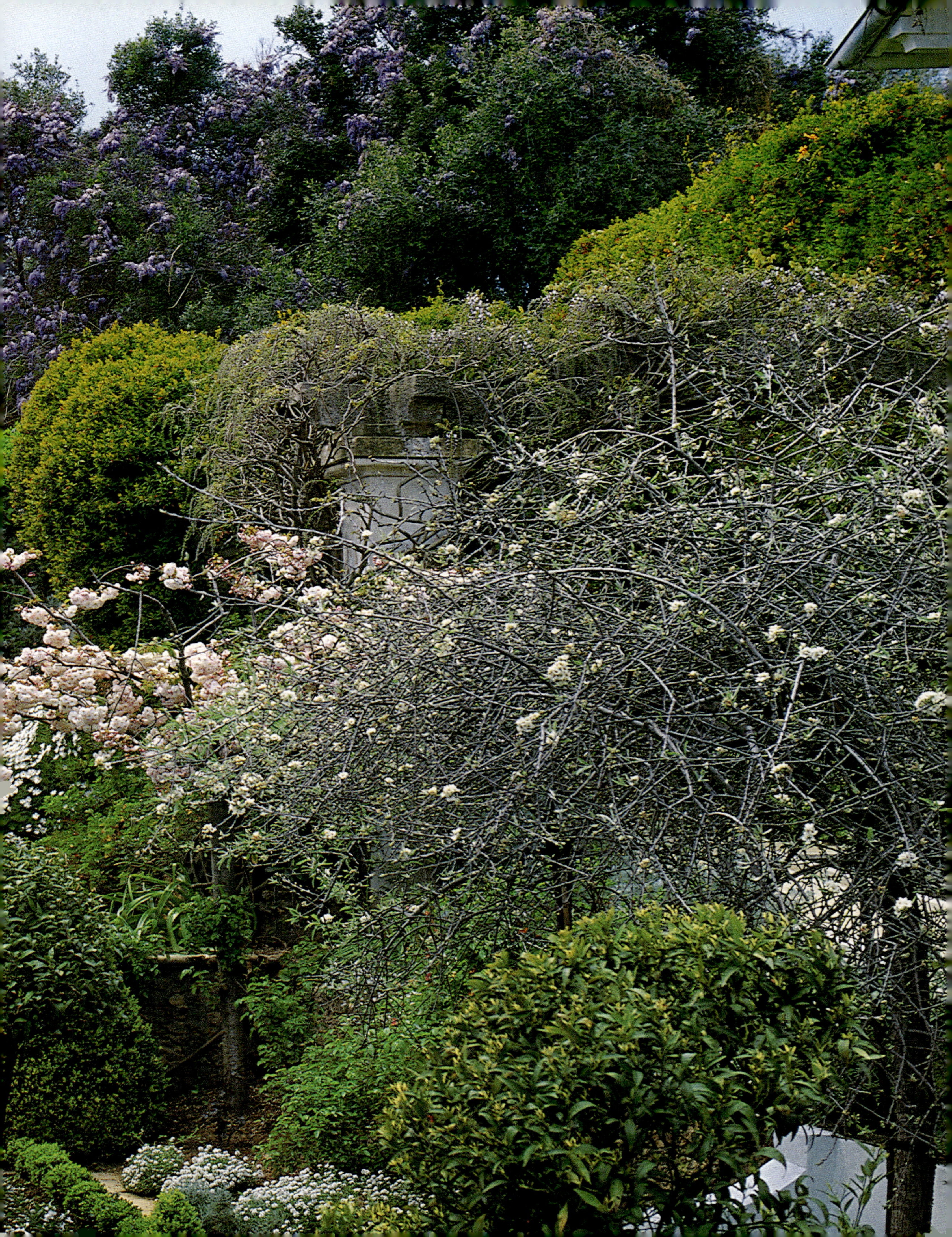

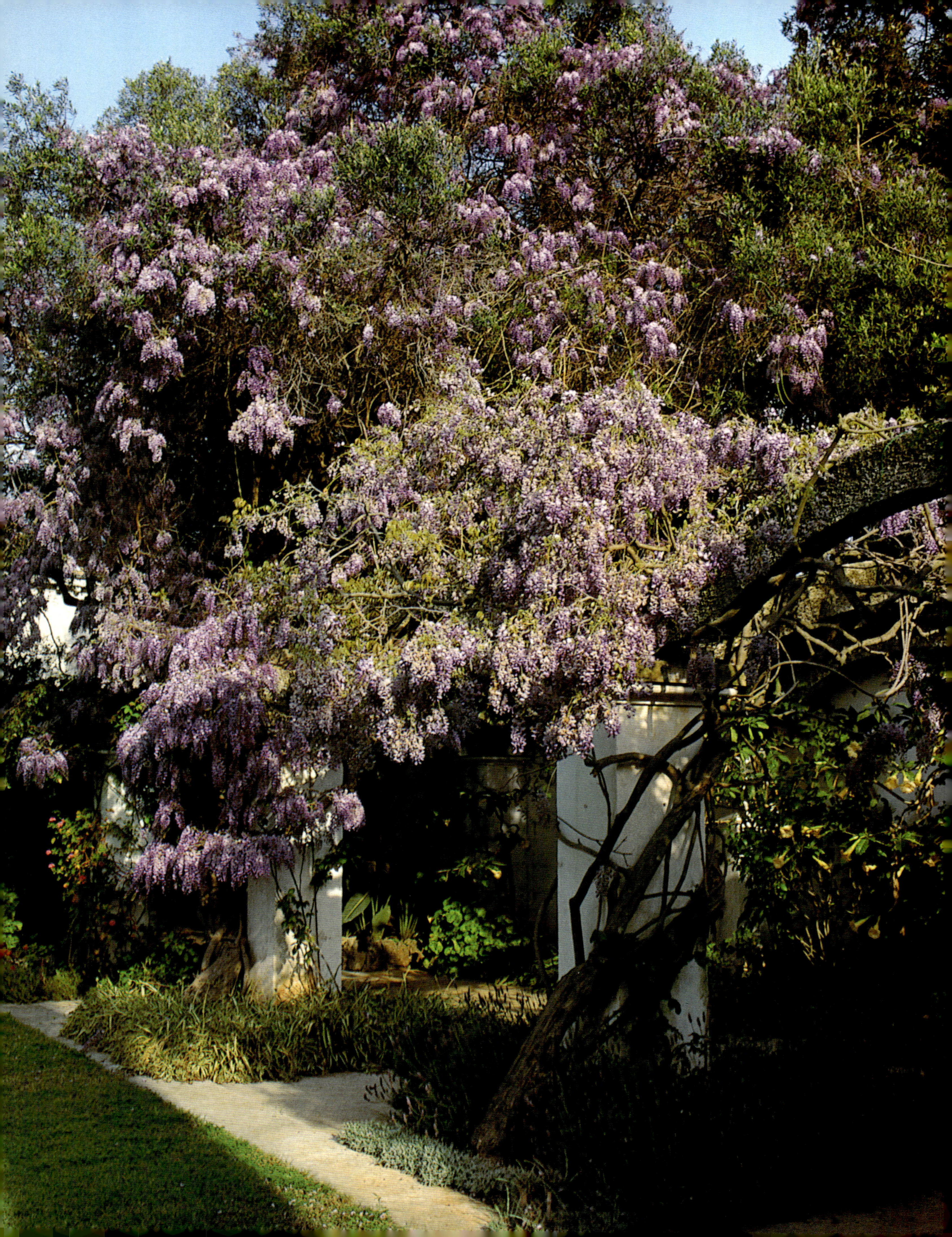

cyprès encadrent une verdure soigneusement disposée, qui se termine par de grands chênes, dans le fond. L'échelle change néanmoins dans le cadre de cette scène soigneusement composée : en y regardant de plus près on découvre toute une série de petits jardins secrets, un labyrinthe d'espaces clos de façon magistrale, reliés par quelques marches en pierre qui conduisent vers de nouveaux recoins inattendus.

C'est d'abord le jardin de curé, avec ses quatre parterres bordés de buis nains régulièrement disposés autour d'un astrolabe. Chaque section contient des tours de buis plus hautes et des orangers dans des urnes italiennes en terre cuite. Un banc de pierre est drapé du feuillage argenté d'un poirier pleureur *Pyrus salificolia* 'Pendula'.

Une pergola est adossée au mur nord, dont les piliers en pierre sont couverts de jasmin étoilé, de rosiers, et d'une rare passiflore, *Passiflora* 'Alardii'. De vieilles glycines grimpent dans des oliviers encore plus vieux. Une alcôve bordée de tuiles persanes brillantes, où l'on prenait autrefois le thé, est maintenant l'antichambre d'un nouvel espace autour de la piscine.

Conçu pour ressembler autant que possible à un lac, le large rectangle de celle-ci est entouré de quantité de fleurs éclatantes : pélargoniums, fuchsias, gazanias, lantanas, lagerstroemias entremêlent leurs rouges, roses, oranges et violets avec des blancs (notamment des arums) et les éperons bleus d'echiums. Les lauriers-roses élevés en forme de petits arbres sont une spécialité de M. Norman.

Quelques marches conduisent au jardin blanc, le plus reclus de tous. Ici un cercle d'agrumes protège de son ombre un bassin octogonal, où les nénuphars flottent paresseusement. Des véroniques 'White Gem', des hortensias à feuille de chêne et des lilas 'Mme Lemoine' poussent ici autour d'un accueillant banc en marbre. Ainsi se termine la série de jardins qui forme les espaces les plus intimes de la propriété, bien qu'on ait prêté beaucoup d'attention au détail et à la texture partout ailleurs également.

La Garoupe allie harmonieusement deux types de plans courants sur la Côte d'Azur : la pente en terrasses, et le sommet de colline entouré d'une série de jardins. En se déplaçant vers l'est de la maison, on découvre des plantations plus ouvertes, moins régulières, une sorte de garrigue sous de grands pins, avec des cistes rares, de petits conifères dorés à côté de lavatères à fleurs mauves et des *Lavandula Stoechas* d'un violet plus sou-

À La Garoupe, la glycine couvre une pergola faite de cinq arches en pierre ; celle-ci longe le mur arrière, passe devant des alcôves et des bancs et conduit à la piscine (ci-contre).

Francis Scott Fitzgerald, qui fut l'hôte de Cole Porter à La Garoupe, admira les « pivoines kaléidoscopiques massées en nuages roses… les fragiles roses à tige mauve, transparentes comme des fleurs en sucre dans la vitrine d'un confiseur ».

tenu, des pavonias et de nombreuses plantes rampantes et de rocaille (euryops, asters rampants ou *Felicia folifolium*, délospermas à fleurs étoilées, et bien d'autres). La mer est toujours présente : de la maison d'été à l'est, la Corse est juste au-dessous de l'horizon et on peut en voir l'ombre sur l'eau à l'aube.

En tournant vers le nord, on découvre le nouveau jardin doré et jaune, créé pour célébrer les noces d'or des Norman. Il mêle des *Philadelphus* à feuilles dorées, des spirées, des chèvrefeuilles et des cornouillers buissonnants mis en valeur par des arctotis rouge foncé, avec leur feuillage gris et laineux, des lavatères à fleurs mauves et roses, d'autres délospermas, des hibiscus et deux rosiers arbustes Meilland 'Soleil d'or'. En toile de fond se dressent d'autres robiniers dorés, secondés cette fois par des féviers 'Sunburst' (*Gleditschia*) et des mimosas.

Pour finir, on arrive sur le versant nord, d'allure sauvage. Lui aussi a un escalier plongeant, flanqué au niveau de la maison d'imposantes sentinelles : des cycas mâles et femelles. Au-dessous, des tapis de bulbes — narcisses blancs en décembre, freesias en avril — font écho au mélange hivernal et printanier de fleurs roses et blanches, lorsque des amandiers (dont le plus vieux du cap d'Antibes), puis des magnolias et des cerisiers à fleurs laissent la place aux arbres de Judée, tous mis en valeur par des couronnes de vieux oliviers et des iris bleu-violet à leurs pieds.

M. Norman tient à souligner que La Garoupe n'est pas un jardin de collectionneur, où c'est la rareté des spécimens qui retient l'attention (encore qu'il ait aussi un arboretum pour les plantes qui l'intéressent). Ce n'est pas non plus un jardin voué aux fleurs, lesquelles ne sont à son avis que l'ultime étape du dessein. Il se soucie beaucoup du placement des arbres et des arbustes dans le tracé, et n'hésite pas à transplanter jusqu'aux grands spécimens. Il n'empêche que le domaine de La Garoupe est abondamment fleuri et haut en couleur à chaque saison. Et son éclat, parfois presque éblouissant, devrait rassurer les âmes timides qui craignent les fleurs rouges dans un jardin. Elles sont bien entendu toujours modulées de blanc. M. Norman a en outre un don particulier pour utiliser les plantes à feuillage doré, et pas seulement dans le jardin jaune. A La Garoupe, elles ne choquent jamais et n'ont pas un air maladif, comme c'est si souvent le cas ailleurs dans le Midi.

On a souvent décrit La Garoupe comme un jardin grandiose, « somptueux ». Nombre de ses effets sont spectaculaires, et l'ampleur de sa conception, particulièrement bien équilibrée, justifie ces épithètes.

Dans le même temps, du fait de l'exubérance de ses fleurs, le domaine a un aspect simple, presque familier : dans les bordures plantées par Antony Norman autour de la maison, des rosiers banks et des bougainvillées grimpent autour des volets, au milieu des éperons bleus d'*Echium candicans*, tandis que des rosiers Meilland se déversent par-dessus les balustrades. L'atmosphère n'est ni intimidante ni imposante, mais intime et accueillante.

LA VILLA ROQUEBRUNE

On pourrait en dire autant d'un autre jardin grandiose sur un autre célèbre promontoire, le cap Martin. Ce domaine magique, qui pendant des décennies accueillit l'impératrice Eugénie et ses amis, est perché de façon encore plus spectaculaire que La Garoupe sur une colline dominant la mer : la Villa Roquebrune, créée par une jardinière anglaise de grand talent, Mme Warre. Le site aride, où s'entassent les rochers calcaires, parut rebutant à première vue. On dit que Mme Warre fondit en larmes lorsque son mari l'y emmena pour la première fois en 1902, disant : « Mais je voulais faire un jardin ! » Elle réussit néanmoins à cultiver cette parcelle de trois hectares pendant soixante-quinze ans. Ayant perdu la vue avec l'âge, elle continuait de faire le tour de ses plantes bien-aimées, se fiant à son toucher et à son odorat, car Roquebrune compte certainement parmi les jardins les plus parfumés de la Côte d'Azur.

Comme les Norman, Mme Warre a toujours bien accueilli les visites d'autres jardiniers de la côte, échangeant avec eux des plantes et des idées et servant d'inspiration pour plusieurs générations d'entre eux. C'était une grande collectionneuse, et son jardin contient de nombreux cadeaux de ses amis — notamment le *Jasminun polyanthum* que Lawrence Johnston, créateur du célèbre jardin anglais de Hidcote Manor, rapporta du Yunnan. Il est habilement utilisé comme haie avec une germandrée buissonnante (*Teucrium fruticans*) au bord de la falaise, avec la mer dans le fond. Elle bénéficia également des conseils et des cadeaux d'autres grands noms du monde des jardins britanniques, tel le pépiniériste sir Harold Hillier, ainsi que les directeurs de collections de plantes à Kew et Wisley Gardens.

Une fois qu'on eut placé des tonnes de terre et de fumier derrière de hauts murs de terrasses, les plantations commencèrent. Elles réussirent si bien que les oliviers et les pins des premiers jours sont maintenant perdus dans un délicat paysage boisé. Dans un long article sur Roquebrune du *Royal Horticultu-*

L'oiseau de paradis, ou Strelitzia regina, prêtait son étrange éclat à nombre de jardins anciens, où la couleur exotique était fort recherchée. La Villa Roquebrune existe encore au Cap Martin, face au long éperon bleu de Monaco au loin (ci-contre).

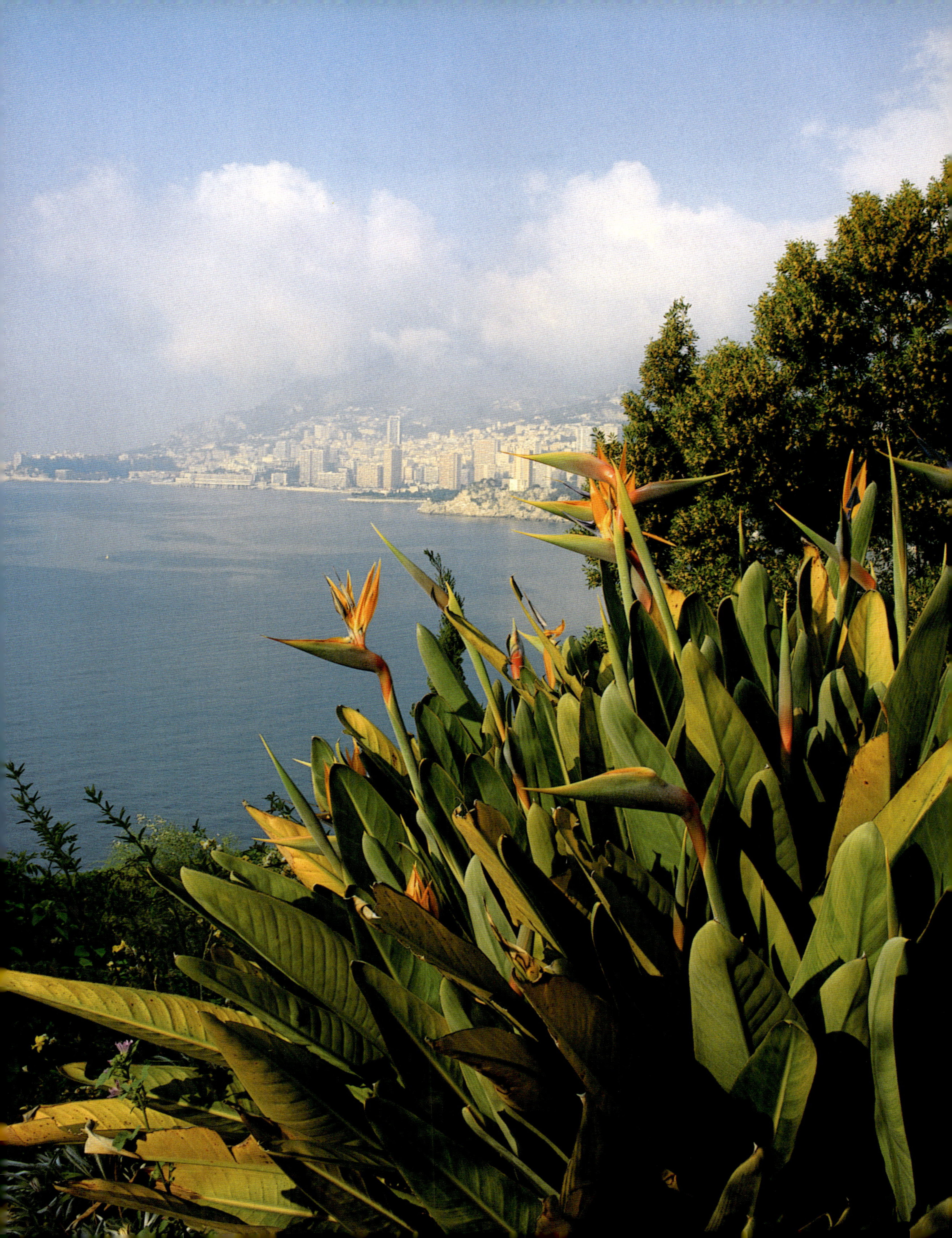

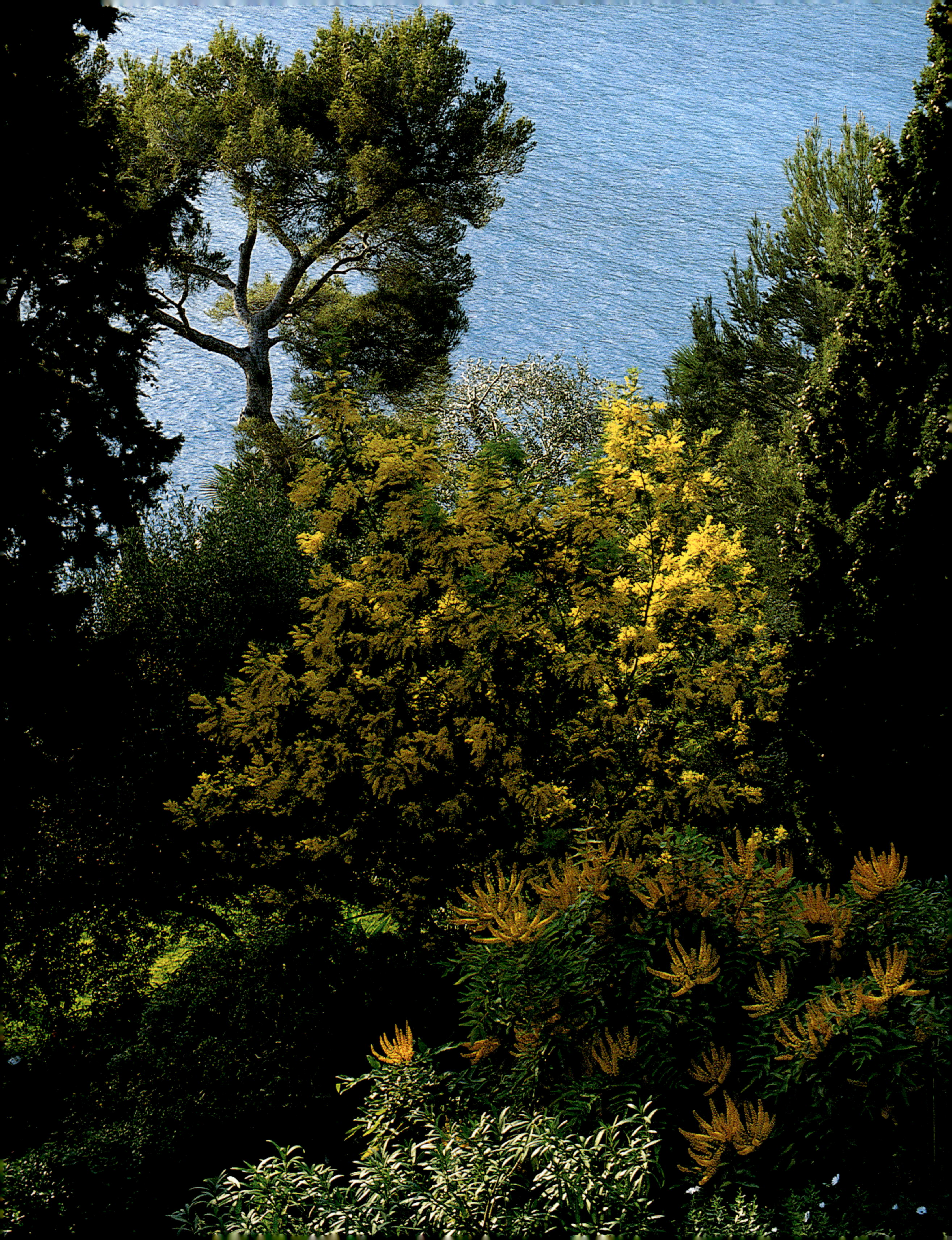

Les jardins de Roquebrune comptent de nombreuses variétés de mimosas (Acacia) et de mahonias, tel ce Mahonia siamensis à fleurs orange, introduit pour la première fois par Lawrence Johnston en 1934 (ci-contre).

ral *Society Journal*, écrit par Basil Leng et Patrick M. Synge du vivant de Mme Warre, les auteurs ne peuvent venir à bout de la longue liste d'espèces et de cultivars rares qu'ils y découvrirent. Mais toutes leurs descriptions soulignent l'exubérance du jardin : des versants plantés de lantanas et de mesembryanthemums, chaque couleur s'étendant sur plusieurs mètres de large ; des *Hebe hulkeana* aux fleurs délicates massées « avec une solide abondance que l'on voit rarement en Angleterre ». Des tapis de plantes à feuillage gris, armoises, gazanias, chrysanthèmes, *Agave americana*, qui prospèrent aujourd'hui encore au milieu de hauts arbustes tels que le genêt à fleurs blanches, si apprécié des fleuristes, *Genista monosperma* ; ou *Petrea volubilis* ou *Buddleja madagascariensis* florifère. Les plantes grimpantes, qui ne furent pas les moins exubérantes, envahissent encore une série de pergolas ou tombent en rideau sur les murs des terrasses dont certains mesurent jusqu'à quatre mètres de haut : akebia et *Holboellia latifolia* se battent près d'un rosier 'Madame Grégoire Staechelin'. De nombreuses variétés de jasmin et de bignone continuent de proliférer, et un seul plant de *Solandra hartwegii* suffit à couvrir la balustrade derrière la maison avec ses immenses fleurs dorées en trompette.

Aujourd'hui, comme du temps de Mme Warre, les lignes des terrasses se perdent dans une profusion de plantes, si bien qu'il est presque impossible de trouver une longue perspective ou une vue d'ensemble. Sur ce versant entrelacé d'allées sinueuses, où il est très facile de se perdre, chaque avancée correspond à une nouvelle découverte, qui se découpe de façon spectaculaire sur la mer en toile de fond.

Les vues sur la mer sont souvent encadrées d'arbres exotiques, aujourd'hui d'un âge majestueux, et généralement rares : un *Grevillea robusta* de douze mètres de haut, un érable à feuilles persistantes (*Acer longifolia*), un vénérable jacaranda, un *Calodendron capenses* à feuilles semi-persistantes, avec des fleurs qui ressemblent à de délicates orchidées roses, et deux immenses cyprès bleus du Portugal.

Roquebrune fut conçu avant tout pour une éblouissante floraison hivernale et printanière, car Mme Warre retournait fidèlement en Angleterre chaque été. En mars et avril, les bulbes et les fleurs forment une étonnante tapisserie. Mais le jardin reste éclatant tout au long de l'année. Les tours bleues d'echiums, les *Russelia* écarlates entrelacés aux aloès, les flèches oranges et bleues des *Strelitzia* mettent en valeur les formes exotiques des cycas et des cactus. Beaucoup de plantes se sèment elles-mêmes ici : des convolvulus bleu profond et des cynoglossums plus clairs. Chaque recoin a son propre caractère. Les echiums et *Polygala myrtifolia* forment ainsi au début du printemps une saisissante composition bleu et violet s'élevant au-dessus d'un tapis de dimorphothecas d'un rose soutenu. On y trouve aussi une magnifique collection de plus de vingt rosiers sarmenteux : *Rosa gigantea*, *R.* 'La Follette', *R.* 'Lorraine Lee', *R.* 'Ramona', *R. cooperii*, *R. laevigata*, *R.* 'Gloire de Dijon' et *R. henryi*, entre autres.

Après une période d'abandon, la Villa Roquebrune et sa colline ont été restaurées et divisées en copropriété, avec obligation pour tous les propriétaires d'entretenir le jardin. On y a vu quelques échecs : la collection de mimosas rares a souffert d'arrosages excessifs de la part de jardiniers peu expérimentés. Et il a fallu consentir à quelques adaptations modernes : des étendues de pelouse, une piscine et un court de tennis ont remplacé certaines parties de la rocaille d'origine. Un beau recoin en contrebas, aux lignes régulières avec son entrecroisement de pergolas, attend une restauration qui pourrait en faire l'un des plus beaux éléments du jardin.

On continue de découvrir à Roquebrune des espèces et des variétés que les experts ont du mal à identifier, et le jardin n'a pas encore dévoilé tous ses trésors. Dans ce climat exubérant, dense et brillant, le spectre de Mme Warre pourrait bientôt se sentir chez lui à nouveau.

LE CLOS DU PEYRONNET

La ville voisine de Menton, en particulier la baie abritée de Garavan, vit une véritable floraison de beaux jardins au début du XXe siècle, dont le plus prospère reste le Clos du Peyronnet. Trois générations de Waterfield ont créé ce jardin sur une pente en terrasses dominant la mer, l'un des plus petits

Norah Warre, créateur des extraordinaires jardins de la Villa Roquebrune, put profiter de l'arabesque des allées et des terrasses (au centre) pendant quelque soixante-quinze années.

JARDINS DE LÉGENDE

Au Clos du Peyronnet, l'entrée de la villa du XIXᵉ siècle est presque étouffée par la glycine.

(un demi-hectare seulement), mais certainement l'un des plus renommés.

Derrick et Barbara Waterfield ont acheté la propriété en 1915, avec une maison à l'italienne du XIXᵉ siècle et des terrasses ponctuées d'oliviers et de cyprès. Leur fils Humphrey, peintre et paysagiste connu en Angleterre, fixa les lignes du jardin actuel dans les années 1950. A sa mort, c'est son neveu William qui reprit le jardin en main. Aujourd'hui, on voit souvent son jovial visage barbu lors des foires aux plantes et des manifestations horticoles dans la région où, toujours accompagné de ses terriers Jack Russell, il expose, échange et donne généralement des spécimens rares. William Waterfield se spécialise dans les bulbes, tout en faisant fructifier le reste de son héritage avec une passion infaillible.

De l'entrée du jardin, une allée monte en douceur, puis forme un cercle devant la façade à colonnes de la maison, où une glycine de Chine a réussi à casser l'un des piliers, dans le plus pur esprit romantique. A l'intérieur du cercle et le long de l'allée croissent un certain nombre d'espèces rares d'*Oreopanax* et d'*Acacia*, un grand *Nolina*, un jacaranda et un catalpa, sous deux immenses palmiers *Washingtonia*. Un *Beaumontia* grimpant forme une cascade sur l'un des angles de la maison.

A l'est de la villa, à travers un bosquet d'arbustes, s'étendent deux grandes terrasses qui forment le cœur du jardin, avec deux bassins rectangulaires, dont l'un est quelque quarante centimètres plus haut que l'autre. On a tiré le meilleur parti de la ligne qui les sépare en plantant un *Zephyranthes candida* opalescent, doublé de son propre reflet. Une pergola avec des piliers en pierre s'étend le long du mur arrière de la terrasse, soulignée par des arums d'Ethiopie. Elle abrite du soleil d'été une table et des bancs accueillants. Les colonnes sont entrelacées de jasmin, de jasmin étoilé, de thunbergies à fleurs bleues en trompette. Une colonne unique soutient une glycine 'Black Dragon', un *Tropaeolum* à fleurs orange et un rosier à fleurs rose pâle, qui fleurissent tous ensemble au début de mai.

Des urnes et des pots peu communs (notamment deux immenses jarres dans le style Médicis) marquent le tournant d'une allée ou l'extrémité d'une perspective contre le haut mur oriental, dont les chaudes couleurs ocre sont drapées d'un rideau de verdure. La pente est abrupte vers le nord ; des arbustes avec de nombreuses variétés rares enclosent cet espace à l'est

William Waterfield se promène, tel Adam au Paradis terrestre, dans son jardin sauvage (ci-contre).

Les Chasmanthi floribundi orange et les echiums violets forment un brillant contraste en avril (au centre).

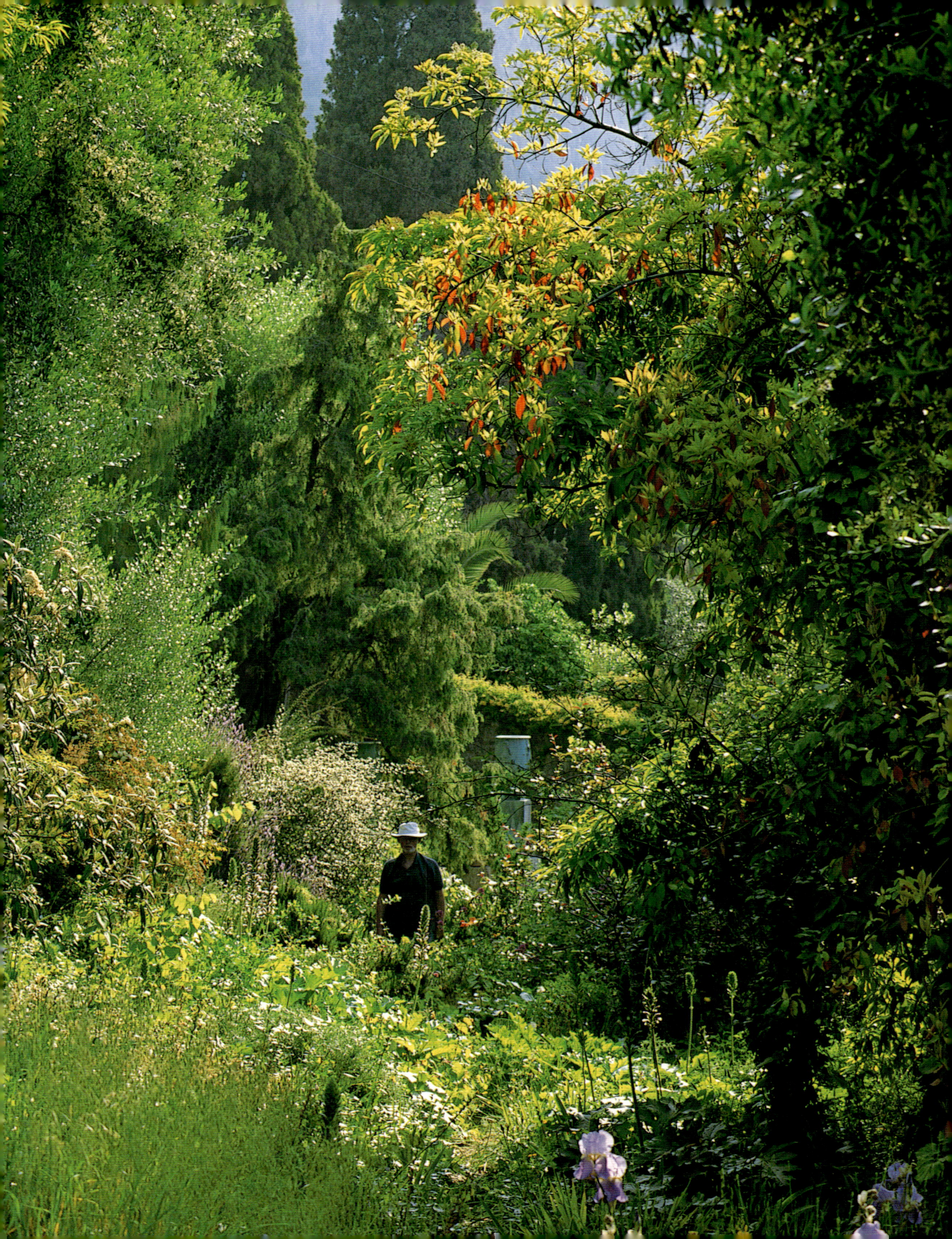

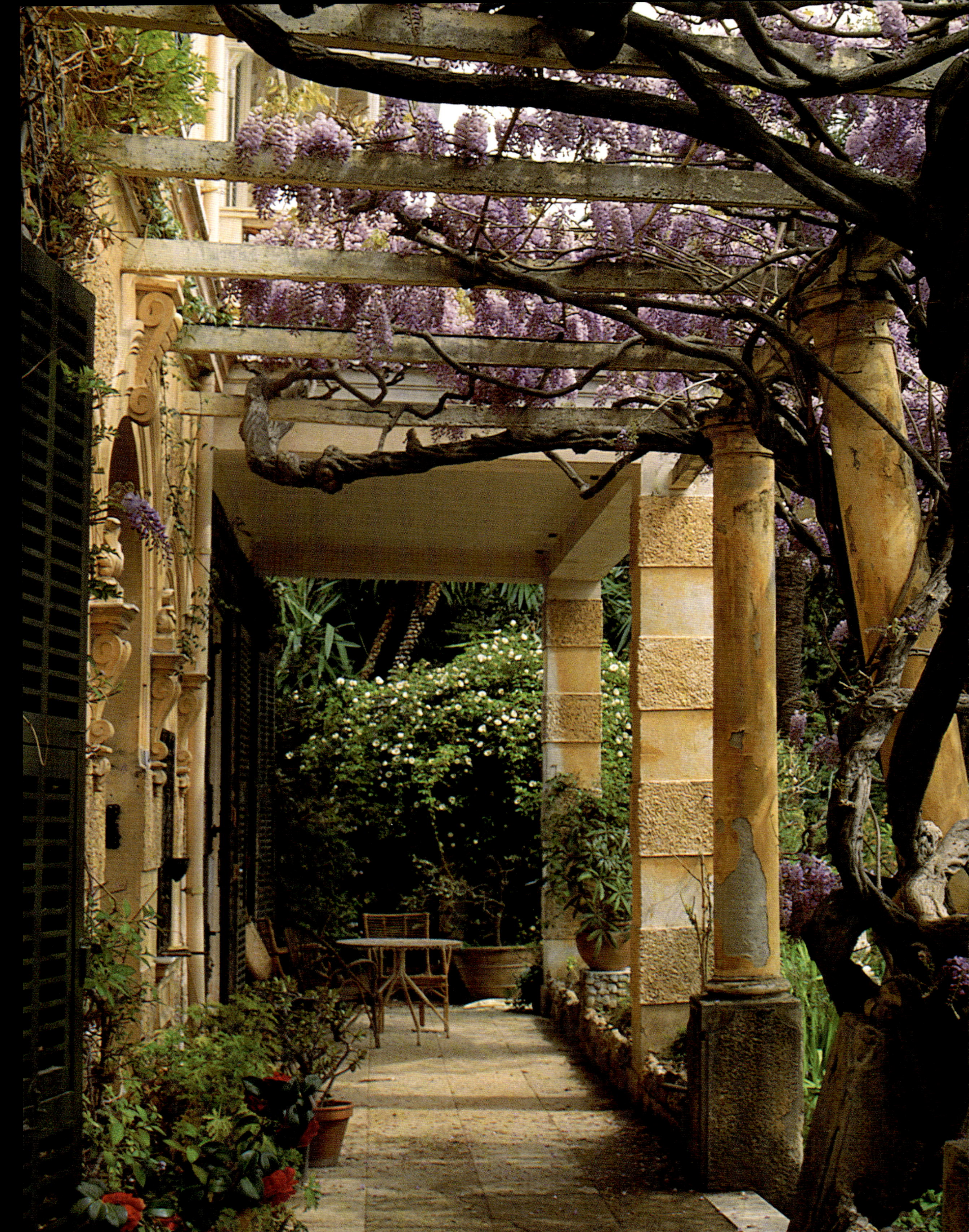

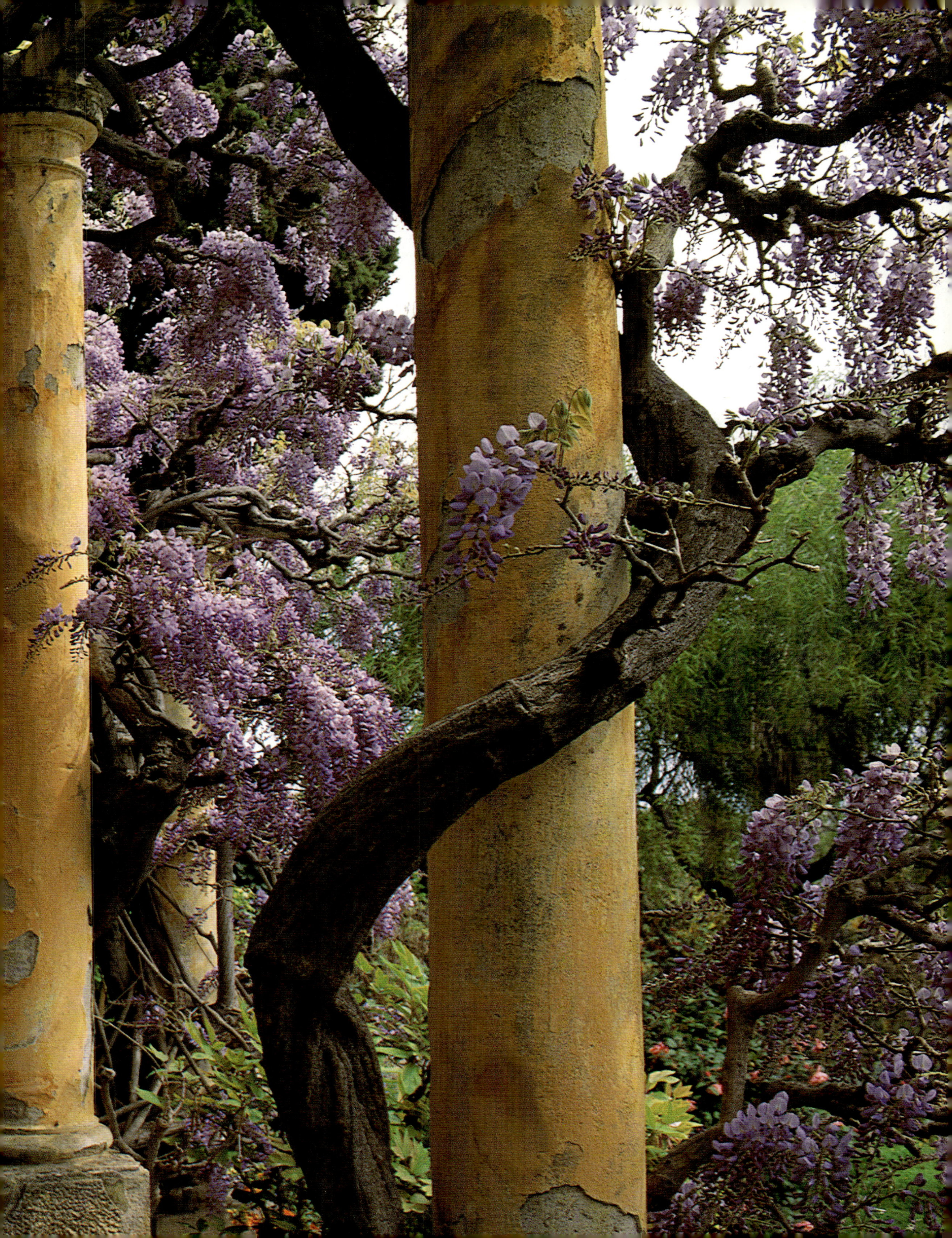

La colonne brisée par la force d'une immense glycine (double page précédente) et l'escalier d'eau créé par Humphrey Waterfield, puissant axe vertical qui descend vers la mer (au centre), sont des éléments légendaires du Clos du Peyronnet.

et à l'ouest, et seule la vue sur la mer est dégagée au sud.

La plus grande partie des jardins du Clos du Peyronnet se trouve vers le haut, là où les terrasses étroites sont dominées par la crête montagneuse argentée au-dessus de Menton. Des parties plus hautes, une série de bassins de plus en plus grands descend d'un niveau à l'autre jusqu'aux bassins rectangulaires près de la maison, qui donnent alors sur la vaste étendue bleue de la mer au-dessous – créant un effet d'escalier d'eau qui est l'une des réalisations les plus célèbres de Humphrey.

William Waterfield, qui, comme tant de collectionneurs, a toujours besoin de plus de place, a continué d'enrichir la composition dont il a hérité. Aujourd'hui, un agencement spectaculaire de petits pots étagés, placés sous le feuillage d'un arbre de Judée, deux oliviers âgés et les éclatantes fleurs jaunes d'un *Senecio petasitis*, retient toute l'attention dans cette partie du jardin, du moins au début du printemps. Le tableau est étincelant vu d'au-dessous – mais il faut regarder les pots de plus près pour apprécier la beauté et la rareté de leur contenu. Certaines plantes sont disposées sur seize petites tables carrées, afin qu'on puisse mieux voir leurs formes délicates et leurs nuances de couleur.

Près de la maison, un escalier plus sévère, avec de larges marches en pierre, forme un puissant axe vertical qui gravit la colline, culminant par une plaque qui commémore les fondateurs du jardin. Ici chaque niveau a ses urnes en terre cuite, extrêmement décoratives, débordant de plantes grasses aux formes et aux couleurs variées. William Waterfield a soigneusement assorti leurs formes et leurs teintes à celles des récipients.

La dimension verticale d'un jardin en terrasses reste spectaculaire, tandis qu'au bout de ses lignes horizontales se cachent des recoins mystérieux. Derrière et au-dessus de la maison, de nouvelles marches conduisent à un triple arc en pierre, à l'ouest duquel s'étend un verger où se mêlent avocatiers, goyaviers, agrumes, néfliers du Japon, un pied de vigne dont les raisins ont une curieuse saveur de framboise, des collections de solanums et d'hibiscus. A l'est, de l'autre côté, s'étend toute une série d'arcs de cyprès, souvent photographiés, faite de paires d'arbres dont les sommets se rejoignent au-dessus de l'allée – « de forme légèrement fantasque, en sorte qu'ils ne ressemblent à rien tant qu'à des ronds de fumée verts déformés », dit l'historien Charles Quest-Ritson, qui tient le Peyronnet pour le meilleur jardin moderne du midi de la France.

Les plantes ont été cultivées ou conservées pour de nombreuses raisons ici – un sureau quelque peu décharné sert à éloigner les sorcières, selon une légende locale. On ne méprise pas les plantes simples, et on laisse les roses trémières se semer à leur gré.

La densité des plantes concentrées dans ce jardin est tout simplement incroyable. Toutes les tailles, formes, tous les parfums et sans nul doute tous les goûts sont représentés.

Parmi les spécimens les plus rares, on peut citer la collection relativement nouvelle de nerines ; mais on y trouve des espèces plus familières, de tendres sauges et daturas, grevilleas et melaleucas.

La liste complète serait trop longue à citer. Chaque génération de Waterfield a fait partie de ces cercles restreints mais enthousiastes de passionnés de jardin qui partagèrent si généreusement leurs trésors, et on trouve ici des plantes provenant de tous les autres domaines de légende. Et même deux urnes en terre cuite faites pour Lawrence Johnston, marquées de ses initiales, sur la terrasse de la maison...

JARDINS DE MENTON

La ville de Menton a hérité de jardins exceptionnels, car son climat privilégié a attiré certains des plus grands paysagistes du siècle. Et bien que nombre de leurs créations soient maintenant dans un état pitoyable, attendant une incertaine restauration, du moins n'ont-elles pas été rasées et remplacées par des immeubles.

Les deux jardins mentonnais les plus renommés furent créés par deux géants parmi les jardiniers contemporains, un Anglais et un Français : Lawrence Johnston, à la Serre de la Madone et Ferdinand Bac, aux Colombières.

Johnston vint ici d'abord, comme tant d'autres, pour des raisons de santé : sa mère séjournait dans un sanatorium de Gorbio et lui-même avait été gazé pendant la Première

JARDINS DE LÉGENDE

Guerre mondiale. Il se rendit bientôt compte que les trésors qu'il avait rapportés de pays exotiques en matière de plantes prospéraient dans le climat doux de Menton et décida de créer son propre jardin pour les abriter. Il choisit un site isolé, sans vue sur la mer, sur une colline en terrasses, dans la vallée de Gorbio appelée la Serre de la Madone. Il y passa de nombreux hivers, retournant pour l'été dans sa célèbre propriété de Hidcote Manor, aujourd'hui l'un des jardins les plus visités d'Angleterre. Vers la fin de sa vie, il vécut toute l'année à Menton, jusqu'à sa mort en 1958.

La maison se trouve au sommet du jardin et, au-dessous, des marches et des bassins, ornés de fontaines et de sculptures, forment un solide axe central. Deux bassins rectangulaires sont situés au cœur du jardin sur le même niveau, où une élégante orangerie fait face à une non moins distinguée statue du XVIIIe siècle – l'une des Madones du jardin, qu'on appelle parfois Mme Johnston. Les terrasses de l'autre côté de la descente ont chacune leur caractère, mais toujours avec un point focal à l'extrémité de la perspective. Un autre itinéraire, moins évident, mène de l'entrée en montant autour des parties extérieures du jardin ; mais dans les deux cas l'on se déplace à travers des vues ouvertes et des espaces fermés, de surprise en surprise. Environ trois des six hectares sont ainsi paysagés, et la transition jusqu'aux terres sauvages environnantes est soigneusement orchestrée.

Le créateur de Hidcote s'intéressait tout autant aux plantes, à leur couleur et à leur texture, qu'au plan de son jardin – encore que ce dernier aspect ait mieux survécu que le premier. Il excellait dans les massifs étagés d'arbustes, de bulbes et de fleurs – de grandes étendues plantées d'*Amaryllis belladonna* roses qui s'élèvent sur un tapis de plumbagos bleus. De ses voyages horticoles en Extrême-Orient, il rapporta les mahonias rares, *M. siamensis* et *M. lomariifolia*, qui se sont maintenant resemés dans tout le jardin. Il collectionnait les pivoines arbustives à fleurs doubles et les glycines du Japon. Il y avait des fleurs en toute saison, dont beaucoup étaient extrêmement rares, mais toujours associées pour le plaisir de l'œil.

Ferdinand Bac, en revanche, n'était ni horticulteur, ni même collectionneur, mais le défenseur des plantes régionales. Ce sont l'olivier et le cyprès qui régnaient dans son jardin, encore qu'aux Colombières on ait construit un pont spécialement pour faire honneur à un vieux caroubier. De ses voyages il rapporta non pas des plantes mais des allusions de toutes sortes, que ce soit au style (andalou, toscan), à l'architecture et au décor de jardin (des « fabriques » avec de vagues échos de Palladio), voire des inscriptions littéraires d'Homère. Avec son sens subtil de la couleur, il créa des symphonies de verts et de gris, opposés aux tons ocre de l'architecture locale – encore que le célèbre badigeon rouge vénitien de ses murs fût inspiré de Carpaccio plutôt que de la tradition mentonnaise. Cette gamme de couleurs particulières et son goût pour les géométries du paysage font songer à Cézanne. Les jardins de Bac étaient également tout le contraire de ceux de Johnston en ce qu'ils n'étaient pas autonomes, mais « empruntaient » au paysage environnant de façon spectaculaire – les Colombières donnent sur les sommets enneigés des Alpes d'un côté, sur la baie de Garavan et la vieille ville de Menton de l'autre, chacune des vues étant soigneusement encadrée. Cet amour des « panoramas majestueux » était né du désir de mettre en valeur le site naturel, bien qu'ici, comme chez Johnston, la transition entre jardin et paysage fût progressive.

Comme Johnston, Bac traite la maison et le jardin comme une entité unique – ce que les paysagistes commencèrent à faire régulièrement sur la Côte d'Azur dans les années 1920. L'inspiration de Johnston était à la fois britannique et internationale, celle de Bac plutôt pan-méditerranéenne. Johnston imagina une succession de salles fermées, alors que Bac conçut les Colombières comme une cathédrale, avec de nombreuses chapelles spacieuses. Ce fut son dernier jardin : invité par les deux propriétaires à commencer le travail en 1919, il vécut ensuite aux Colombières de 1926 jusqu'à sa mort en 1952. Leurs trois tombeaux furent révérencieusement placés ensemble dans une partie du jardin. L'esprit de Bac était en effet quasi mystique, infini plutôt qu'intime, et les Colombières sont peuplées de dieux et de déesses,

A la Serre de la Madone, Lawrence Johnston cultiva des plantes exotiques découvertes au cours de ses voyages, entre autres ce Nolina recurvata ou pied d'éléphant.

Harold Nicolson, l'époux de Vita Sackville West, admirait chez Johnston « l'alternance calculée de suspense et de surprise ». Ici, un double bassin où se reflète le ciel est placé au milieu de salles de verdure plus secrètes (double page suivante).

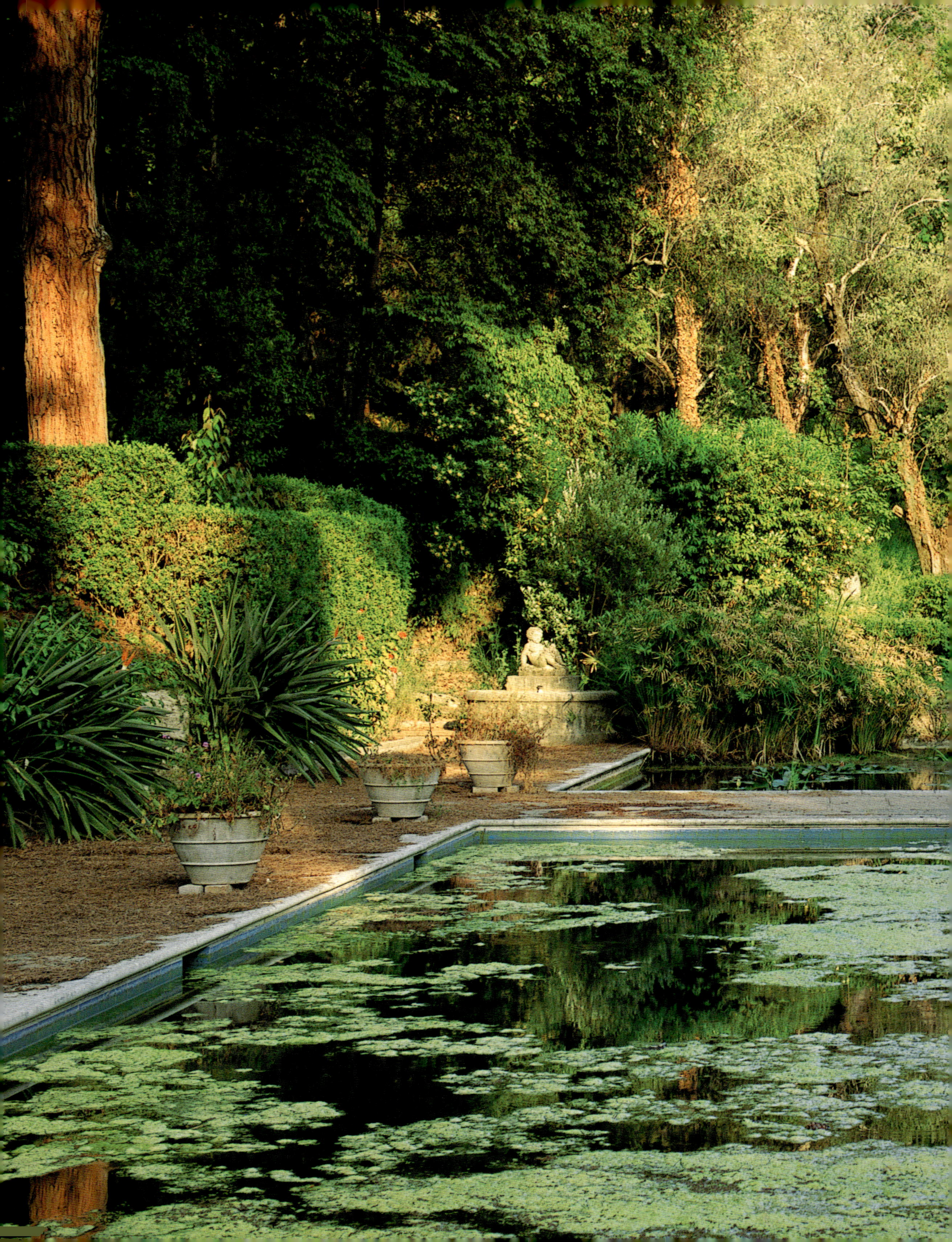

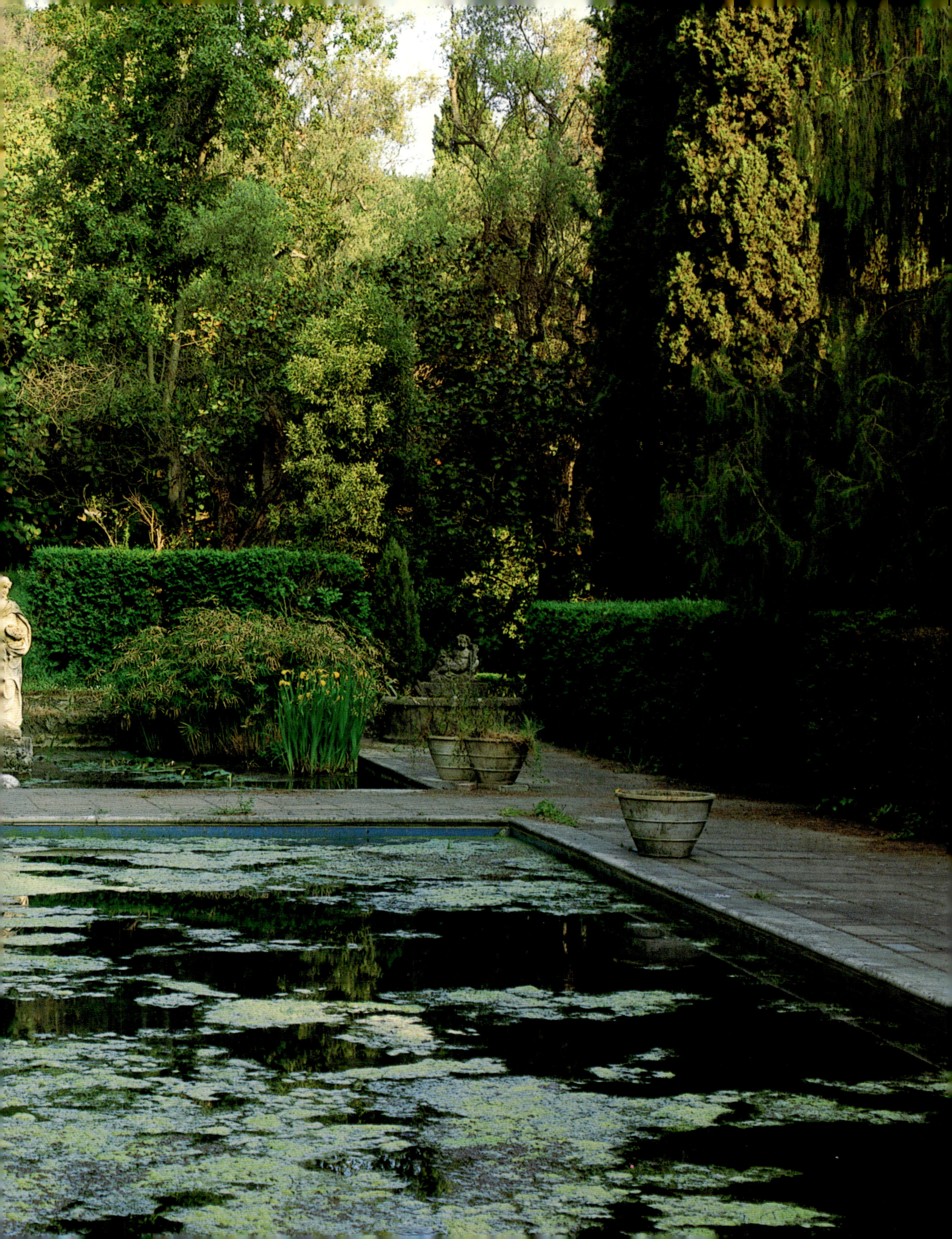

Val Rahmeh, à Menton, est magnifique en toutes saisons, mais surtout à l'automne, lorsque ses daturas en arbre se détachent sur le bleu crépusculaire de Solanum rantonnetii *(au centre et en bas).*

plutôt que de plantes rares. Mais peut-être s'agit-il simplement de différentes formes de vénération ?

Parmi les autres vestiges importants de Menton, il ne faut pas oublier la Villa Maria Serena, créée par Charles Garnier pour Ferdinand de Lesseps (créateur du canal de Suez). On y donne désormais des réceptions officielles, au milieu de ses vastes collections exotiques. Un autre domaine plein de fantaisie, la fabuleuse « Fontana Rosa », propriété du romancier espagnol Blasco Ibáñez, ouverte au public, domine toujours la baie de Garavan et contient de nombreuses fabriques de jardins carrelés en céramique ainsi que des statues des héros de l'auteur. Dans l'ouest de Menton, le parc entourant le musée du Palais Carnolès présente cinquante variétés d'agrumes.

Le parc du Pian, sur la colline qui domine la ville, est composé de terrasses avec des oliviers millénaires, juste à côté de l'un des domaines les plus intéressants de Menton : la villa de Val Rahmeh. Un certain lord Radcliff, ancien gouverneur de Malte, y transforma une veille ferme provençale en villa cosmopolite en 1905. Mais c'est la collectionneuse anglaise miss Campbell qui créa ici, dans les années 1950, un jardin botanique exotique sur un hectare de colline. Le Museum national d'histoire naturelle y entretient maintenant la branche méridionale du Jardin des Plantes à Paris, spécialisée dans les fruits exotiques et en ethnobotanique (usages culturels des plantes, en particulier des Solanacées, qui forment un imposant groupe, du tabac à la tomate). Le professeur Yves Monnier en fait un centre de recherche et de documentation aussi impressionnant que séduisant.

Le vieux cimetière de Menton, où reposent tant de célèbres Anglais, se visite lui aussi comme un jardin. C'est un endroit que Maupassant admirait beaucoup : « Quel lieu ce serait pour vivre, ce jardin où dorment les morts ! Des roses, des roses, partout des roses... Leur parfum violent étourdit, fait vaciller les têtes et les jambes. » Katherine Mansfield fut au nombre des visiteurs qui vinrent pour des raisons de santé. Elle aimait beaucoup les jardins de la villa qu'elle louait, Isola Bella, et s'enflamma, dans ses lettres à son mari, pour « le parfum de la mer en plein été, le laurier dans les jardins et la senteur des citronniers ». Cette propriété existe toujours et attend d'être restaurée.

Des Plumbago capensis bleu pâle et des lantanas orange tombent en cascade sur un mur au-dessous de la Villa Maria Serena, avec les montagnes escarpées en toile de fond (ci-contre).

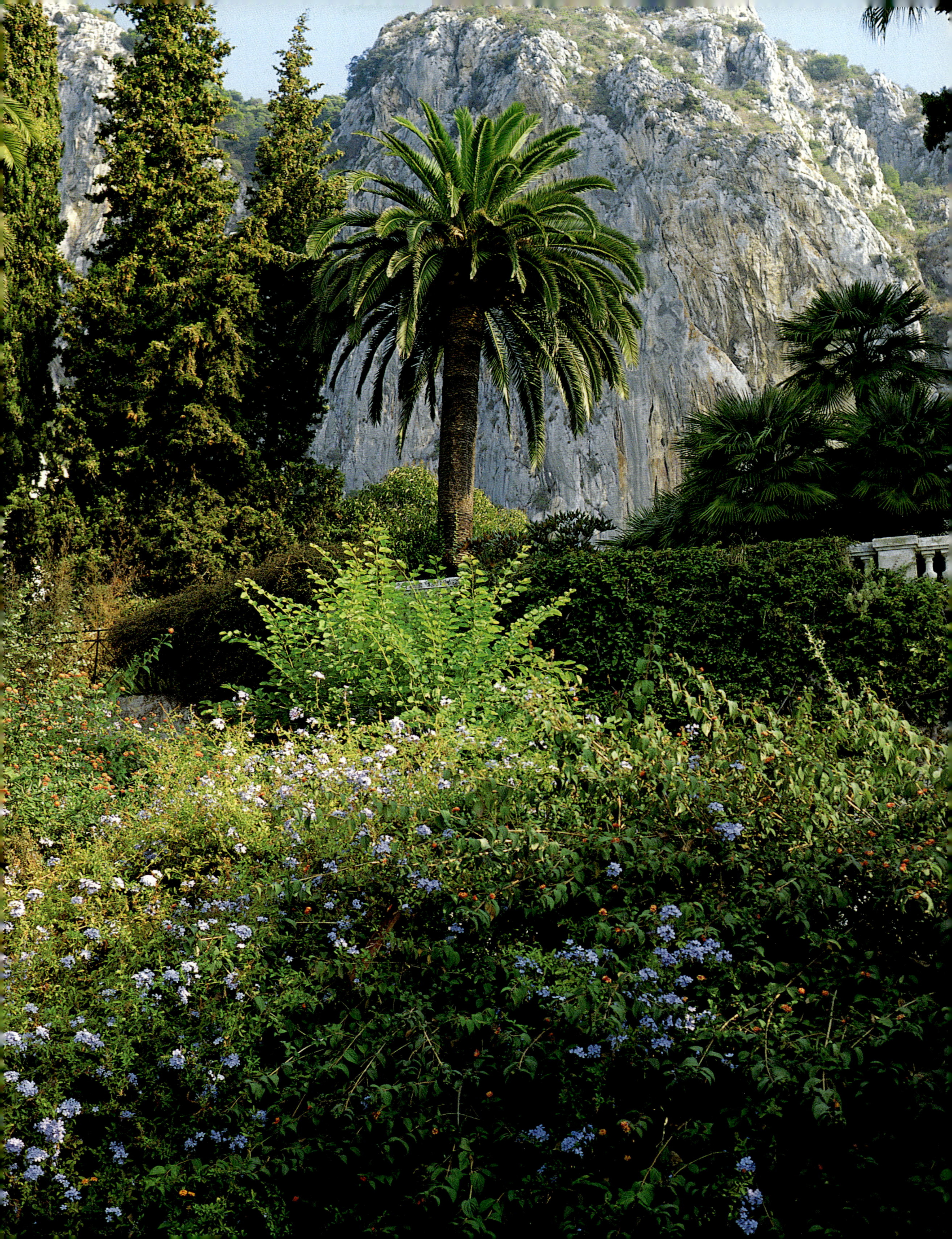

À Hyères, chaque terrasse des jardins de la Villa Noailles a une composition différente, souvent de création récente. Ici des pélargoniums, osteospermums, echiums et beschornerias, avec un genêt d'Espagne, forment une tapisserie magique et multicolore.

Ce ne sont que quelques-uns des domaines célèbres de Menton, qui enrichissent et appauvrissent à la fois la municipalité aujourd'hui. Ouverts au public uniquement dans des occasions exceptionnelles pour l'instant, ils pourraient bien être accessibles à l'avenir.

LA VILLA NOAILLES A HYERES

La période de l'entre-deux-guerres vit un nombre incroyable d'expériences dans le domaine du jardinage, à la fois dans le tracé des jardins et dans l'horticulture. Ces propriétés brillaient non seulement par leurs fleurs, mais aussi par leur réputation et celle de leurs visiteurs. Le Castel Sainte-Claire d'Edith Wharton, propriété raffinée qui domine la vieille ville d'Hyères, rivalisait avec la Villa Noailles voisine, dont les propriétaires étaient parmi les mécènes les plus avant-gardistes de l'époque. Paul Valéry visita les deux, et Man Ray choisit la propriété des Noailles pour tourner les *Mystères du château du dé*. Marie-Laure de Noailles régnait ici sur une cour brillante et talentueuse d'artistes, d'écrivains, de sculpteurs et de compositeurs dans un climat d'opulence, de bohème et parfois de scandale, avec tout le panache et la poésie de son époque.

Robert Mallet-Stevens conçut ici dans les années 1920 une impressionnante villa d'avant-garde avec de hauts murs de couleur ocre, des fenêtres carrées et toute une série de cours intérieures. A l'extrémité est, dans un triangle protégé par de hauts murs, Gabriel Guévrékian imagina un jardin cubiste dont subsistent aujourd'hui les grandes lignes, un tracé en damier organisé dans un espace qui ressemble à la proue d'un navire. Les plantes sont ici interchangeables et ne présentent pas d'intérêt en tant que telles, car c'est le tracé qui compte. Cette aventure ressortit peut-être davantage à l'histoire de l'architecture qu'à celle des jardins. La Villa Noailles et le Castel Sainte-Claire sont situés sur des versants différents de la même colline. Les deux dominent un océan de toits en tuiles anciennes, avec un clocher d'église en pierre, et une bande bleu vif de mer au-delà. Les deux domaines sont séparés par d'importants chantiers archéologiques, où l'on a mis au jour les vestiges d'une communauté qui s'est épanouie ici du Ve au VIIIe siècle. On a découvert également de curieux souterrains et des puits communicant sur différents niveaux. Cette partie est maintenant tapissée d'une végétation de garrigue – buis, myrte, laurier-tin, au milieu d'agaves géants.

Une partie de cette bande médiane fut transformée entre les deux guerres en un jardin privé, empli de fausses ruines médiévales. Le propriétaire était régulièrement à court d'argent, si bien que le vicomte de Noailles le lui achetait et revendait au gré des fluctuations de sa fortune – façon originale d'aider un voisin.

La ville d'Hyères est en train de transformer toute la colline en un grand jardin public qui doit s'appeler « Le jardin provençal ». Le Castel Sainte-Claire (1,5 ha) restera un domaine exotique aux fleurs éclatantes, où les spécimens rares, tels que des bauhinias et des érythrines, se dressent au milieu des motifs tracés dans les parterres – lantanas, sauges, lauriers-roses et abutilons. Le style général rappelle celui d'un parc paysager servant de jardin public dans la tradition de la fin du XIXe siècle : palmiers disposés dans des pelouses, avec des cercles de fleurs multicolores à leurs pieds.

Les deux hectares et demi de la Villa Noailles continueront de se spécialiser dans les plantes méditerranéennes. Le sol n'est pas profond ici – cinquante centimètres seulement par endroits. Et bien que la maison ait été conçue avec vingt salles de bains, qui servaient beaucoup, car Marie-Laure de Noailles imposait sa passion du sport à tous ses hôtes, l'eau est aujourd'hui rare. Les plantes qui ont survécu et celles qu'on y cultive maintenant résistent généralement bien à la sécheresse.

La colline tout entière est donc en pleine évolution. Mais les visiteurs de la Villa Noailles pourront déjà découvrir un monde magique de fleurs de couleurs, où s'allient les plantes rares et communes, disposées en contrebas sur une série de terrasses. Les oliviers d'origine et un magnifique amandier de trois siècles forment une solide charpente. Au cœur de la colline se dressent trois immenses pins parasols, flanqués d'un groupe de cyprès à l'est, point focal spectaculaire entre la maison et le village.

Le site protégé permet la culture des buddlejas à floraison hivernale (*B. officinalis* et *B. madagascariensis*, tous deux très appréciés du vicomte). On y trouve aussi des passiflores rouges qui ornent une balustrade, des *Beaumontia* à fleurs blanches et des centaines d'echiums roses bisannuels qui se resèment, atteignant jusqu'à trois mètres de haut. Le tracé est ici moins rigoureux qu'au Castel voisin, encore que les plantes restent disposées en grandes étendues de couleurs vives, qui s'opposent les unes aux autres – des phlomis jaunes courant le long de massifs de dimorphotecas et de lantanas par exemple. Les terrasses, dont les proportions et la forme généralement rectangulaire sont respectées, sont souvent bordées d'allées, chacune ayant son propre caractère suivant les plantations.

Ces terrasses centrales sont fermées de part et d'autre par de vieux murs en pierre. Aux niveaux médians, des arches ouvrent sur des jardins secrets : à l'ouest, un enclos muré devant la maison d'amis prêtée au compositeur Georges Auric, avec sa longue promenade étroite et ses larges parterres plantés de divers petits arbustes et de vivaces sous les couronnes d'oliviers et d'amandiers. A l'est, un escalier descend vers un jardin intime fait de petits parterres sur plusieurs niveaux, entre des allées pavées de carreaux en terre cuite.

L'effet décoratif reste le but premier de ce jardin, si rares que soient certaines plantes nichées dans les recoins. Les groupements les plus simples sont très séduisants : *Cistus corbariensis*, par exemple, avec ses bourgeons rougeâtres, entremêlé de sauges, d'echiums, de lavandes, de phlomis à fleurs roses. Un echium d'un bleu-vert profond, plus petit que les variétés gris-bleu, se mélange ici au phlomis rose, ailleurs au polygala et au phlomis jaune, ou à la giroflée rouge cerise.

Ces créations sont l'œuvre de Pierre Quillier, petit-fils de l'ancien majordome du vicomte. Quillier a grandi sur cette propriété où son grand-père vit encore dans une maison qui lui fut léguée à la mort du vicomte.

Le jardin cubiste de Gabriel Guévrékian fut créé pour prolonger la villa de Robert Mallet-Steven dans les années 1920, lorsque les artistes d'avant-garde étaient nombreux à fréquenter la Villa Noailles à Hyères. Aujourd'hui, il paraît terne en comparaison avec la richesse d'invention des niveaux inférieurs.

Les jardins de la Villa Noailles à Grasse recèlent de nombreux souvenirs de voyage, telle cette réduction d'une des célèbres colonnes qui ornent la nymphée de la villa Aldobrandini près de Rome.

Nul jardinier ne pourrait être plus amoureux du travail qu'il fait, à la fois pour restaurer les collections et renforcer les lignes. Il cherche de nouvelles plantes non pas pour leur rareté, mais pour la richesse de leur floraison ou la puissance de leur parfum.

Quillier dessina également un motif d'agapanthes bleus et de coréopsis jaunes sous les pins parasols géants qui encadrent la vue sur la ville. Ce dessin fait discrètement écho au plan cubiste au-dessus, marquant la transition avec le jardin moins régulier au-delà. C'est lui qui rassembla les echiums bisannuels et les fit prospérer sur toute la colline.

Cette célèbre propriété est à la fois enchantée et enchanteresse. Si elle ne vit plus dans la splendeur de son éclat d'autrefois, elle a néanmoins recommencé une vie nouvelle.

LA CHEVRE D'OR

Il est sans doute difficile pour le public de comprendre les immenses problèmes auxquels doit faire face quiconque – groupe ou individu – veut restaurer ou entretenir aujourd'hui des jardins aussi élaborés. Beaucoup d'entre eux étaient des créations extrêmement personnelles, comme la Villa Roquebrune, dont seul le propriétaire connaissait vraiment l'étendue et la diversité des trésors qu'elle contenait – et les soins que nécessitait chacun d'eux. Les jardiniers municipaux ne sont pas formés à un travail aussi spécialisé et tendent à trop tailler des spécimens rares ou à disposer des plantes à massif pour des effets de couleur immédiats, tels les redoutables oxalis qui étouffent ensuite tout le reste. Les héritiers de tels paradis peuvent voir leur existence entièrement transformée – comme ce fut le cas pour William Waterfield, qui a bâti sa vie autour du Clos Peyronnet, mais qui s'interroge sur la génération à venir.

Un autre jardin splendide, très célèbre, dépérit du fait de la disparition de ses créateurs : c'est La Chèvre d'or, près de Biot, souvent photographié, créé dans les années 1950 à partir d'un ancien domaine rural.

La Chèvre d'or commença par une légende : un trésor enterré au pied d'une tour romane qui se dresse encore sur la route à l'extérieur. Ses propriétaires, M. et Mme Champin, après avoir agrandi la villa, ont consolidé les terrasses et planté un jardin pour les mois d'été uniquement. Des terrasses intimes entourent la maison, certaines pavées de motifs en galets, abritant des plantes parfumées en pots – cestrums, pélargoniums, frangipaniers. D'ici on peut voir l'imposante et célèbre perspective du jardin vert, où des haies basses de buis, de romarin et myrte dessinent des arabesques autour de jarres italiennes contenant des orangers en boule, le long d'une allée, maintenant quelque peu ombragée par l'immense rideau de cyprès d'en face. La Chèvre d'or est aussi le jardin de l'amitié : des jardiniers aussi célèbres que Basil Leng, la duchesse de Mouchy, le vicomte de Noailles, la princesse Sturdza, la baronne de Waldner et sir Peter Smithers ont tous donné des conseils et des plantes.

Parmi les créations les plus renommées de La Chèvre d'or, il faut citer la monumentale allée de cyprès s'éloignant de la maison ; un jardin de céanothes ; un coin japonais avec des glycines formées en arbustes et un damier de santolines vertes et argentées ; la haie d'oliviers bordée de buis, qui conduit à l'élégante orangerie ; les jardins rose et blanc ; le cadran solaire entouré de boules de raphiolepis. Tous ces trésors, si souvent décrits et photographiés, survivront-ils à la transition ? Ou l'un des jardins les plus originaux de la Côte d'Azur sera-t-il perdu pour la postérité ?

LA VILLA NOAILLES A GRASSE

Une autre grande propriété de l'après-guerre, la Villa Noailles à Grasse, a elle aussi connu une dangereuse période d'incertitude avant d'être prise en main par le petit-fils du vicomte, aidé de la paysagiste Jane Harvey.

Tandis que son épouse continuait de présider au destin brillant de leur villa à Hyères, le vicomte de Noailles chercha une existence plus paisible dans l'arrière-pays près de Grasse, où son jardin s'est probablement révélé le plus influent de son époque.

La villa du XVIIIᵉ siècle, abandonnée depuis longtemps, avec son versant planté d'oliviers, fut achetée aux enchères par le vicomte de Noailles avant la Seconde Guerre mondiale. Cet homme qui a été loué par tous ceux qui le connaissaient pour son goût impeccable, son imagination incomparable et sa générosité sans bornes, créa entre 1947 et sa mort en 1981 un jardin que Roderick Cameron

Près de la maison, un grand pavillon sculpté en buis s'élève au-dessus d'une écume de santoline argentée (ci-contre).

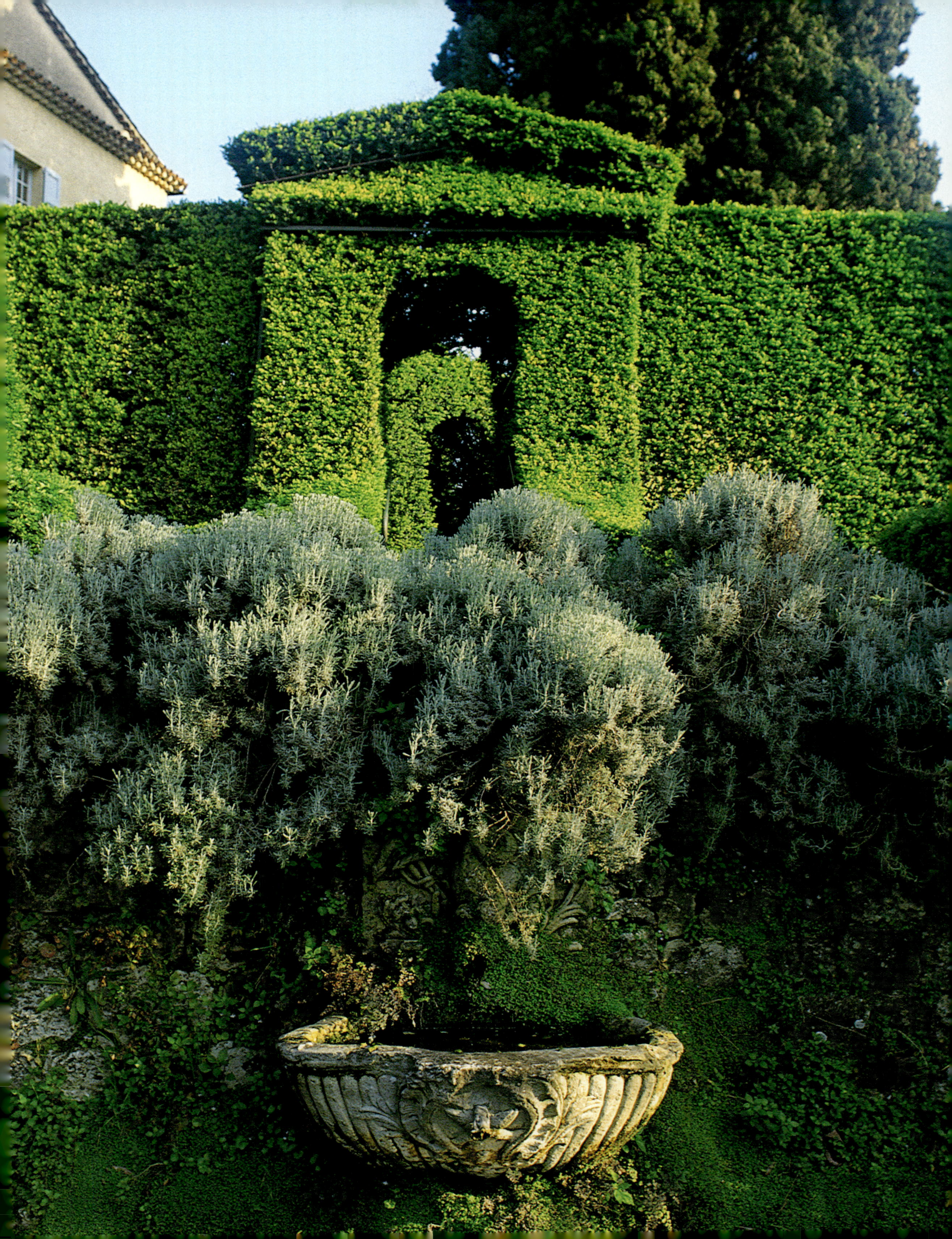

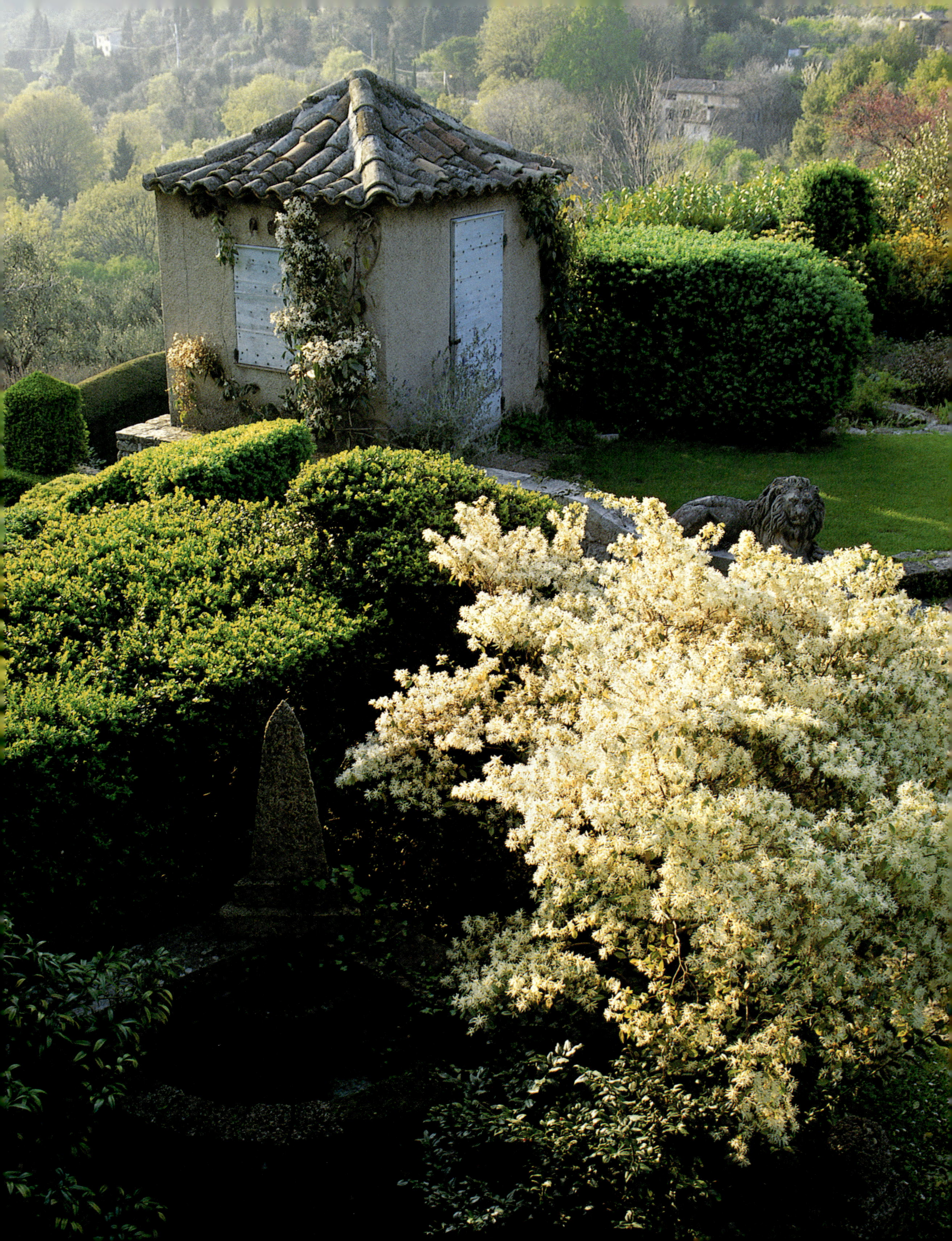

Vu de la Villa Noailles, le même arc de triomphe en buis conduit à une collection de pivoines en arbre, cachée sous de sombres remparts d'ifs.

considérait comme le « jardin idéal » pour la Côte d'Azur. Et pourtant, comme la Serre de la Madone de Lawrence Johnston, il n'a pas vue sur la mer. Peut-être son isolement faisait-il partie de son attrait pour le vicomte, qui connaissait trop bien le panorama d'Hyères. Et tandis que ce dernier domaine était résolument d'avant-garde, celui de Grasse a au contraire une qualité intemporelle : ses tons passés et ses échos pastoraux lui donnent un parfum ancien, voire virgilien. Il est néanmoins moderne dans son usage inventif de la tradition, dans son équilibre entre de riches collections de plantes et un dessin fort.

Les esprits des eaux habitent ce jardin tout entier, de la source couverte de mousse dans la cour ombragée par des tilleuls à l'entrée, à la série de fontaines et de bassins qui accompagnent la descente vers le pré humide en contrebas. La villa elle-même domine le coin nord-est de la propriété. Après être entré par la cour, avec ses célèbres pots étagés de camélias et ses statues couvertes de lichen dans des niches, on peut continuer le long du mur arrière, en passant par le buffet d'eau à l'italienne. Un treillis soutenant des rosiers banks conduit à la célèbre pergola d'arbres de Judée où, sur les conseils du paysagiste Russell Page, un arbre sur cinq fleurit en blanc.

Au-dessous, une série de petites terrasses s'étendent en longues bandes, juste à l'ouest de la maison. Curieusement, la demeure n'est pas directement liée au jardin et n'a pas de véritable entrée. La transition est délicatement modulée, avec l'aide de deux volées de marches en demi-cercle. Une paire de lions en pierre accueille et guide le visiteur vers une pelouse, qui à son tour s'étend vers un magnifique marronnier, dont l'ample couronne fait écho aux lignes arrondies des collines environnantes.

Conçue par l'architecte Emilio Terry, la terrasse sud de la maison est également entourée de haies de buis sculptées, suffisamment basses pour permettre à deux cyprès géants d'encadrer la vue au loin – les collines qui s'estompent à l'horizon. Renfoncée dans la maison elle-même, une alcôve carrelée, où grimpent *Akebia quinata* et *Holboellia latifolia*, invite à admirer la perspective. Au centre de cette terrasse se trouve un simple bassin circulaire bordé de lis en pots, que M. de Noailles a peuplé de carpes japonaises blanches et roses.

Les espaces autour de la maison ont donc été transformés en une complexe suite de salles de verdure, reliées entre elles de manière surprenante, chacune avec son caractère propre. Mais il ne s'agit que de l'angle nord-est du domaine. Ailleurs, le plan général est facile à comprendre – encore qu'il y ait bien des recoins secrets à découvrir, dont beaucoup sont à l'autre extrémité (ouest), d'où descend une allée sinueuse.

Le cœur du jardin reste une série de sept larges terrasses avec des murs en pierre, plantées de vieux oliviers. Des bulbes rares et sauvages (narcisses, crocus, fritillaires, anémones, entre autres) transforment ces espaces en tapis blancs, dorés ou roses à différents moments de l'année. Du temps de M. de Noailles, l'herbe n'était pas coupée avant l'été, et seules des allées en zigzag étaient tondues. Au début, il autorisait son

De petits et accueillants pavillons de jardin, avec des toits en tuiles romanes, marquent les transitions et permettent de se reposer à tous les niveaux de ce jardin (ci-contre).

Les jardins du vicomte de Noailles à Grasse célèbrent l'eau dans chacune de leurs parties, pour ses sonorités rafraîchissantes tout autant que pour sa vue. Cette fontaine est située sur une terrasse inférieure, avec, dans le fond, les arbres en fleur du pré en contrebas. Vue d'au-dessous, elle contribue à placer la maison dans une longue perspective.

fermier à faire paître ses moutons, qu'il trouvait décoratifs ; mais il fallut y mettre un terme pour sauver les bulbes.

A l'extrémité extérieure de la terrasse la plus basse se trouve un grand bassin rectangulaire bordé de vieilles pierres. Un bouquet de *Beschornia yuccoides*, plante architecturale avec ses immenses touffes de feuilles en forme d'épée et les épis rouge corail de fleurs, orne le côté nord, et des groupes semblables ponctuent les terrasses d'oliviers sur tout le versant. Ce bassin domine une bande de pelouse émeraude soigneusement entretenue, qui fait contraste avec l'herbe sauvage au-dessus. Cette pelouse rectangulaire sera bientôt mise en valeur par un parterre de buis fait de boules grandes, moyennes et petites et un rang de *Koelreuteria paniculata* au bord extérieur.

L'un des plus beaux effets de ce jardin est l'alternance de simplicité rustique et de raffinement géométrique. Les murs en pierre grise qui soutiennent les larges terrasses d'oliviers au cœur du jardin ne s'étendent pas en ligne droite ni même courbe à flanc de colline, mais forment un angle obtus à mi-chemin, divisant la colline en deux moitiés asymétriques. Le rythme des lignes est souligné par une longue volée de larges marches en pierre, qui forment un axe vertical descendant la face est de ces terrasses – sorte de sentier à dos d'âne, avec une balustrade couverte de lierre. A son pied se trouve une pyramide en pierre de l'époque napoléonienne, flanquée d'un bouquet d'herbes de la pampa, d'autres *Beschorneria* et d'une plante rare qui ressemble à un yucca (*Hesperaloe parviflora* var. *englemanii*). Ces formes dominantes sont un des points focaux importants du jardin, adoucies par de petites constructions – dont l'une est ornée d'une célèbre tête de faune en marbre blanc servant de fontaine – et des groupes d'arbustes rares, parfumés, dont un *Osmanthus fragrans aurantiacus* à senteur d'abricot. C'est ici, à côté d'un panneau de carreaux de Delft, que M. de Noailles avait une grande volière.

A la limite inférieure de la colline s'étend le pré avec ses inimitables bosquets de magnolias et de cerisiers du Japon, ainsi qu'un arbre aux cloches d'argent (*Halesia carolina*). Toute cette masse de fleurs pâles au début du printemps ornait autrefois un dense tapis de camassias, de glaïeuls sauvages et de *Lilium monospermum*. Les arbres ont été groupés pour fleurir successivement. Dans l'angle inférieur se trouve l'orgueil du collectionneur : un *Metasequoia glyptostroboides* géant.

Bien que l'escalier donne facilement accès au milieu du versant, la promenade du visiteur le conduit souvent aux bords nord et ouest de la propriété, qui offrent une série de perspectives entièrement différentes. En repartant de la maison, on passe par une allée de lauriers bien ombragée au sommet de la colline (où des cyclamens à feuilles marbrées forment un tapis magique). La descente sinueuse le long de la limite ouest révèle tour à tour un pavillon sculpté en laurier derrière un bassin octogonal, une autre volière, une petite terrasse plantée de carrés de différentes plantes tapissantes autour d'un pilier sculpté représentant des masques de carnaval, une glycine palissée qui abrite des camélias rares, des plantes aromatiques disposées géométriquement, des oliviers de bohème jumeaux (Eleagnus angustifolia), dont le feuillage argenté retombant se reflète dans un bassin circulaire. Un camphrier a maintenant remplacé le célèbre *Magnolia campbellii* « Mollicomata ». Plus bas, une collection de camélias est protégée par un buste de femme en terre cuite, œuvre de Carrier-Belleuse. Et enfin, le pré arboré, où les canaux bordés de pierres tracent d'élégantes lignes au milieu des magnolias et des cerisiers du Japon.

L'extrémité est de la propriété, sous la maison, recèle encore d'autres trésors : une rocaille avec un ingénieux système d'arrosage des bambous, la maison du jardinier, une autre collection de camélias, une série de terrasses plantées d'arbustes et de petits arbres rares, sous une pittoresque gargouille. On trouve ici un jardin argenté et doré, avec un marronnier à fleurs jaunes dont la couronne est assez haute pour encadrer un banc de pierre juste au-dessous de la maison.

Les jardins étaient ouverts au public du vivant du vicomte. Les gens du pays venaient s'y promener le dimanche, et beaucoup s'y faisaient photographier pour leur mariage. Les jardiniers y trouvaient une continuelle source d'inspiration. La floraison était à son apogée au début du printemps, avec quelques taches de laurier-rose et de lilas des Indes qui apportaient un peu de couleur dans les mois suivants. Aujourd'hui, la Villa Noailles est à nouveau ouverte au public, sous certaines conditions, et c'est en été qu'on attend la plupart des visiteurs. On a donc fait quelques expériences avec des collections de salvias en différents endroits du jardin. M. de Noailles aimait les demi-teintes, mais ici aussi on songe à introduire des variations saisonnières. Ce jardin élaboré, avec ses lignes douces et ses transitions délicates, ses fontaines musicales, son emploi subtil des espaces ouverts et fermés, grands et petits, pourrait bien devenir un havre de fraîcheur au faîte de l'été et un vrai bonheur au début du printemps.

Tels sont les jardins qui forment le cœur de la légende sur la Côte d'Azur et qui ont servi de modèle aux générations ultérieures. Et tels sont les problèmes que pose leur entretien, leur déclin ou leur renaissance. On peut en découvrir beaucoup à un stade antérieur dans les photographies du livre du vicomte de Noailles (écrit en collaboration avec Roy Lancaster), *Plantes de jardins méditerranéens*, publié en 1977. La plupart de ceux qui sont cités ici sont en passe de devenir des monuments historiques.

Aujourd'hui, sur la Côte d'Azur, les propriétaires de jardins grandioses ou modestes se tournent vers cet âge d'or pour puiser leur inspiration et leurs informations. L'éventail des jardins contemporains est tout aussi vaste, mais la grande majorité d'entre eux sont maintenant situés sur les collines de l'arrière-pays, et la diversité des solutions imaginées pour ces sites montre que la fantaisie et la passion individuelles sont encore à l'œuvre.

La grande joie du vicomte de Noailles était sa collection de magnolias, de cerisiers à fleurs et d'arbres plus rares à floraison printanière, qui s'étendait dans le pré humide en contrebas, sur un tapis de bulbes. Elle est actuellement en cours de restauration conformément à ses souhaits.

Aujourd'hui, la mode des jardins sur la Côte d'Azur suit l'exemple du vicomte de Noailles, en recherchant le raffinement rustique des collines en terrasses (double page suivante).

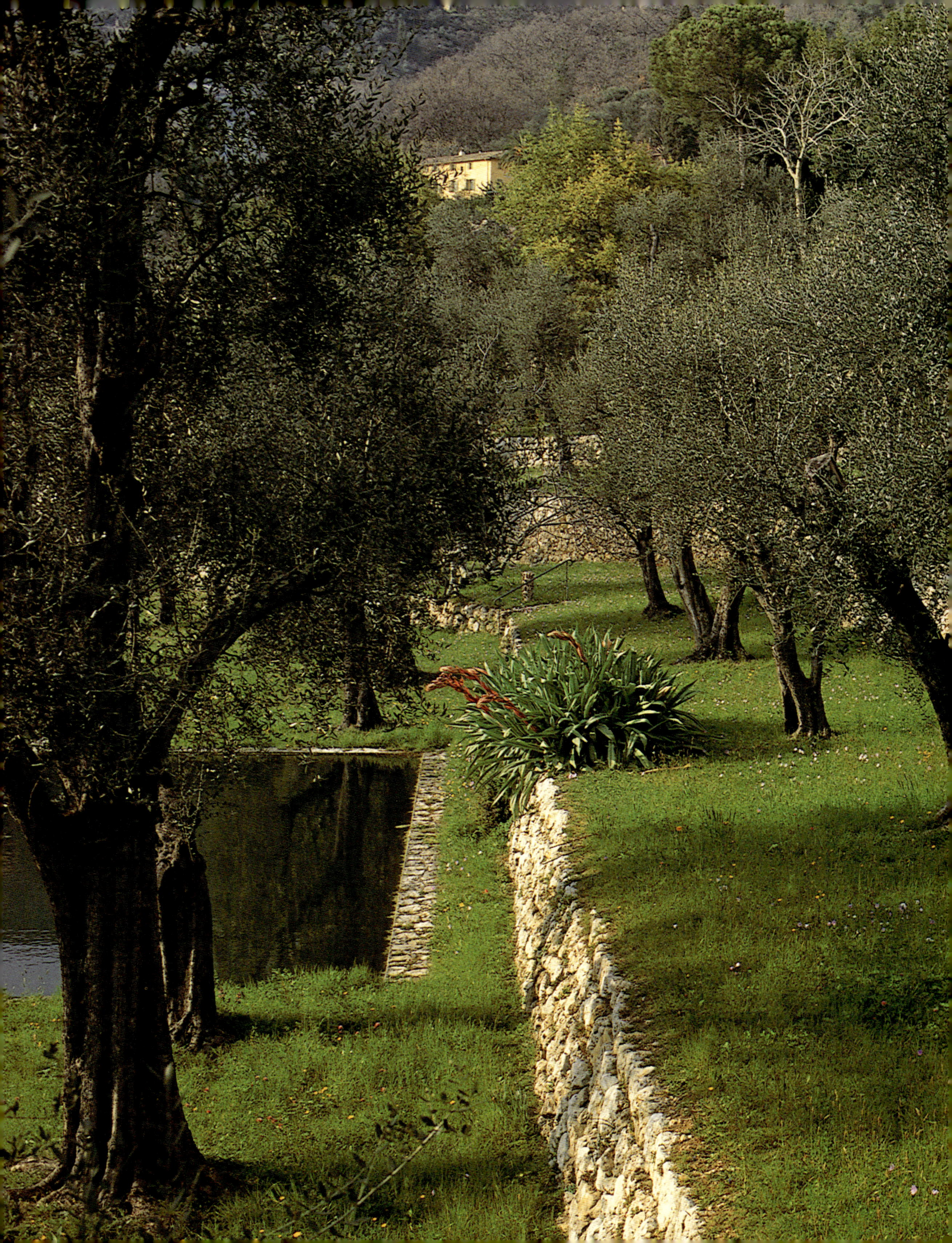

Terrasses au Soleil

Lady Fortescue admirait beaucoup, dans son livre Perfumes from Provence, *« le merveilleux cadre de montagnes et d'oliveraies argentées », si recherché de nos jours dans les collines en terrasses de l'arrière-pays.*

Les jardiniers contemporains de la Côte d'Azur ont tendance à abandonner le célèbre littoral entre Menton et Antibes, souvent surpeuplé et congestionné, et à se réfugier dans les collines. L'arrière-pays entre Grasse et Nice s'est révélé particulièrement séduisant, grâce notamment au « réservoir de matière grise » de la Côte d'Azur, Sophia Antiopolis, à la prolifération des golfs et au développement de liaisons routières rapides. Les terres bordant la nationale qui relie Grasse au Rouret sont parmi les plus recherchées, sorte de « petite Toscane » où les cyprès plantés au premier plan évoquent délibérément la région italienne. Non que ces pentes soient restées vides : les propriétés dans l'arrière-pays étaient déjà très prisées dans l'entre-deux-guerres, à l'époque où le romancier britannique Ford Madox Ford écrivait que « chaque monticule derrière l'étroite bande de littoral est couronné d'une agréable villa, avec des jardins ombragés aux fleurs éclatantes ». Ces anciens domaines incarnent aujourd'hui une mode nouvelle – l'élégant art de vivre à la campagne qui s'impose comme le nouveau style de la Côte d'Azur.

La diversité des jardins que l'on peut découvrir sur les collines en terrasses de la Côte d'Azur sont une source inépuisable de plaisir et d'étonnement. Certains ont été créés par des paysagistes talentueux de réputation internationale, d'autres par des couples de retraités aux moyens modestes, d'autres encore par de riches industriels réalisant le jardin de leurs rêves. Les artistes et les écrivains semblent avoir une affinité particulière pour ces sites spectaculaires. Renoir acheta sa propriété de 2,5 ha à Cagnes-sur-Mer en 1906 pour sauver de la destruction une magnifique oliveraie. La maison qu'il fit construire près de la vieille ferme des Colettes domine un jardin à l'ancienne en terrasses, planté d'agrumes et de rosiers. Il aimait tout particulièrement la manière dont le feuillage des oliviers change au gré du temps. Dans sa correspondance, il le dit triste sous un ciel gris, sonore au soleil, argenté dans le vent.

Les descriptions qui suivent illustrent l'éventail des ingénieuses adaptations au site qu'on a su trouver dans des domaines peu connus de la Côte d'Azur. Chacun a un point de départ analogue dans ce cadre fortement architectural, où la pierre et la végétation se mêlent inévitablement ; mais chacun est absolument unique. D'autres exemples suivront dans les autres chapitres, puisque la plupart des propriétés de la Côte d'Azur occupent de tels sites.

Lawrence Johnston et le vicomte de Noailles, créateurs de jardins de légende, furent des virtuoses dans le genre du jardin en terrasses, des pionniers pour les générations futures. Leurs jardins étaient cependant isolés du paysage environnant, alors que les propriétaires actuels préfèrent généralement des sites avec une vue, souvent sur la Méditerranée elle-même, scintillant au loin derrière les collines. L'acteur Dirk Bogarde raconte qu'il marchait au milieu de ses quatre cents oliviers près de Cabris, « à travers des étendues d'anémones sauvages... la mer brillant comme un couteau en argent lancé des montagnes de l'Esterel ».

Ces oliveraies en terrasses sont naturellement tapissées de bulbes sauvages au printemps et à l'automne. Lady Fortescue, qui venait d'arriver dans la région, planta laborieusement des spécimens importés à grand frais de Hollande dans les années 1950. « Lorsque le printemps éclata par une matinée parfaite, raconte-t-elle dans son livre *Perfume from Provence*, j'ai découvert les terrasses herbeuses sous les oliviers transformées en une nappe de jacinthes romaines bleues, de tulipes écarlates miniatures, d'anémones mauves et écarlates et de jonquilles jaunes. Lorsque, ravie, je me suis extasiée devant Hilaire [son jardinier] sur les somptueuses et magnifiques plantations de notre prédécesseur, il prit d'abord l'air étonné, et puis, quand je lui montrai l'herbe sertie sur les terrasses en contrebas, il me jeta un regard méprisant et dit : " Ah ça ! – sont sauvages, Madame." »

Le célèbre paysagiste Russell Page, plus averti, s'inspira de la nature pour ces sites. « J'ai souvent jardiné dans la région méditerranéenne, écrit-il dans *Education of a Gardener*, où les vieux oliviers donnent la note de base avec leurs troncs noueux et tordus et leur feuillage gris argenté, taché par le soleil. Ce sont des arbres patients, qui peuvent vivre deux mille ans dans le sol le plus pierreux. Aux abords du jardin *Iris unguicularis* peut être naturalisé, de même que les freesias et les anémones sauvages écarlates et bleues, les petites jacinthes romaines blanches et les jonquilles blanches pour leur parfum. » Pour un jardin de style aussi rustique, il conseillait de semer de la pelouse plus près de la maison, avec des plantes grimpantes de couleurs dans les branches des arbres : glycine mauve, kennedya bleu, rosiers *banksiae* blancs, *Rosa amenonoides* et 'La Follette'.

Page n'a pas inventé l'idée de rosiers sarmenteux se faufilant entre les hautes couronnes de feuilles argentées. Lady Fortescue admirait elle aussi les rosiers *banksiae* jaunes géants parmi les oliviers, « tombant en cascades des branches noueuses ». Pendant des décennies, on a beaucoup utilisé ainsi les 'La Follette'. Cette dernière aurait, dit-on, orné les treillis des cafés et bistrots avant d'être promue au rang d'ornement de jardin par les sœurs Schneider dans leur célèbre pépinière de Cannes.

Nombre de propriétaires cosmopolites voyaient ces décors rustiques avec une certaine nostalgie. Lady Fortescue admirait un certain Pierre, apiculteur, qui trouvait « le bonheur parmi ses fleurs, ses fruitiers, ses quelques légumes, ses abeilles et ses oiseaux. Il étend un bras musculeux vers la majesté des montagnes qui s'élèvent au-dessus d'une mer de feuillages gris-vert d'oliviers, et me demande pourquoi les gens passent leur vie à courir après l'argent, alors que le bon Dieu leur donne toute cette beauté pour rien ».

L'attitude de lady Fortescue était peut-être un peu sentimentale, et de telles vastes vues se vendent à prix d'or de nos jours. Mais ce rêve qu'elle caressait a séduit les propriétaires les plus raffinés, et les oliviers plantés en terrasses en sont restés le cœur. Est-ce un antidote au stress de la vie mondaine ? Dirk Bogarde raconte qu'un de ses amis, producteur de télévision, chaque fois

Les murs en pierre des terrasses créent de merveilleux rythmes visuels sous tous les angles. Ici, vus d'au-dessous, au-delà d'un magnolia à la Villa Noailles, les murs forment des lignes étagées.

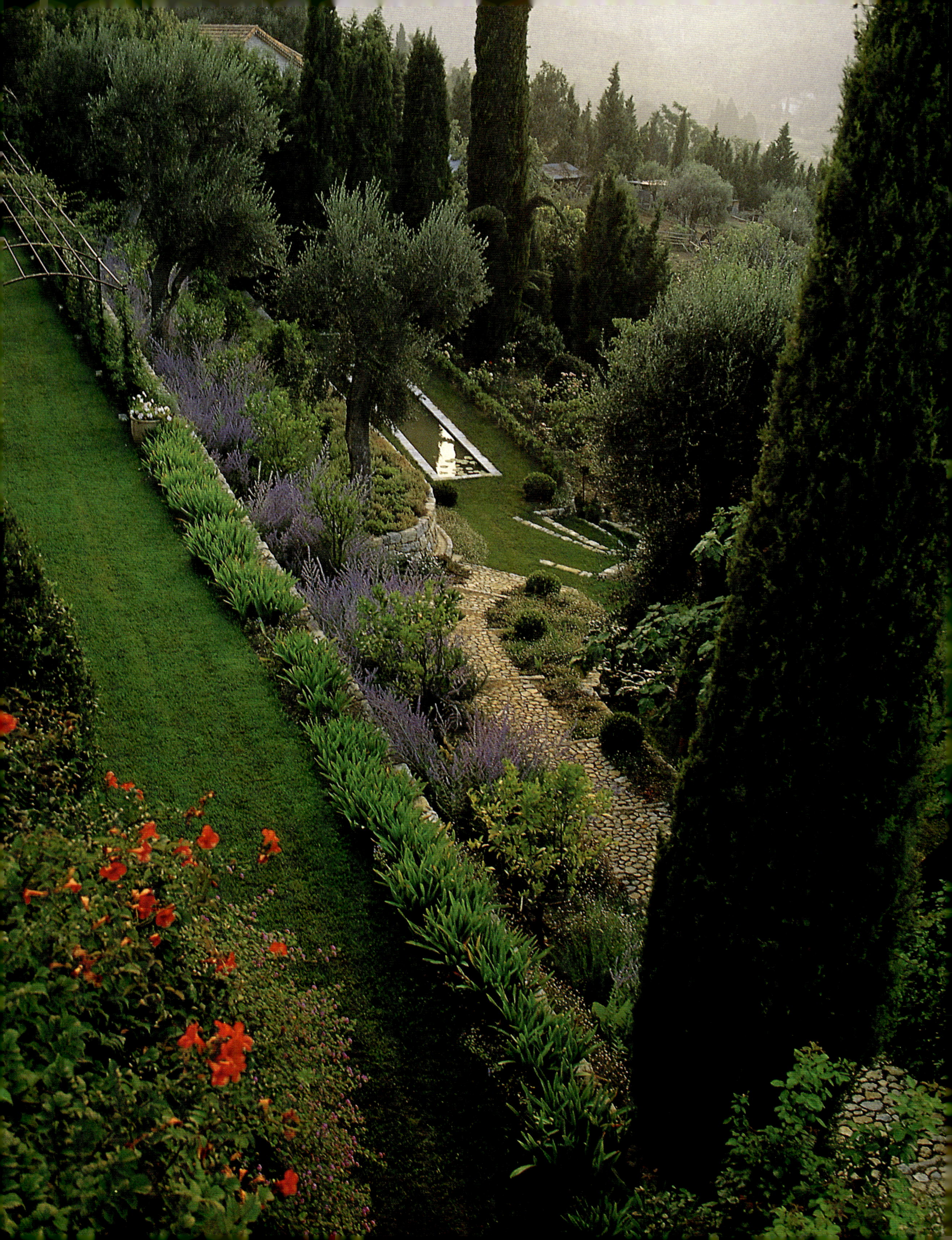

qu'il devait se rendre à Londres pour une de ses émissions, « était dans de telles affres de devoir le quitter qu'il faisait le tour de son jardin en embrassant chacun des oliviers ».

Les terrasses d'oliviers, vestiges d'un passé rural, survivent intactes dans des endroits surprenants. Entre Cannes et l'arrière-pays, à une soixantaine de kilomètres, passe une route particulièrement réputée pour ses bouchons et ses ralentissements. Un élégant portail en fer forgé, que les automobilistes ne remarquent pas, donne accès non seulement à un domaine privé, mais à un autre siècle. L'allée traverse en montant ce site classique avec ses vieux troncs noueux. Au printemps, l'herbe à leur pied est sertie d'anémones, de narcisses, de vesces, d'orchis, de bulbes et de fleurs sauvages de toutes les couleurs et formes. La maison, de couleur ocre, est gardée par des cyprès géants. Le jardin est simple et traditionnel : une cour ombragée, des pots autour d'une fontaine à tête de faune. Un berger fait encore paître ses troupeaux sur les terres plus sauvages au-dessus de la maison, et les gens du pays y viennent cueillir les asperges sauvages. Le jardinier, originaire du Piémont et autrefois maraîcher sur ces mêmes terres, taille méticuleusement les oliviers, branche par branche, au début du printemps, et son visage marqué par le temps est le reflet de la terre elle-même.

De telles oasis sont les vestiges très prisés d'une ancienne vitalité paysanne. Les propriétaires actuels sont tous fiers de presser leur propre huile d'olive, et la plupart ont un potager dans un coin discret de leur propriété. La nostalgie n'empêche pas d'utiliser de tels sites pour des décors extrêmement modernes – des expositions de sculpture contemporaine, par exemple. Chaque jardinier crée un paradis à son image.

JARDINS DE BASTIDE

Les jardins traditionnels de l'arrière-pays sont ceux qui entouraient les maisons de campagne de l'aristocratie, laquelle avait l'habitude de passer l'été à la campagne et l'hiver en ville. Ces maisons qu'on appelle « bastides » (terme moins précisément défini dans cette région que plus à l'ouest, autour d'Aix et de Marseille) sont encore nombreuses. Les domaines les plus élégants de Grasse sont situés dans les hameaux qui entourent la ville, chacun portant le nom d'un saint différent – propriétés raffinées datant des XVIIe et XVIIIe siècles, alors que la ville acquérait une renommée internationale pour ses parfums. Les maisons, qui ne sont pas des châteaux, mais des versions plus grandes et plus imposantes des fermes locales, sont blotties contre la colline, face au sud ou au sud-est, abritées en été par les frondaisons soigneusement taillées de tilleuls, de mûriers ou de châtaigniers, plus courants dans cette région que les platanes. Il faut plusieurs de ces parasols géants pour ombrager les longs bâtiments. Devant la maison, sous les arbres, s'étend la partie la plus large et la plus plate du jardin, une terrasse au moins partiellement pavée, offrant souvent une vue panoramique jusqu'à la mer.

Des balustrades en pierre sculptée, des bancs et des fontaines soulignent la conception italianisante de ces propriétés, qui peuvent également comporter de petits pavillons ornementaux, des pergolas et des bassins bordés de pierre. Les parterres géométriques sont rares, encore que dans une vallée au-dessous de Grasse, autrefois occupée par les Romains et maintenant entourée de terrains de golf, on ait conçu au XIXe siècle tout un labyrinthe en buis. Dans les années 1920, l'architecte J.-C. N. Forestier imagina des parterres floraux colorés pour la princesse de Polignac à la Bastide du Roy près de Biot. Dans ces parterres rigoureux, il intégra ingénieusement d'imposants oliviers espacés irrégulièrement.

En général, les fortes pentes sous la bastide interdisent les grandes étendues horizontales. Comme la colline qui la surmonte, elles sont en terrasses, dominées par de hautes couronnes d'oliviers. Ceux-ci sont mis en valeur par un cadre de verdure soigneusement taillée – colonnes de cyprès, ou marches en pierre ornées de boules de buis, ou murs de soutènement couverts de lierre soigneusement taillé. Rosiers, glycines, coronilles, arbres de Judée apportent des notes de couleur sur fond de verdure, de même que les pots, émaillés ou non, pour les fleurs d'été. Les propriétaires contemporains ajoutent souvent de nouvelles fleurs, mais les lignes de murs, avec les oliviers massifs et les cyprès qui les accompagnent, dominent encore la scène.

Les terrasses, vues d'en haut à la Ferme Saint-Jean, sont soulignées par d'éclatants perovskias et citronniers (ci-contre).

Vus de côté, dans un jardin de bastide près de Grasse, les murs sont mis en valeur par des pierres sculptées, des arbustes taillés et des accents de tamaris et de coronilles.

On accède à la bastide traditionnelle par un portail en fer forgé avec des piliers en pierre, en zigzaguant à travers les terrasses et en arrivant le long du bâtiment par le haut ou par le bas, suivant le site.

Parfois, un itinéraire régulier parcourt les terrasses juste au-dessus et au-dessous de la maison, avec des bassins, des dallages et des pergolas, tandis que les espaces supérieur et inférieur conservent leur caractère champêtre. C'est sur les niveaux les plus éloignés que l'on cultivait autrefois les grands potagers et les oliviers destinés à produire l'huile. Le célèbre chef Jacques Chibois, qui est en train de transformer la splendide Bastide de Saint-Antoine, juste à la sortie de Grasse, en un restaurant rustique mais raffiné, espère ressusciter son potager. Les hôtes pourront en déguster les produits dans la cour de la bastide, près du vieux puits couvert de lierre et des couronnes blanches de *Clematis armandii*, ou d'une bignonia à fleurs rouges en trompette sur la façade ocre flanquée d'une bougainvillée violette.

Près d'Hyères, un autre élégant jardin de bastide est situé dans un cadre agricole des plus inhabituels : une ancienne cressonnière ! Il va sans dire que l'eau est abondante ici, et que l'on trouve des fontaines sculptées à chaque niveau. Celles-ci sont reliées par des canaux en pierre qui longent les marches descendant la colline, bordés d'abord par une tonnelle d'immenses lauriers-roses, puis par une allée d'oliviers. Aujourd'hui, cette propriété hésite entre la restauration de son riche héritage et les innovations d'un propriétaire passionné de plantes, qui améliore la texture du jardin avec une grande variété d'arbres et d'arbustes nouveaux. Dans quelques années, ce sera peut-être l'un des jardins les plus fascinants de la Côte d'Azur. Pour le moment, il a le charme quelque peu romantique des domaines désuets.

Beaucoup de ces propriétés, qui paraissent séculaires, ont en réalité été redessinées par des paysagistes contemporains. Leur élégance repose sur une subtile imitation de la tradition rurale. Un domaine italianisant près de Grasse, qui était une ferme à l'origine, fut d'abord transformé dans les années 1920 par un peintre anglais. Les marches joliment proportionnées conduisant à l'esplanade inférieure sont l'œuvre d'un architecte des années 1960, Emilio Terry. La porte d'entrée, en pierre savamment sculptée, fut rapportée de la région aixoise. Bien que tout se fonde ici harmonieusement, les différents éléments du jardin témoignent d'un éclectisme international, qui demeure la caractéristique première du style de la Côte d'Azur.

L'une des nombreuses bastides de couleur ocre à l'ouest de Grasse fut redessinée il y a une cinquantaine d'années dans un style qui mêle aspects italianisants et méandres romantiques, et même des fragments de ruines gothiques. La longue façade de la maison est marquée par deux tourelles asymétriques et des volets d'un bleu turquoise profond. Toutes les fenêtres ont été encadrées par une glycine soigneusement taillée qui a couvert toute la façade, devenant un élément extraordinaire de l'architecture. Les arbres qui

Il y a cinquante ans, un propriétaire, près de Grasse, créa cette série imaginative de salles de verdure, dont la rigueur est atténuée par les couronnes pourpres d'arbres de Judée (en bas).

Près de Grasse, une taille habile crée des merveilles sur cette façade ornée de glycine (ci-contre).

Une balustrade en pierre marque la limite inférieure du jardin sans le séparer du paysage, qui en est le prolongement naturel et sauvage (double page suivante).

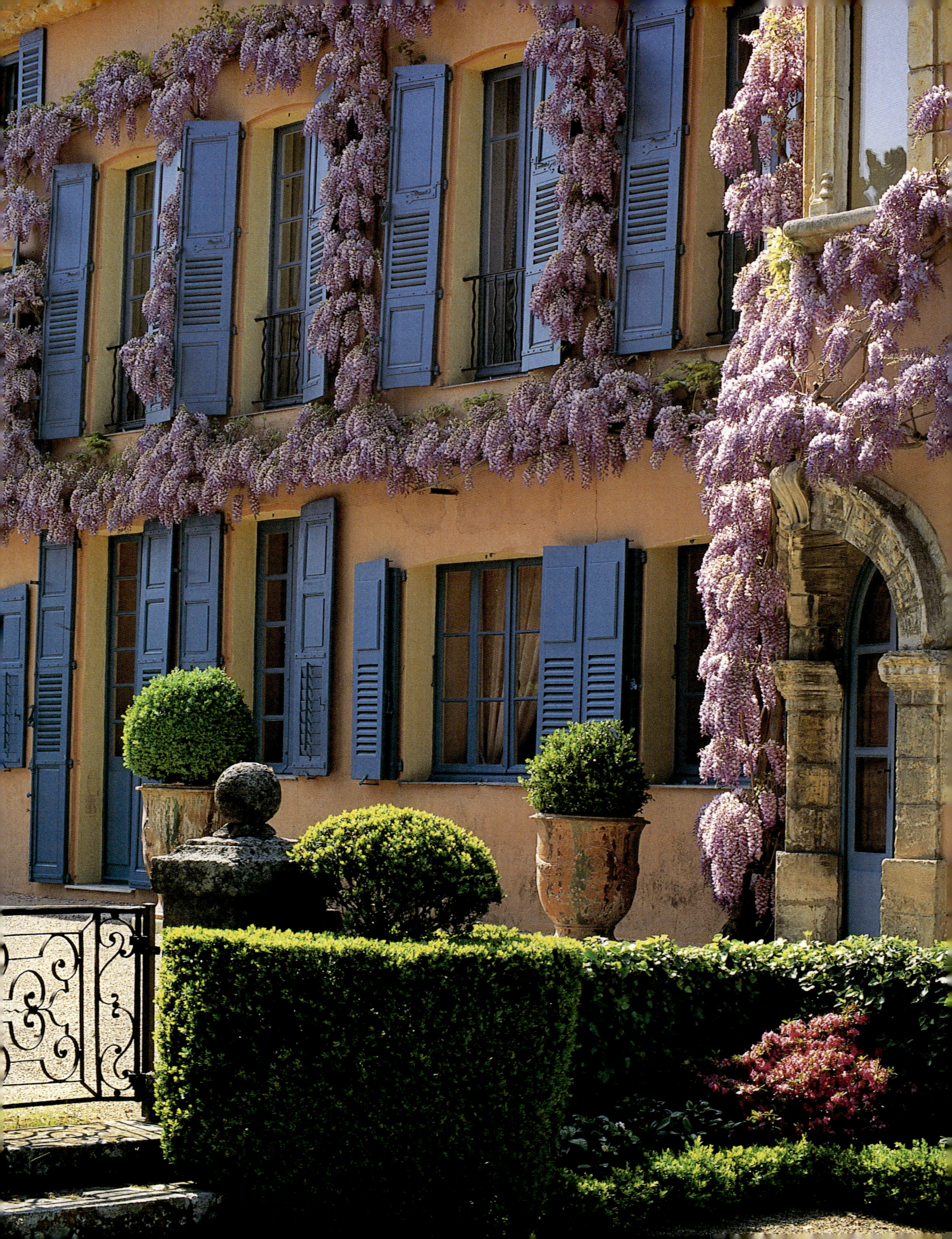

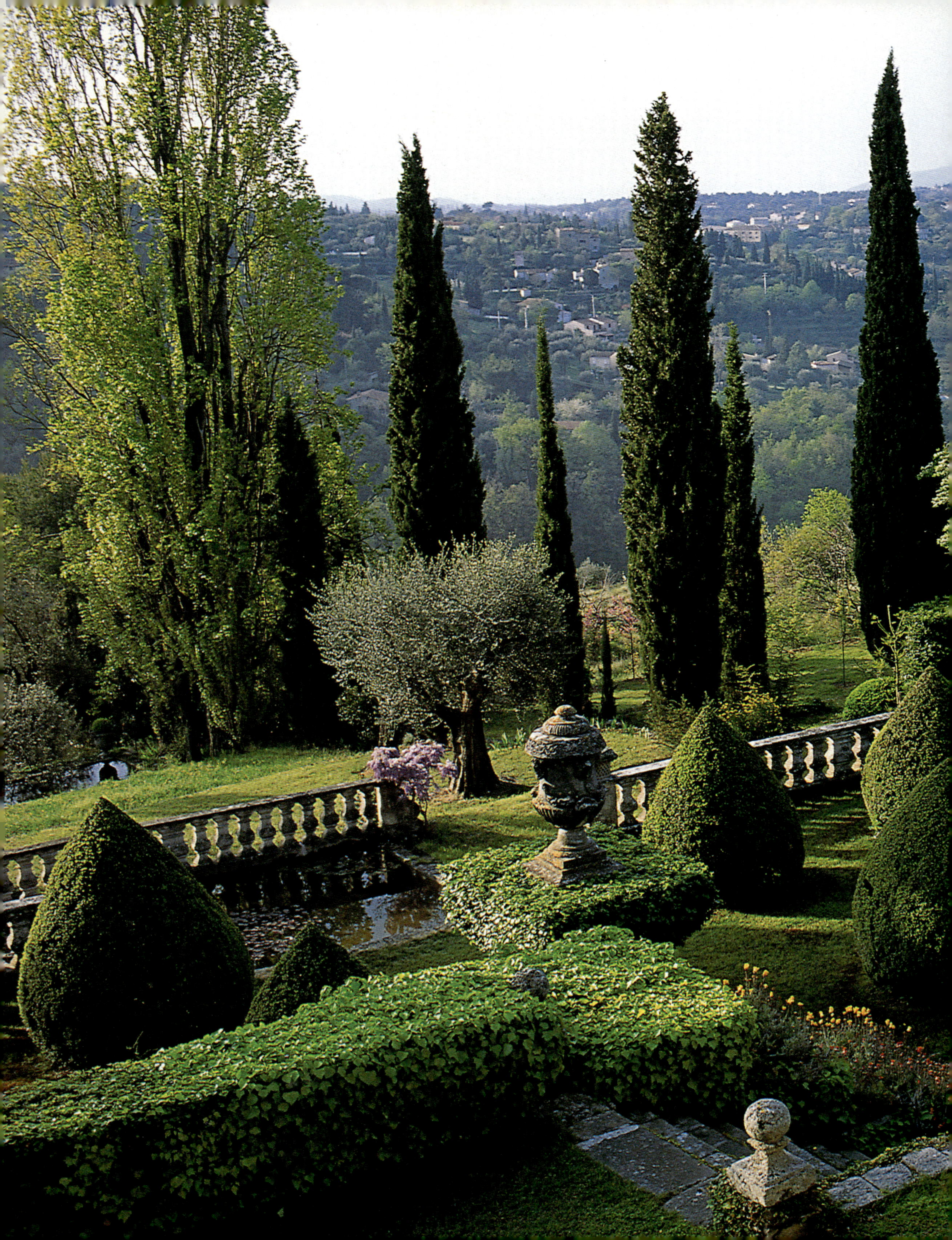

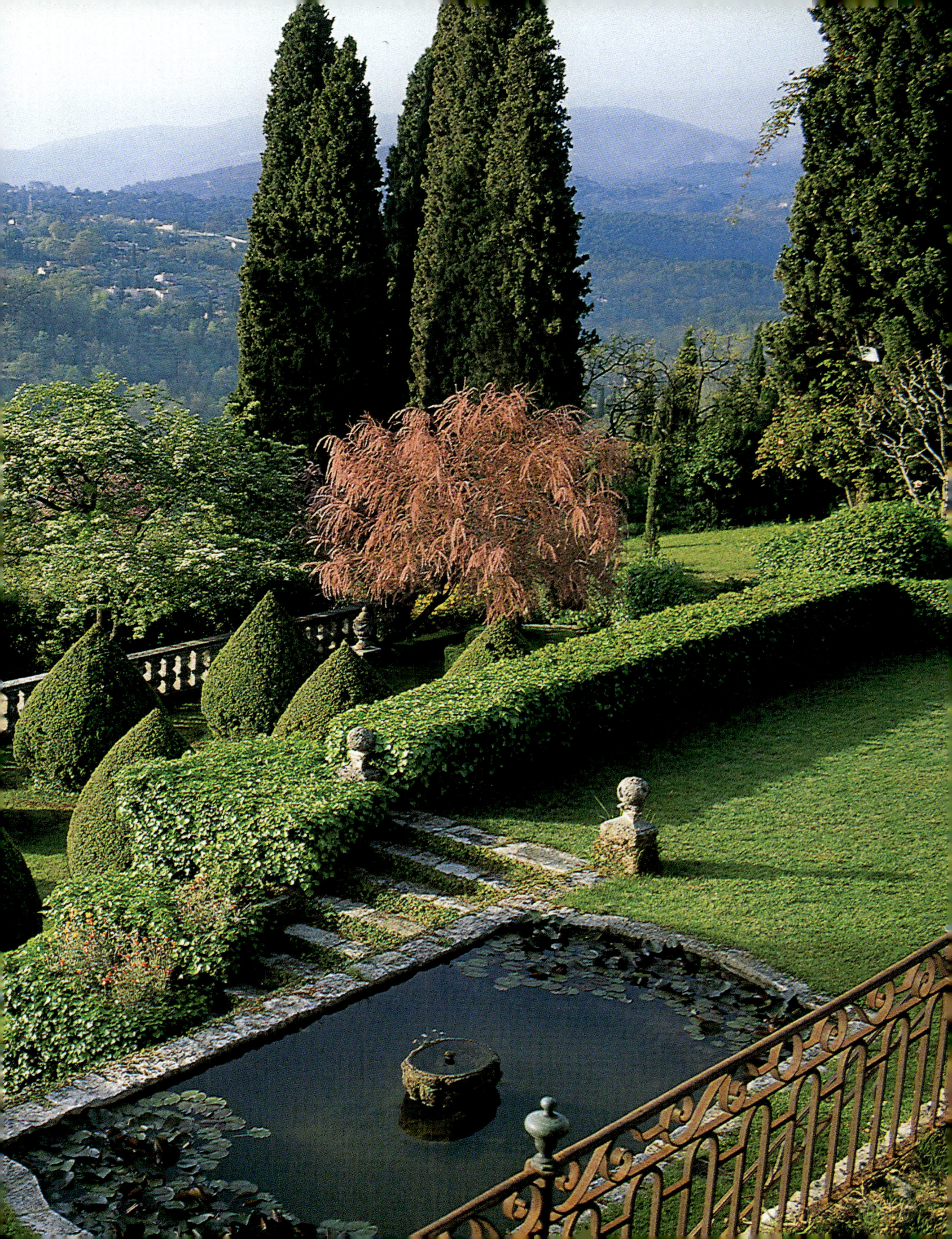

Du côté est de la bastide de Grasse, on trouve un jardin intime créé autour d'un bassin rafraîchissant, avec un pavillon couvert de lierre (en haut). Devant cette même bastide, une allée descendante, ornée de coronilles, conduit au potager (au centre).

ombragent la large terrasse, ici deux grands tilleuls, ont été façonnés par une main non moins habile en des entrelacs qui se détachent de façon dramatique sur le ciel au début du printemps. Au-dessous, des serpents en pierre enroulés autour d'urnes couvertes de mousse gardent les niveaux inférieurs.

La perspective générale ouvre sur la vallée environnante, joliment mise en valeur entre des haies de verdure de part et d'autre et les anciennes terrasses d'oliviers, moins méticuleusement entretenues. L'eau est littéralement au cœur de ce jardin : de la maison, une série de trois bassins descend d'un niveau à l'autre, où l'on accède par des escaliers droits à double rampe en pierre. Un quatrième bassin, qui est en fait un réservoir agricole, s'y ajoute, sous une balustrade en pierre élégamment sculptée traversant à flanc de colline, en suivant une ligne renforcée par des peupliers et des cyprès. La grande originalité est que cet axe ne suit pas une ligne droite, mais part en biais à mesure qu'il descend.

Chacune des grandes terrasses vertes a son caractère propre : l'une conduit à des vestiges d'arches gothiques entourées d'un carré de lierre, dont les ogives encadrent des massifs d'iris mauve clair ; une autre, à une rangée de lilas des Indes particulièrement beaux, avec leur écorce beige et argentée et leurs fleurs tardives et colorées ; au-delà, des marches descendent jusqu'à une fontaine cachée. D'autres allées conduisent à une statue de chérubin qui garde un pavillon couvert de lierre, et, plus loin encore, au potager.

Au troisième niveau en descendant, des cônes de buis pointus de quelque deux mètres de haut sont assemblés autour d'un piédestal central, couvert de lierre et sculpté de masques, disposés comme autant de soldats en rang. A l'extrémité est de cette terrasse, une haie de cyprès taillés cache encore une autre salle qui abrite des agrumes.

Autour de ces éléments rigoureux, les plantations restent délicates et rustiques – avec notamment un tamaris particulièrement bien placé, et des arbres de Judée qui ponctuent la verdure de mauve, comme toujours dans les jardins de ce style. Ils encadrent fort bien un parterre géométrique à l'est de la maison, où des topiaires abritent un autre grand bassin bordé de pierre, légèrement en contrebas, derrière une rangée d'oliviers noueux.

C'est ici le jardin provençal traditionnel, retravaillé pour produire un effet plus théâtral, mais qui a conservé son atmosphère familière et intime.

Comme beaucoup de bastides de la Côte d'Azur, le Castel Mougins fut restauré à l'aide d'éléments architecturaux apportés de la région aixoise, tels ces balcons en fer forgé (en haut). Le jasmin étoilé palissé sur les murs baigne de son parfum capiteux la cour d'honneur de la propriété (au centre).

Le Castel Mougins, jardin créé par Russell Page, a des lignes beaucoup plus claires et nettes, et paraît austère en comparaison. Conçu il y a une quarantaine d'années, il est sans doute le meilleur exemple subsistant du travail de ce célèbre paysagiste sur la Côte d'Azur. Situé juste sous la crête d'une colline, il a peut-être le panorama le plus saisissant de tous les jardins de la région, s'étendant de Grasse aux Alpes et à la vaste étendue de la Méditerranée, ponctué par les tours d'un pittoresque village perché à proximité. Les éléments de cette composition sont célèbres : les hauts parterres aux courbes élégantes, conduisant du portail d'entrée en fer forgé à la maison, sous des couronnes de pins ; le bassin circulaire de la cour d'honneur ; le puissant axe central qui pénètre dans la maison avant de continuer sa descente à travers les terrasses ; les trois parterres à la française sous la maison avec leurs globes d'agrumes et leurs tulipes jaunes et bleues (de différentes hauteurs) enchâssées dans des haies basses de fusain autour de bassins circulaires ; l'escalier baroque qui descend vers de larges terrasses d'oliviers, tapissées à l'origine d'agapanthes, d'*Amaryllis belladona*, de narcisses, d'iris, d'anémones du Japon et d'echiums. La propriétaire actuelle a fait quelques ajouts qui renforcent l'esprit de la conception première. Page lui-même, dit-elle, les a approuvés et lui a confié que c'était son jardin préféré dans la région.

Le tracé de Page s'arrêtait sous la maison avec les terrasses d'oliviers, où les lignes fortes des anciens murs de soutènement convergent gracieusement vers une volée de marches bordées de colonnes. Les parties inférieures (étendues d'herbe sauvage tondue) ont simplement été plantées de lignes rigoureuses de mimosas également taillés en globes. Leur feuillage duveteux, vert foncé, fait un joli contraste avec la forme et les dimensions comparables des couronnes d'oliviers, versions plus grandes des boules d'agrumes plus près de la maison. De grands pins, un cyprès et les cimes arrondies de vieux arbres de Judée abritant la maison adoucissent les géométries rigoureuses de la composition.

La perspective depuis la maison a donc été rallongée, mais reste simple, conformément à l'un des principes de prédilection de Page : une vue spectaculaire doit être encadrée, mais non affaiblie. Dans le même temps, la vue que l'on a en regardant de l'extrémité est du jardin permet de le redécouvrir sous un autre angle, par exemple à partir de l'élégant pavillon à colonnes de la piscine en contrebas.

Les propriétaires actuels du Castel Mougins ont ajouté des globes de mimosa en contrebas des oliviers plantés par Russell Page (double page suivante).

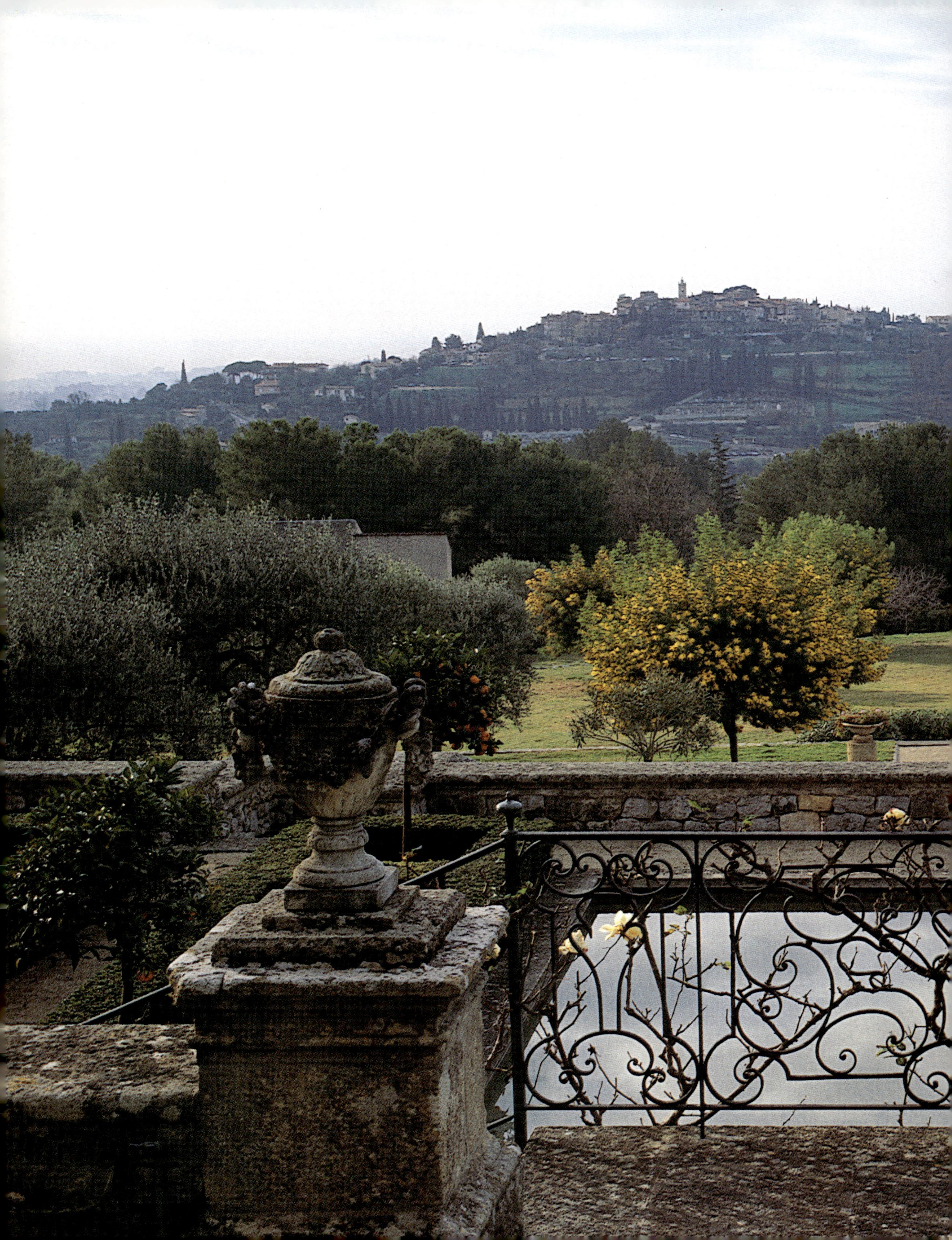

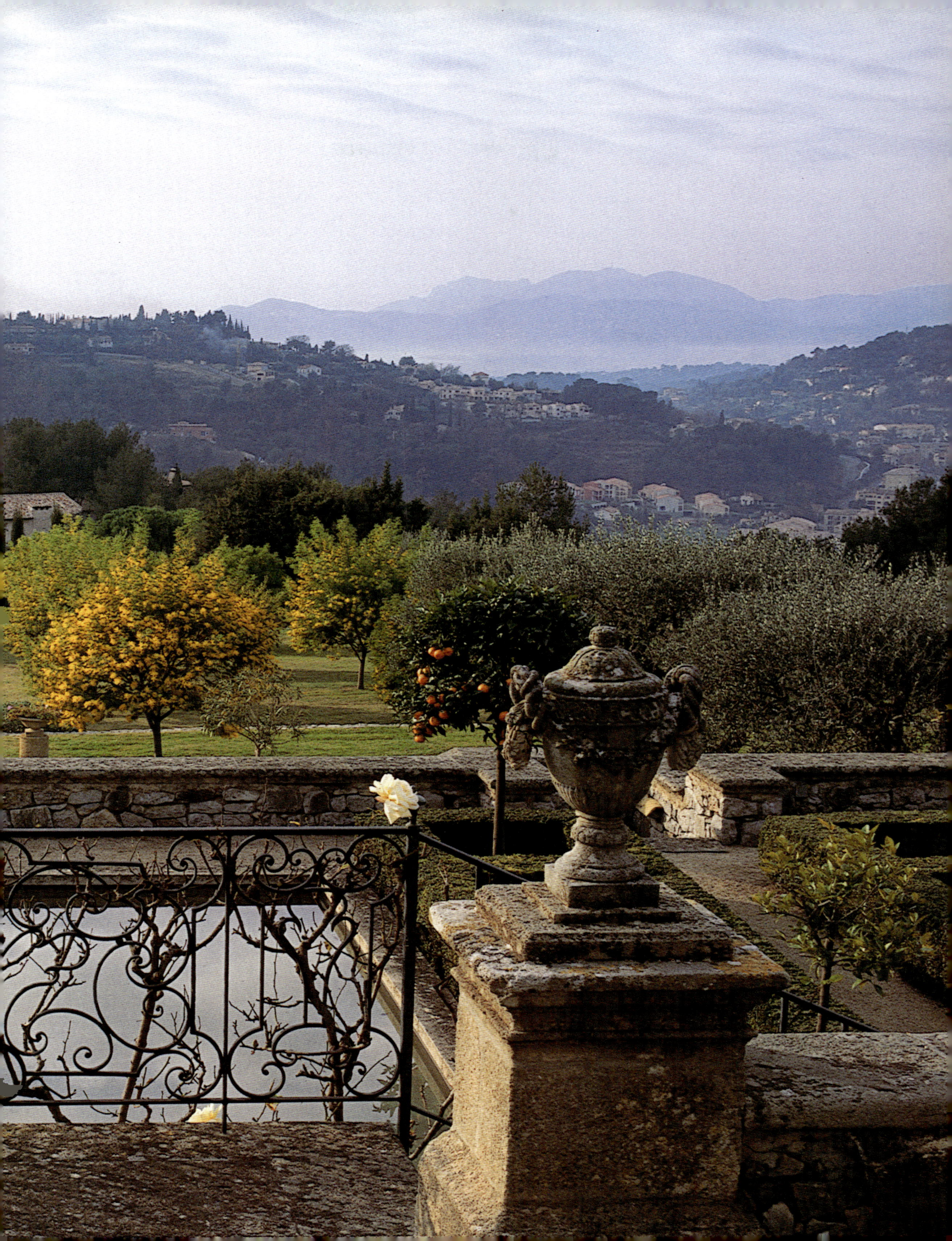

Aujourd'hui, les jardins de bastide utilisent encore les arbres et arbustes taillés (romarin, buis, cyprès) pour mettre en valeur des sculptures pleines de fantaisie, tels ces monstres marins (en bas) ou ces deux ours musiciens (ci-contre).

C'est un jardin où tout est contrôlé, où la taille, dit la propriétaire, n'est jamais assez sévère. On y utilise encore des plantes à massif annuelles dans la grande tradition, blanches et vertes (2 200 plants de pétunia au cours de l'hiver). Les meilleurs éléments architecturaux furent apportés par le restaurateur d'origine, le marquis de Ronalle, de la région aixoise, en accord avec le caractère majestueux du site. Les colonnes en pierre sont l'un des thèmes du jardin, si bien que la propriétaire d'aujourd'hui a prolongé le bâtiment à chaque extrémité par des jardins d'hiver bordés de colonnades et en partie vitrés, en calculant leur diamètre au millimètre près. Elle a néanmoins conservé les bosquets informels d'arbustes à fleurs et d'arbres fruitiers avec lesquels Page avait à l'origine adouci ces transitions entre maison et jardin.

Le Castel Mougins, vestige d'un passé prestigieux, continue donc de vivre et d'évoluer.

JARDINS DE SCULPTURES

La plupart des anciens jardins de bastide conservent des sculptures – tantôt décorant une fontaine, tantôt tels des esprits familiers au milieu de la verdure. A l'est de Grasse, dans un élégant domaine du XVIIIe siècle qui s'étend sur six hectares de collines, avec des vignes et des oliveraies, la façade est ornée de troncs épais et entremêlés de vieilles vignes. Dans un recoin abrité contre le côté est de la maison se dresse une belle fontaine, entourée de pots formant un ensemble décoratif. Devant la maison, on a créé une petite salle de plein air sous un toit de denses treillis, avec une vue sur tout le jardin en contrebas. Une sculpture rococo d'un chien habillé en homme invite gracieusement à entrer.

L'élément le plus frappant est ici un axe descendant, une double allée de cyprès bordant une cascade alimentée par une série de petits bassins à mi-hauteur. De la terrasse de la maison, le point de départ de cette spectaculaire descente est gardé par deux ours en pierre.

Dans un autre domaine de l'arrière-pays, encore plus retiré, ce sont des créatures séduisantes qui veillent sur un bassin bordé de pierre : deux chiens de mer sont étendus le long du côté ouest, comme pour un bain de soleil. On accède au bassin par une cour pavée avec un porche cintré à moitié étouffé par le lierre. A l'autre extrémité, cette terrasse donne sur l'un des villages perchés les plus spectaculaires de la région. Cette bastide a également conservé des oliviers en terrasses d'un âge vénérable.

L'atmosphère est parfois si forte dans ces vieilles propriétés qu'on les sent presque habitées par des esprits de la nature, comme le croyaient les Romains. Les personnages sculptés ont une présence considérable.

Certaines anciennes propriétés rurales ont été transformées en décors de théâtre pour des sculptures modernes. Une abbaye du XIe siècle, près de Vence, poétiquement baptisée Château-Notre-Dame-des-Fleurs, qui avait été convertie en musée du parfum, est depuis peu devenue une galerie d'art dont les jardins présentent une exposition de

Le jardin privé d'Adrien Maeght perpétue les traditions rustiques provençales, tandis que son bassin reflète les formes imaginatives d'une mosaïque de Léger (double page suivante).

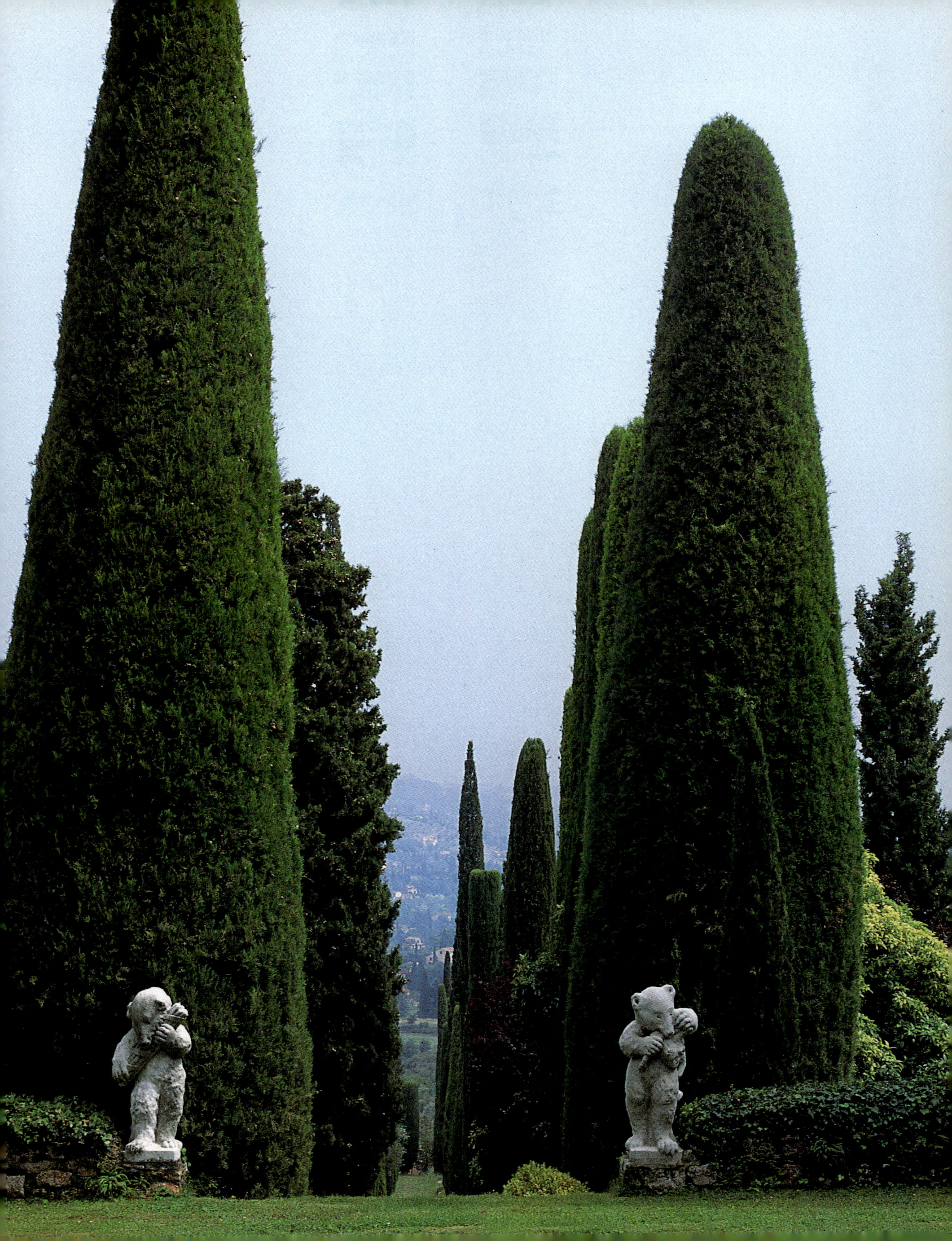

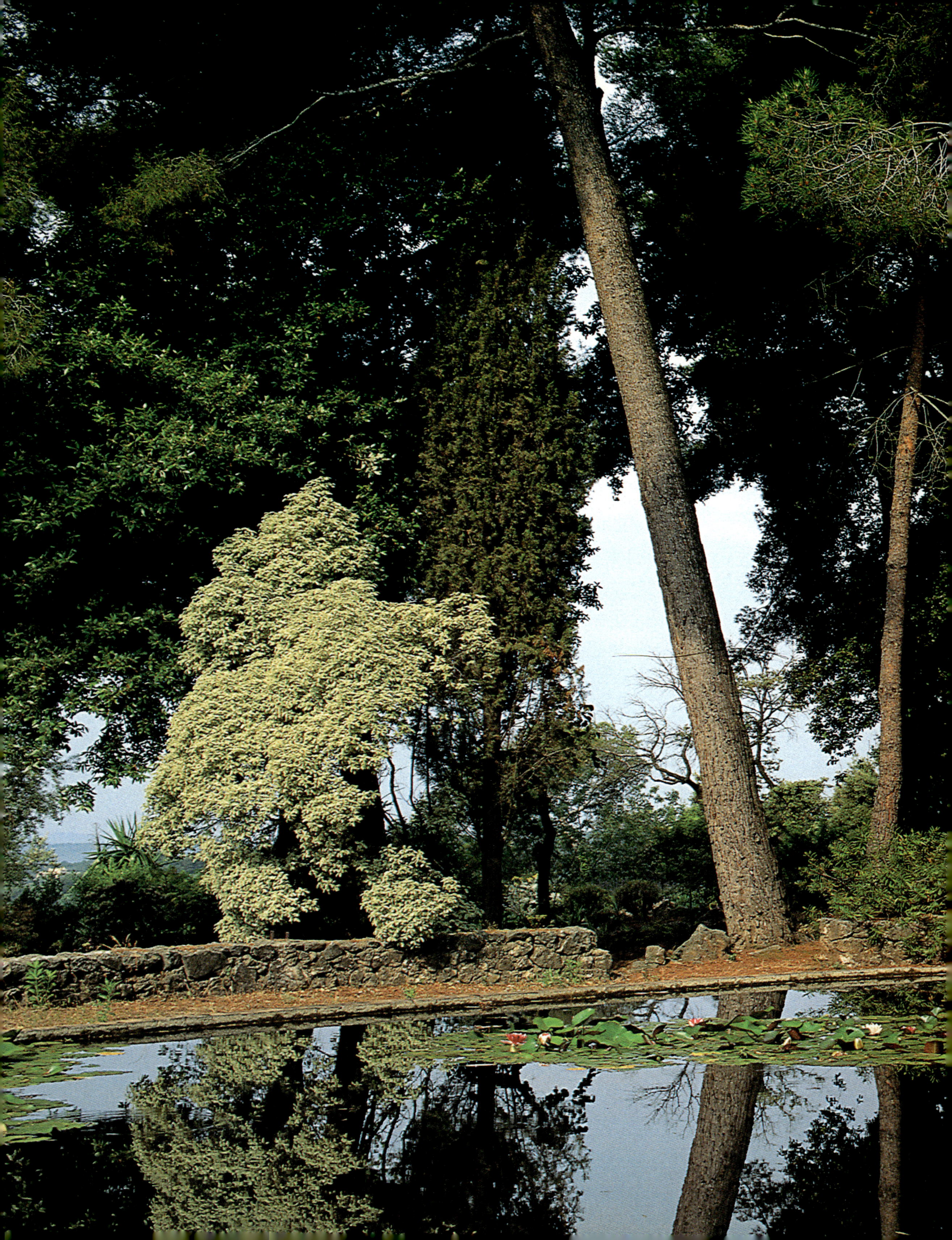

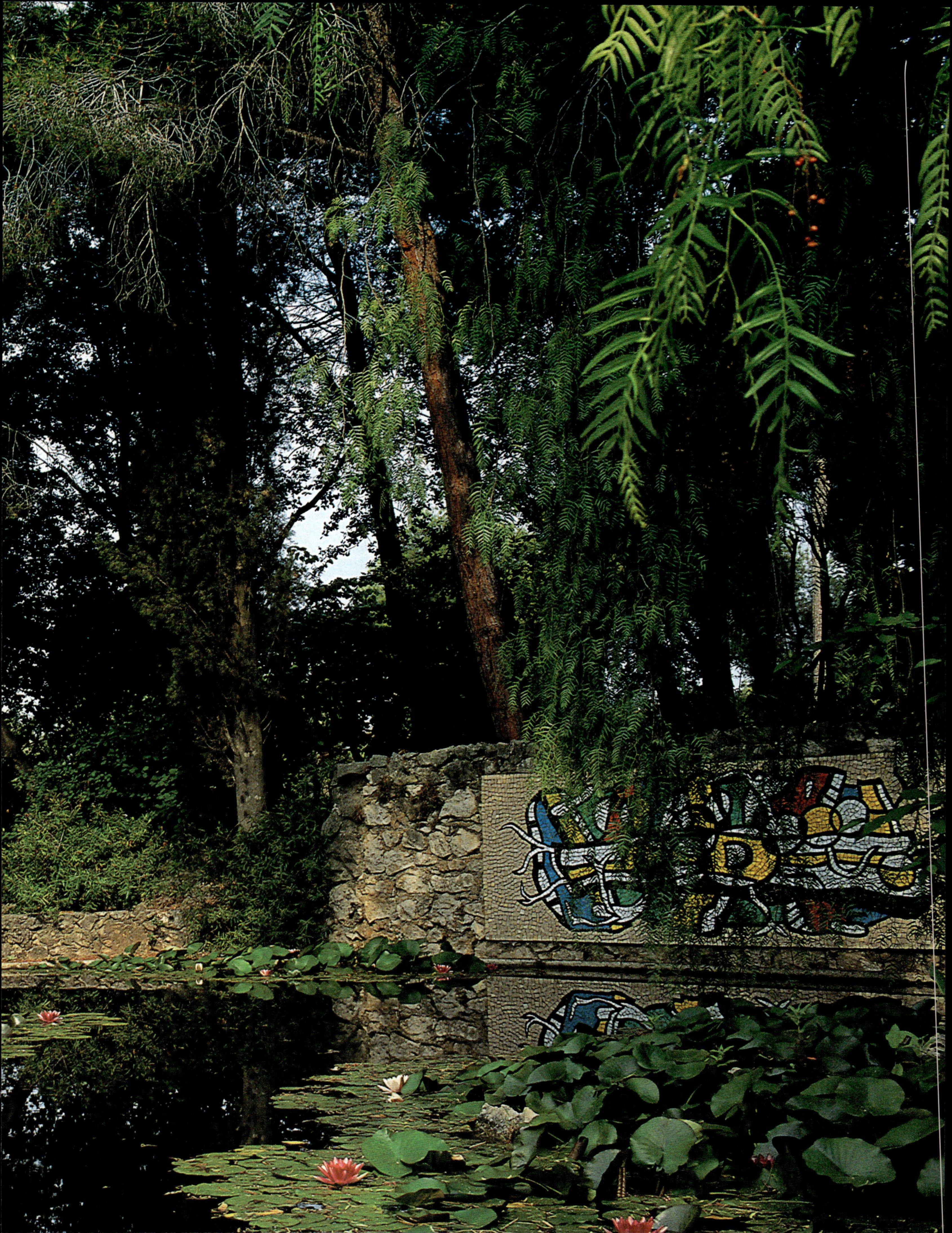

À la Fondation Maeght, à Saint-Paul-de-Vence, des pins majestueux forment un cadre idyllique pour les collections de sculptures, notamment les expressifs oiseaux de Miró (ci-contre).

sculpture contemporaine sur plusieurs niveaux.

Le jardin de sculptures le plus célèbre de la région est sans nul doute celui de la Fondation Maeght à Saint-Paul-de-Vence, créée, au début des années 1960, par Marguerite et Aimé Maeght, autour d'une construction contemporaine de l'architecte José Luis Sert. Le jardin privé de leur fils, Adrien Maeght, qui dirige encore la galerie familiale à Paris, fut conçu sur une succession de niveaux autour d'une vieille maison de campagne. Ici aussi, les pins et les arbustes entourent une piscine avec une mosaïque de Fernand Léger, tandis que d'autres œuvres d'art non moins impressionnantes ponctuent le jardin.

Ce domaine est en fait composé de différents jardins en un. Le bois de pins au nord, abritant des sculptures géantes, forme un contraste très marqué avec un triangle de plantes grasses épineuses qui cuisent au soleil à l'ouest. Une grande partie de la colline est maintenant vouée à une gigantesque rocaille, où les fleurs éclatantes (délosperma, gazanias, echiums) trouvent leur subsistance au milieu des rochers. Mais l'atmosphère générale de la propriété demeure d'une simplicité rurale. Les lignes fortes d'une pergola, construite avec des piliers en pierre, descendent de la maison vers des terrasses plantées de légumes, de fruitiers, d'oliviers et de vigne, et dont Adrien Maeght est particulièrement fier. C'est encore une retraite de campagne, même si l'on passe devant une sculpture de Miró en allant cueillir une salade.

UN JARDIN EN LABYRINTHE

L'un des jardins de sculptures les plus inhabituels de la région doit beaucoup à la tradition méridionale du cadre de verdure taillée servant de décor à des statues, encore qu'ici les formes humaines et animales cèdent la place aux géométries abstraites. Cette création spirituelle et quelque peu théâtrale, mélange particulièrement personnel et extrêmement avant-gardiste, fut imaginée par deux célèbres sculpteurs contemporains, Robert Courtright et Bruno Romeda. Ils considèrent la pierre, le métal, le bois et la végétation comme autant de matériaux complémentaires pour leur art. Ce domaine réussit parfaitement à encadrer, enfermer, exposer, cacher et surprendre, et son tracé labyrinthique est un vrai plaisir.

Ici les terrasses d'oliviers occupent un triangle de terrain de moins de un hectare. L'espace le plus intime du jardin est la cour fermée adossée à la façade sud de la maison ; elle est abritée par de hauts murs à l'est et à l'ouest. En face, seul un muret bas couvert de lierre la sépare des vieilles terrasses d'oliviers, si bien que leurs couronnes argentées sont bien visibles d'en haut.

Cette cour est petite, mais emplie de formes qui se répondent les unes les autres : des boules de buis dans des pots émaillés, des globes d'agrumes contre la maison, du jasmin parfumé à fleurs étoilées se déversant sur les murs près de deux arches cintrées (s'ouvrant à l'est comme à l'ouest). La pierre, la terre et la végétation tracent des cercles complices – auxquels fait écho l'un des anneaux en bronze de Bruno Romeda, intitulés *Cerchi*, sur une estrade dans un coin.

A l'est de la cour, s'étend une série de terrasses dont certaines donnent sur la vallée et les vergers au bas de la colline. D'autres sont fermées par des haies, ou des plantations en blocs – amandiers, agapanthes, succulents, souvent encadrés par des sculptures. Les transitions d'un niveau à l'autre sont parfois d'une grande rigueur, parfois plus libres : un cotoneaster tombe en cascade à côté des marches en pierre. La plupart des formes sont des carrés et des cubes. Ainsi, près de la maison, un mur de fond est ponctué de jardinières en terre cuite contenant des cubes de buis : joli contraste entre l'orange et le vert foncé. Ailleurs, six cyprès taillés au carré encadrent deux abreuvoirs en pierre qui portent un groupe de pots émaillés verts. La plupart des formes dans cette série de terrasses sont des carrés et des cubes.

La couleur florale n'est pas utilisée ici que pour des accents, comme dans les anciens jardins de bastide, mais aussi pour des jeux visuels : un massif de gazanias orange, près des carreaux en terre cuite de la terrasse de la cuisine, par exemple.

Au-dessus de la maison, trois petites bandes de terrasses ne sont visibles que si l'on arrive directement sur elles par des marches étroites ; la plus basse comporte un long bassin, où des troncs d'oliviers, encadrés par une sculpture carrée, sont mis en valeur par les formes fortes d'acanthes, de cyprès et d'une haie de laurier-cerise. Au-dessus, des rosiers sarmenteux palissés sur fil de fer sont entourés de pittosporum, et, encore plus haut, une rangée de citronniers se détache d'une autre haie foncée. D'immenses agaves dissuadent le promeneur de poursuivre son exploration.

Si, au lieu de remonter la colline, on tourne à gauche, une petite allée étroite débouche sur la piscine, entourée de haies taillées sur trois côtés. C'est d'ici qu'on a la meilleure vue sur la propriété, bien dégagée, mais encadrée par une autre sculpture en bronze judicieusement placée, un carré intitulé *Quadrata*.

Un mur ocre dans l'angle ouest du fond de la piscine comporte une curieuse fente, telles celles qu'on voit dans les forteresses médiévales. Mais celle-ci fut conçue par l'architecte Jean-Michel Wilmotte, un ami qui vient parfois séjourner ici. En regardant au travers, on distingue à peine l'atelier moderne derrière. Sans doute permet-elle aux artistes qui travaillent de communiquer avec les baigneurs.

En allant vers l'angle ouest avant de la terrasse, on apercevra peut-être un minuscule parterre de santoline aux motifs en losange, à l'ombre d'un plaqueminier, qui permet d'accéder aux ateliers. Devant leurs portes-fenêtres, deux vieux oliviers et une pergola ombragent une terrasse pleine de pots, dont le carrelage carré rappelle le motif des fenêtres. Il est garni de pélargoniums parfumés et de fleurs dans les blancs et les bleus. Une niche dans le mur en pierre à l'extrémité la plus éloignée contient des fragments de poterie romaine, dont les lignes sont aussi modernes que tout ce qu'on peut voir ailleurs dans le jardin.

L'ensemble du domaine s'étend donc de tous les côtés de la maison, au-dessus et au-

Dans un autre jardin de sculptures contemporaines, les triangles et les carrés en bronze de Bruno Romeda répondent en écho aux formes naturelles. La complexité formelle de cet ensemble a été comparée à celle des derniers quatuors de Beethoven par la critique musicale Margaret Likierman.

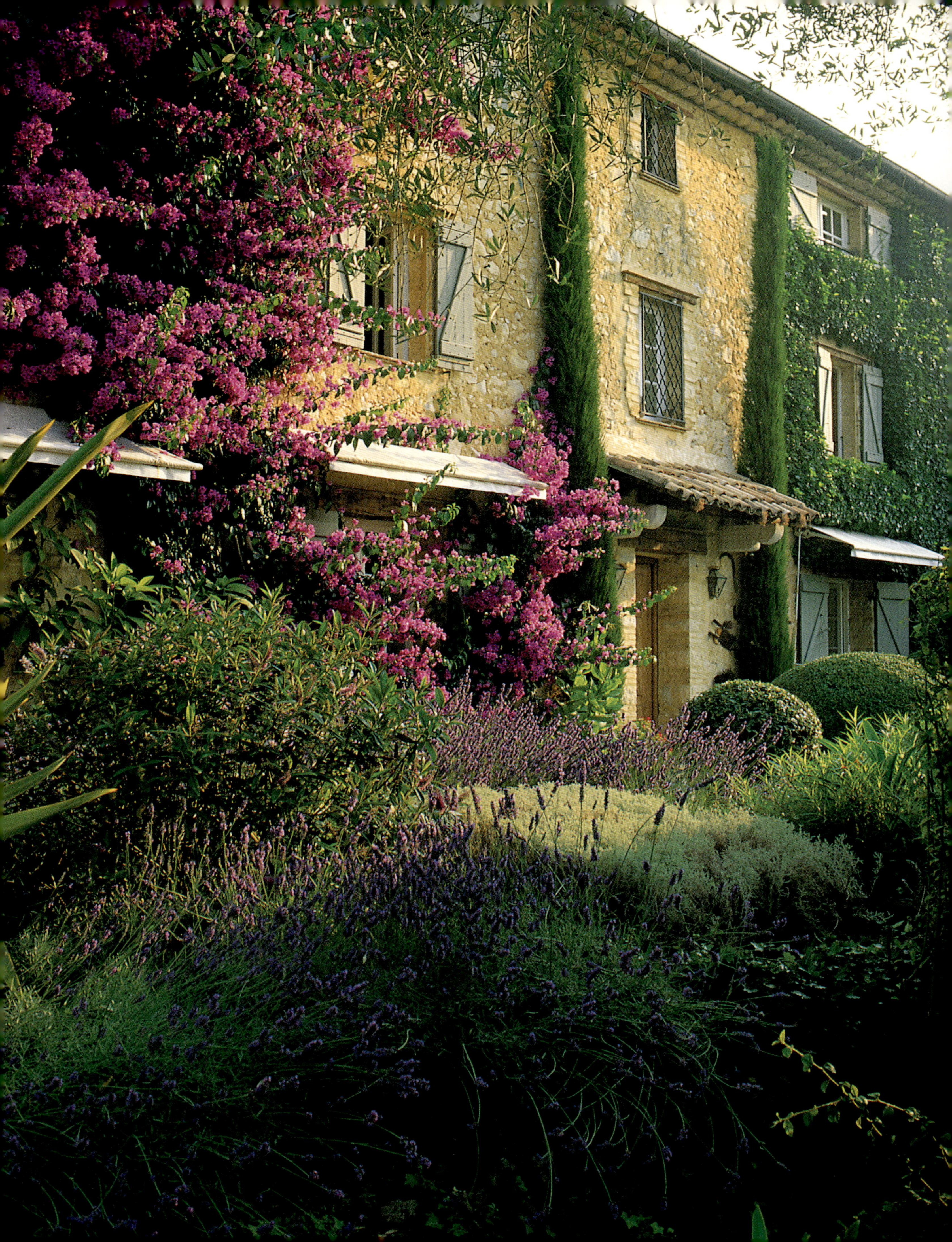

Dans un jardin près de Valbonne, l'allée d'accès équilibre avec bonheur les formes et les couleurs de plantes tout à fait courantes : lauriers-roses, yuccas, oliviers, cyprès et lavande (en bas).

dessous. Des allées discrètes, presque cachées, le parcourent et aucun itinéraire unique ne s'impose. Les lignes des terrasses ont été exploitées de quantité de manières originales, avec les immenses oliviers qui apportent tout à la fois stabilité, forme, masse, et couleurs douces. Que les éléments scéniques soient végétaux ou architecturaux, ils s'harmonisent à merveille, sous les ordres des artistes.

SCULPTURES, CHENES ET OLIVIERS

Les jardins de sculpture, sont aujourd'hui en plein essor sur la Côte d'Azur, comme en témoigne le jardin de Robert Courtright et de Bruno Romeda, et certains sont encore trop jeunes pour être évoqués ici. Leurs propriétaires sont généralement des artistes ou des collectionneurs, pour qui les formes, les volumes, les espaces, les couleurs et les textures d'un jardin prolongent tout simplement l'art de la sculpture dans la nature elle-même.

Un autre jardin appartenant à des propriétaires de galerie a été conçu sur 1,4 ha de terrasses qui s'étendent au-delà de Valbonne. Ce site ouvert se prête admirablement à la présentation de plantes aussi bien que d'objets sous tous les angles. La terre est plantée non seulement d'une centaine d'oliviers en production, mais aussi d'un bois de chênes blancs d'une cinquantaine d'années, dont les denses et sombres frondaisons et les troncs noueux ont beaucoup de caractère et servent parfois à encadrer des œuvres d'art, telle cette sculpture de Ben, qui imite parfaitement une pancarte routière suisse et proclame : « La Suisse n'existe pas. » La propriétaire explique que c'est une pièce de prédilection de sa belle-mère, qui est précisément suisse.

On entre par un portail au bas de la propriété. L'allée a été bordée par deux bandes régulières d'oliviers taillés en boules, entremêlés de laurier-rose, avec de la lavande à leurs pieds – plantation simple qui pourrait être imitée dans n'importe quel jardin méditerranéen. Lorsque cette route d'approche s'ouvre soudain sur les larges terrasses, avec la maison au-dessus, l'effet est à la fois saisissant et plaisant.

La chênaie la plus dense est située à gauche de l'allée. En son cœur on a réservé un rectangle de terre pour les joueurs de boules. Une sculpture se dresse sur son piédestal à l'extrémité la plus proche, une tête

Ce même jardin traite les vieux chênes et oliviers comme autant de sculptures individuelles, au milieu desquelles sont placées des œuvres d'artistes tel Andy Goldsworthy. Bougainvillée et lavande forment un contraste de couleurs avec les cadres vert foncé des cyprès et du lierre sur la façade (ci-contre et en haut).

Près de Valbonne, des couronnes d'oliviers bien taillées servent de toile de fond à des piliers couverts de lierre, sur lesquels tombe en cascade un rosier sarmenteux rouge. Tous ces jardins utilisent des urnes en terre cuite pour donner des touches plus chaudes et des accents formels (ici avec un pot de pittosporum).

de J. Diffring intitulée « L'Œil intérieur », qui, en dépit de son nom, semble observer les boulistes avec bienveillance.

La meilleure sculpture de tout le jardin est un immense chêne qui a donné son nom à la maison, Le Mas du Roure, et qui date probablement de la Renaissance. Le jardin a été conçu de telle sorte que cet arbre majestueux en soit le principal point focal où aboutit l'allée. La maison se trouve plus haut à l'est, reliée à la piscine surélevée, à l'ouest de la grande couronne du chêne qui l'abrite.

La piscine, étant donc également au niveau supérieur, est très peu visible. Elle est enclose d'un haut mur couvert de lierre sur lequel se détache une ligne de coronille jaune vif au début du printemps. Sous la piscine, des rangées de romarin, de véronique arbustive et de hauts cotoneasters la séparent de l'allée. Une fausse tour en ruines, envahie par le lierre, s'élève à l'extrémité ouest.

Faisant pendant au grand chêne, un vieil olivier se dresse de l'autre côté, encadrant la maison et l'espace qui se trouve juste devant elle. Le jardin demeure ici rigoureux et géométrique, répétition de carrés et de rectangles de tailles et de textures différentes. Sur la façade de la maison, deux colonnes de cyprès flanquent la porte principale. A l'est, un rectangle de lierre entoure les fenêtres, alors qu'à l'ouest on a laissé croître à sa guise une bougainvillée exubérante et éclatante.

Juste devant la porte principale, une terrasse abritée répète les mêmes formes : un grand carré dessiné par une allée pavée entoure un carré de pelouse plus petit, avec un dôme de buis à chacun de ses quatre coins. Des parterres surélevés à l'est et à l'ouest apportent des notes de couleur, avec une succession de bulbes et de fleurs annuelles. Ici et là dans le dallage sont disposés des cubes taillés de santoline argentée. Des marches descendent vers l'herbage au-dessous, avec de grands pots en terre cuite à chaque extrémité. La perspective est éloquemment encadrée par un grand carré en bronze – de Bruno Romeda. Un peu plus bas, un triangle en bronze guide le regard encore plus loin.

Tout autour de ce centre rigoureux s'étendent les terrasses délicatement étagées. Des oliviers ponctuent le côté est du jardin de la même manière que les chênes dominent le côté ouest ; les deux types d'arbre, de forme et de taille analogues, sont si différents de couleur et de texture. Les uns et les autres sont soigneusement formés de manière que leurs troncs accrochent la forte lumière du Midi. Des bosquets d'arbustes, taillés en globes délicats (térébinthes, lauriers) ou groupés en massifs épineux (yuccas), les mettent en valeur. Des murs bas en vieille pierre sont tapissés de petites plantes de rocaille.

Il n'y a pas d'itinéraire unique dans cette partie du jardin, si bien que le promeneur découvre une série de tableaux différents, plus ou moins naturels, parmi les arbres. Un certain nombre d'autres sculptures apparaissent ici et là, généralement en des endroits choisis par leur créateur. Les propriétaires attendent une nouvelle pièce d'Andy Goldsmith, dont les ingénieuses transformations de matériaux naturels et rustiques en œuvres d'art conviendraient parfaitement à leur jardin.

Cette propriété agricole fut d'abord transformée en jardin pour un ancien gouverneur de la Banque d'Angleterre. Aujourd'hui l'ensemble formé par son cadre rural, ses arbres sculptés, son décor floral et ses œuvres d'art contemporaines est des plus harmonieux.

UN JARDIN RUSTIQUE
PRÈS DE GRASSE

Si certaines collines en terrasses d'anciennes bastides se sont transformées en des jardins raffinés, en galeries d'art d'avant-garde et en œuvres d'art à part entière, d'autres conservent une ambiance de simplicité, à la fois aussi rustique et aussi élégante que la poterie de la région.

Un domaine en terrasses près de Grasse a survécu pratiquement inchangé depuis cinquante ans, exemple intact du jardin campagnard méditerranéen. Il fut créé au lendemain de la Première Guerre mondiale par un membre de l'une des grandes familles françaises de jardiniers à partir de parcelles rurales – une ancienne bergerie maintenant reliée à un atelier de forgeron pour former une maison unique aux couleurs dorées. Les terrasses d'oliviers, bordées de vignes, s'étendent sur la pente en contrebas, et un berger voisin utilise encore les terres du bas comme pâturages.

La mère de la propriétaire actuelle a elle-même conçu le jardin. Il est resté pour une grande partie tel qu'il était à son époque, encore que le paysage urbain au-delà des limites de la propriété ait radicalement changé.

La route d'approche descendant du côté nord de la maison utilise à profusion les massifs d'iris et de glycine, devant les formes arrondies de lauriers et de buis. Mais l'aspect le plus irrésistible du domaine est la large terrasse surélevée, au sud de la maison. On a planté ici quatre platanes qui ont été taillés pour servir de dais à cette salle de plein air. Le lacis de leurs frondaisons s'est si bien étalé que certaines de leurs branches se sont greffées les unes aux autres, d'un arbre à l'autre, pour consolider la structure. Un abreuvoir en pierre se trouve au centre de cette terrasse, sous l'entrelacs de ces branches, avec une table et des chaises à proximité.

De cette plate-forme surélevée, un double escalier descend jusqu'à la terrasse longeant la façade sud de la maison, quelque deux mètres plus bas. Il abrite entre ses ailes un simple bassin en demi-lune et une fontaine.

Au niveau inférieur, un long rectangle de pelouse s'étend vers l'ouest, le long de la façade, fermé à l'extrémité la plus éloignée par un demi-cercle de cyprès taillés. S'élevant derrière ce rideau vert, de vieux oliviers sont presque étouffés par des rosiers *banksiae* grimpants blancs et jaunes. Au début du printemps, ils forment un magnifique spectacle vus de la plate-forme d'en face. Des parterres surélevés longeant le rectangle de pelouse des deux côtés présentent des mélanges traditionnels : bergenia, nepeta, pivoines, l'extrémité extérieure étant ponctuée par des boules de buis.

De cet espace géométrique, l'on voit directement le haut d'une large pergola en fer forgé construite au niveau inférieur. Le

Dans ce domaine campagnard rustique, resté tel quel depuis une cinquantaine d'années, la famille dîne près du vieux puits, sous l'entrelacs magique de branches de platane. On dit que ce jardin est hanté, mais par des esprits à l'évidence bienfaisants.

rosier qu'elle porte déverse un océan de fleurs parfumées au pied des promeneurs.

La façade de la maison s'élève le long du côté nord du rectangle de pelouse, soutenant une deuxième pergola faite de vieilles poutres et de piliers en pierre, couverte des trompettes de volubilis bleu pâle et de thunbergie indigo. Au milieu des dalles fendues sous cette pergola poussent spontanément les pointes violettes de *Verbena rigida*, les fleurs de marguerite roses et blanches de vittidinias et les pétales en papier à cigarette orange d'eschscholzias, souvent appelés coquelicots de Californie.

Des marches à l'angle ouest de la maison montent au-delà d'une étendue tapissée pour moitié de ceratostigmas bleu foncé, pour moitié de gazanias dorés. Encore plus à l'ouest, derrière le rideau de cyprès qui ferme la perspective de la terrasse, des allées conduisent dans des bois sauvages (environ deux hectares), au milieu desquels se dresse un ancien sanctuaire à Notre-Dame.

Sur les terrasses inférieures, les premiers niveaux ont gardé un caractère de jardin, chacun ayant une ambiance différente. L'une comporte une autre pergola, couverte de rosiers, avec dans le fond une haie dense de cyprès taillés. Un cercle de buis avec d'autres rosiers et une bordure en pierre porte des groupes de *Salvia involucrata*. Plus bas, des arbres de Judée à troncs multiples sont couronnés de fleurs rouge vif, juste avant que n'apparaissent les feuilles en mars. Les arbres, les motifs géométriques et les fleurs semées d'elles-mêmes se combinent pour créer une atmosphère de charme et d'aisance.

La propriétaire de ce jardin a passé de nombreuses années comme ethnologue en Afrique. Elle semble percevoir la nature à travers un sixième sens, qui englobe les arbres séculaires, le sanctuaire des bois et même les gigantesques poteaux électriques à son portail en un tout mystique. Y a-t-il vraiment des chevaux fantômes qui traversent au galop la terrasse de temps à autre ? Dans l'isolement magique de ce jardin intemporel, leur présence est tout à fait plausible.

DEUX VOISINS CAMPAGNARDS

Deux belles propriétés à l'est de Grasse ont également préservé une atmosphère de simplicité rustique, tout en illustrant deux conceptions diamétralement opposées de la colline en terrasses classique – celle du paysagiste et celle du passionné de plantes. La première est l'œuvre du célèbre paysagiste Jean Mus, qui a établi le jardin en deux années seulement. La seconde fut élaborée par des collectionneurs de plantes qui ont façonné le jardin une partie après l'autre, lorsqu'ils trouvaient le temps de l'agrandir, sur une période de quarante ans. Ce couple vient de prendre sa retraite dans un appartement en ville, pour des raisons de santé, et a vendu la propriété à de jeunes acquéreurs qui sont désireux d'apprendre à connaître et à entretenir le jardin, avec l'aide de ses créateurs. Les deux domaines appartiennent donc aujourd'hui à des personnes actives, qui poursuivent l'œuvre des créateurs.

Dans les deux cas, les propriétés sont cachées du monde extérieur par la colline qui se dresse dans le fond et par d'épaisses plantations le long d'un mur ; un portail discret mais élégant s'ouvre à l'ouest sur une longue allée, à l'extrémité de laquelle se dresse une bastide rose saumon avec des volets turquoise clair. Les deux donnent sur la large vallée, avec un paysage toscan de collines ondoyantes et couvertes de cyprès, et les deux réservent de nombreuses surprises au visiteur qui prend le temps de descendre et de remonter de terrasse en terrasse.

Les bâtiments du XVIIᵉ siècle de la Ferme Saint-Jean appartenaient autrefois à la Villa Croisset, un domaine conçu par Ferdinand Bac et maintenant démoli. Le père de Jean Mus était jardinier en chef à la Villa Croisset, et Mus se souvient qu'il jouait pieds nus sur cette terre dans son enfance. Il a apporté une affection toute particulière à la conception de ce jardin dont il appréciait le site, la lumière et la palette de couleurs.

Cette ferme a conservé sa vocation agricole jusqu'au lendemain de la Seconde Guerre mondiale. Elle fut alors rénovée pour l'actrice Martine Carol, dont le principal legs au jardin actuel est un groupe de palmiers près de la piscine en contrebas. Sur la pente aride au-dessus de l'allée, un propriétaire plus récent a essayé des rhododendrons et a fait pousser du lierre sur les troncs de tous les oliviers, qu'il trouvait laids. Ce secteur a été dégagé, et les troncs des oliviers émergent maintenant d'étendues d'helichrysum argenté, de bergenia et de genévriers rampants.

Mus a choisi de souligner le côté campagnard du jardin, dont les terrasses d'oliviers constituent le thème principal, jusque dans la couleur : Mus a le sentiment qu'en Provence, à l'ouest, le mistral impose une lumière éclatante et un ciel très bleu, alors qu'ici, dans l'arrière-pays de la Côte d'Azur, le ciel et le feuillage des oliviers se fondent dans un ensemble harmonieux plus doux et plus subtil. Si bien que les couronnes imposantes de ces arbres dominent le jardin. Dans le même temps, Mus a préservé les vieux spécimens qui encadrent le mieux

À la Ferme Saint-Jean, l'allée d'accès est bordée de buis, d'agapanthes, et de ceratostigma disposés régulièrement autour de globes d'agrumes, sous de hautes cimes d'oliviers. Elle aboutit à un bosquet de cyprès, avec des cercles éclatants de ligularia à leurs pieds (ci-contre).

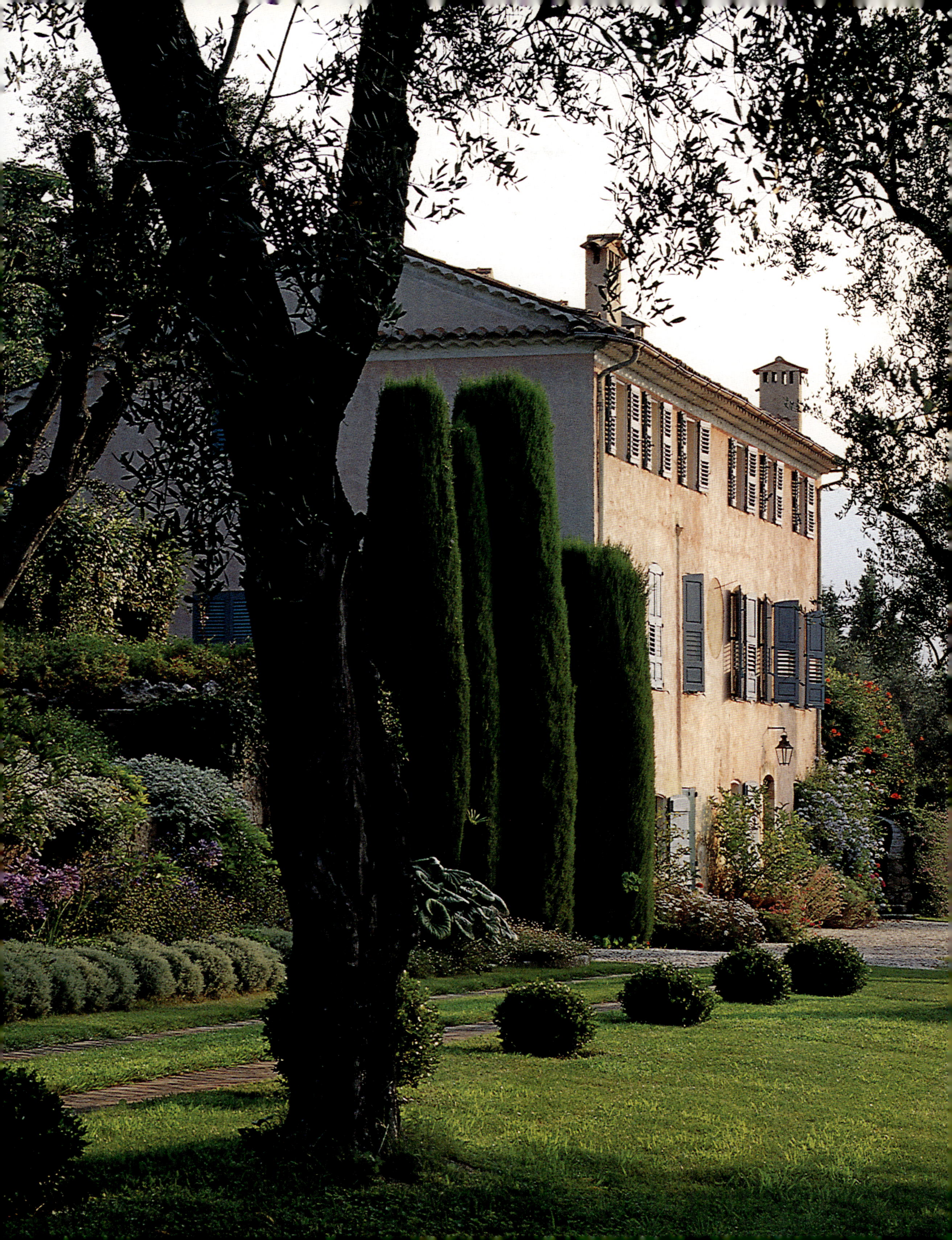

Un maçon de talent a refait les murs de soutènement de la Ferme Saint-Jean en sorte qu'ils semblent avoir toujours été là, avec, à leurs pieds, Convolvulus cneorum et Polygonum capitatum.

la vue – ciel, montagne et mer au loin. Rehaussées par des cyprès et la frondaison de deux jeunes tilleuls juste devant la maison elle-même, ces plantations forment une série de fenêtres sur la vallée.

L'allée d'origine est pavée de carreaux italiens alternant avec des bandes d'herbe bien proportionnées, qui en soulignent la longueur. Mus a toujours accordé beaucoup d'attention aux textures qui tapissent un jardin, qu'elles soient végétales ou minérales, planes ou organisées en un ensemble de différentes hauteurs. Au pied du mur de soutènement qui s'étend le long du bord supérieur de l'allée, de petits citronniers alternent avec des touffes de santoline, de petites boules de buis, des taches de ceratostigma et d'agapanthe, formant un motif répété – une espèce de longue bande de tapisserie. Elle culmine avec un immense *Ligularia tussilaginea*, dont les feuilles grasses et brillantes s'étendent au pied d'une vieille fontaine en pierre. Trois cyprès formant des tours de différentes hauteurs montent la garde près de la fontaine et marquent la jonction entre l'allée et la maison.

Les oliviers de part et d'autre de la route sont taillés à la même hauteur, bien que ceux de gauche poussent sur une terrasse située au niveau juste au-dessus. C'est le genre d'invention subtile qui donne sa cohérence au plan d'ensemble.

Une allée de galets descend en tournant à travers les oliviers vers la piscine, invisible d'au-dessus. Ce passage ressemble aux vieux sentiers à dos d'âne qui conduisaient aux fermes dans les collines : une surface rugueuse en pierre autour d'un caniveau central qui permet de marcher en sécurité et qui assure un bon drainage. Jean Mus utilise chaque fois que possible ces solutions traditionnelles à des problèmes pratiques et emploie également des matériaux rustiques, généralement beaux en eux-mêmes et dans les motifs qu'ils dessinent. Les vieilles plantations d'oliviers continuent sous l'allée, les terrasses étant soulignées par la première pelouse, puis par des haies basses et des plantes couvre-sol – une merveilleuse étendue de rosiers Mermaid soigneusement disposés.

La maison et sa terrasse se dressent au centre de points de vue en demi-cercle vers l'ouest, le sud et l'est. L'allée arrive de l'ouest, et le sentier descend la colline jusqu'aux haies sarmenteuses au sud-ouest. Juste devant, au-delà des nouveaux tilleuls, les sommets de palmiers rappellent la présence de la piscine au niveau inférieur.

Le secteur qui s'élève à l'est de la maison constitue tout un catalogue de possibilités de plantation pour de petites terrasses. Certaines sont coupées en deux par des marches en pierre, avec des carrés de lavande près de la maison servant de premier plan aux grands arbres à l'autre extrémité. D'autres s'étendent majestueusement sur toute leur longueur. La longue allée qui arrive de l'ouest a sa contrepartie à l'est sous forme d'une grande pergola en fer forgé plantée de rosiers *banksiae* et de jasmins. Des agrumes alternent avec des pots en terre cuite le long du bord extérieur. A l'endroit le plus éloigné, un petit banc bien protégé, sous un toit de lierre, est entouré de laurier-tin sculpté. Cet endroit fermé et abrité s'oppose aux ouvertures sur la vallée ménagées entre les plantes grimpantes. Sur tous ces niveaux, de vieux oliviers ponctuent et protègent le jardin, lui donnant sa structure et sa solidité. Ils ne sont jamais perdus dans le plan, mais servent au contraire à l'ancrer.

Sous la pergola, d'autres bandes de tapisserie à motifs soulignent également les lignes horizontales : sous une rangée d'agrumes, les arums alternent avec les éperons bleus de perovskia, tandis que des *Eriocephalus* à fleurs de marguerite se déversent sur les bords extérieurs. Encore plus bas, une rangée de jeunes oliviers est tout simplement plantée sur un tapis de thym rampant, avec des globes de pittosporum nain à leur pied.

En bas de cette série de terrasses à l'est, bien visible de la maison mais nettement au-dessous, se trouve un long bassin étroit et rectangulaire. Entouré de pelouse et de quatre dômes de buis à chaque coin, il forme un point focal particulièrement réussi à mi-distance. Une large volée de marches en pierre descend vers le bassin, bordée de plantes basses de rocaille – en particulier de *Polygonum capitatum* rampant, qui a des fleurs rose-violet vif et des feuilles rouge foncé à l'automne. Mêlée de vittidinia, de lys, de convolvulus argenté et de conifères nains, cette descente sinueuse crée un îlot de liberté

Cette fontaine, qui se dresse dans une écume de vittidinia à fleurs de marguerite, est une superbe alliance de simplicité et de raffinement (ci-contre).

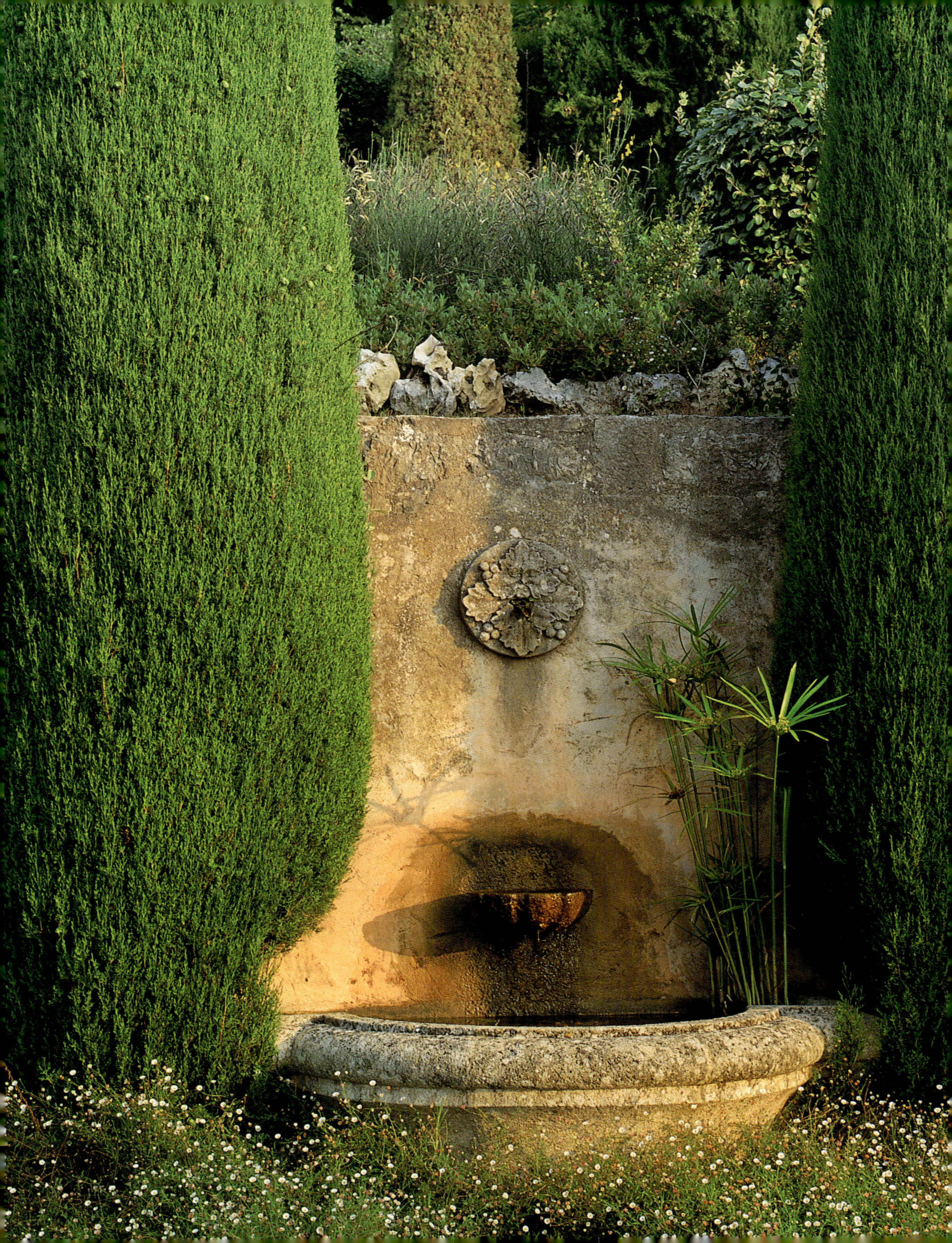

au cœur même de cette composition extrêmement structurée.

Les bandes de terrasses en tapisserie s'élèvent donc par étages au-dessus de cette rocaille et le bassin s'étend au-delà. Juste au-dessous, plusieurs niveaux étroits ont simplement été plantés de pelouse et bordés de pierre, de manière à faire ressortir leurs lignes fortes et leurs rythmes. Plus bas sur la colline s'étend tout un versant de vieux oliviers, ici abritant un potager, là des arbres fruitiers et une vigne, ailleurs encore laissé en herbe que l'on tond en respectant les tapis saisonniers d'anémones, d'orchidées sauvages et de marguerites caractéristiques de tous ces sites.

Le jardin de la propriété voisine de Fort-de-France est à la fois très semblable et très différent. Le site, la vue, l'architecture, le respect des traditions campagnardes sont très proches, mais ici la longue allée, qui arrive également de l'ouest, est densément bordée de plantes. Dans ce jardin, elles ne forment pas des motifs dont les rythmes conduisent vers la maison, mais un ensemble si séduisant qu'il faut s'arrêter pour l'admirer partie par partie. Chaque détail retient l'attention – jusqu'à une bignone à fleurs rouges sur la façade à l'autre extrémité. Rien n'est laissé au hasard dans la disposition : les couleurs, les volumes et les formes, tant des fleurs que du feuillage, ont été alliés avec art, ponctués par des pots en terre à moitié enterrés et emplis d'hélianthèmes, de centaurées, de pélargoniums de diverses sortes et couleurs. Des rosiers grimpants déploient leurs éventails le long du mur arrière, mais *Salvia guaranitica*, grande sauge à fleurs bleu foncé, fixée sur des espaliers comme une plante grimpante, est également d'un excellent effet. D'autres sauges se mêlent aux agrumes, à différents solanums, à des abutilons de plusieurs couleurs en forme de cloche, dont la variété au feuillage panaché, une touffe de *Fabiana violacea*, et de véritables plantes exotiques comme des bananiers. A mi-chemin se dresse un complexe édifice topiaire à plusieurs niveaux, fait d'un *Pittosporum heterophyllum* peu commun.

Lorsque l'allée arrive à la maison, des marches sur la gauche, bordées de quantité de pots, montent vers les terrasses au-dessus. Sur la principale de celles-ci, on a disposé un espace ouvert pour les jeux des enfants ou les repas de famille, sous de grands platanes, avec les baleines de leurs parasols qui se sont greffées les unes aux autres pour former un plafond. Plus loin, on traverse un groupe intéressant d'arbustes plus grands et d'arbres – un rare et élégant metasequoia avec deux troncs séparés ; un céanothe en arbre joliment planté à côté d'un cerisier ornemental 'Yukon' à fleurs jaunes et un *Buddleia officinalis* à fleurs mauve pâle, tous trois fleurissant en avril.

Il est impossible de décrire les innombrables recoins secrets de ce jardin et tous les trésors qu'ils contiennent. Parfois une plante ordinaire, un ciste commun, prend des allures saisissantes parce qu'on l'a laissé pousser en le taillant de manière à révéler les formes tortueuses et les couleurs chaudes de

Au Fort-de-France, l'allée est bordée de trésors parfumés, riches en couleur et d'une grande diversité, qui charment le nez et l'œil à chaque pas.

Lorsque la profusion végétale risque d'obscurcir le tracé, des jarres viennent ponctuer et consolider les lignes, ici à moitié enterrées au milieu d'aloès et de Beloperone guttata (ci-contre).

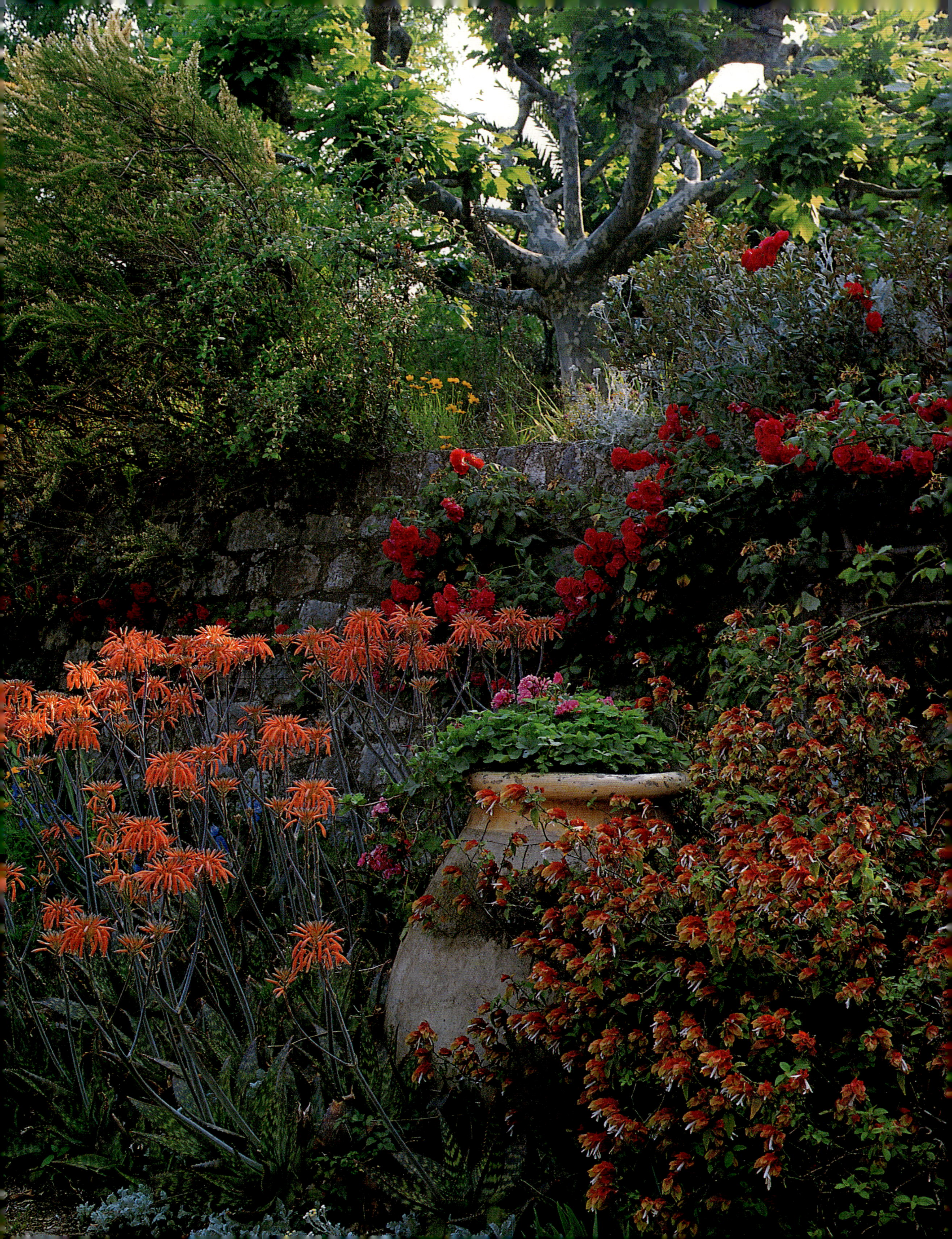

*Helichrysum petiolare aux teintes argentées (vivace sur la Côte d'Azur), se fraie un passage dans les tiges dressées d'*Euphorbia characias, *formant un ravissant contraste de tons et de textures sous les volets bleus du Fort-de-France.*

ses branches. Partout, de petits couvre-sol et des plantes de rocaille d'une infinie diversité créent des textures différentes : *Alchemilla mollis* et ajugas à feuilles rouges, un mesembryanthemum à fleurs rose pâle, un polygonum d'un rose intense entourant de petits iris. Des haies basses de santoline, de buis et de fusain imposent un semblant d'ordre.

Des passages ombragés derrière la maison conduisent à plusieurs jardins différents sur les terrasses à l'est : un bois au sommet, avec des surprises telles qu'un exceptionnel *Bauhinia* ; une roseraie entourée de haies de santoline avec tout autour d'autres arbustes, des lys et des vivaces pour toutes les saisons, tel un jasmin rampant rose, *Hydrangea arborescens* 'Anabelle' avec ses ombrelles plates, des lobélies, une immense touffe d'orchidées *Bletilla striata* à feuilles lancéolées, et, dans le fond, deux ifs jumeaux ; un jardin de rocaille autour d'un cerisier à floraison automnale, où des digitales se resèment d'elles-mêmes (ce qui est inhabituel dans cette région) et où une saxifrage rampante à fleurs blanches en étoile remplace le gazon. Les rosiers sont partout, dont bon nombre sont de vieilles variétés créées par Nabonnand, dont 'Général Schablikine' – rosier classique sur la Côte d'Azur, déjà admiré par lord Brougham lorsqu'il jardinait à Cannes.

Sous la maison s'étendent plusieurs terrasses potagères, la plupart entretenues à des fins décoratives par les propriétaires d'origine, mais trop exigeantes pour la famille qui vient de reprendre en main le domaine. Plus bas, des vestiges d'anciennes terrasses d'oliviers semblent désormais un peu ternes par rapport à la profusion qui règne au-dessus. L'éventuel explorateur n'est pas invité à descendre : des marches remontent vers la terrasse de la maison, à l'ombre de son paulownia.

Ce domaine enchanteur a mis quarante ans à mûrir, mais l'héritage est en fait beaucoup plus ancien, puisque c'est la propriété décrite par lady Fortescue, son premier jardin méridional. La Ferme Saint-Jean, création d'un paysagiste, et le Fort-de-France, paradis d'un passionné de plantes, sont situés sur la même colline à quelques kilomètres seulement. Il n'est peut-être pas très juste de comparer un jardin à maturité avec un jardin qui vient d'être créé. On peut néanmoins déjà apprécier les attraits différents, mais tout aussi séduisants, de deux conceptions diamétralement opposées. Dans la propriété que Jean Mus à créée pour ses clients, les grandes lignes du jardin sont lisibles dès l'entrée, à plus forte raison de la terrasse de la maison, seule la piscine étant cachée. Ces perspectives ont été soigneusement calculées pour leurs proportions agréables, de même que la vue n'a pas été laissée telle quelle, mais encadrée à dessein. Rien de tout cela n'interdit les surprises et les invitations à explorer davantage ; mais les plantations servent à conduire le visiteur plus loin et à faire ressortir le plan général. La texture a également son importance ici, à la fois dans le feuillage et dans les éléments minéraux. Mais le paysagiste utilise une même plante sur de grandes surfaces, alors qu'au Fort-de-France on trouve rarement deux échantillons de la même variété côte à côte. Dans ce dernier jardin, où un triangle de lilas des Indes orne un angle, les arbres ont des fleurs de couleurs différentes. Mus en aurait certainement planté trois de la même teinte.

Dans le jardin de paysagiste, la maison est ancrée dans son cadre par les plantes grimpantes et les pots traditionnels, mais elle en est manifestement le moyeu. Dans le jardin de collectionneur, la maison, bien qu'au centre, n'est pas le point focal et sert plutôt à soutenir les plantes qui s'appuient sur elle et autour d'elle, comme des vignes sur un treillis.

Certains aimeront la richesse des collections au Fort-de-France, d'autres les trouveront peut-être surchargées. Un amateur d'architecture de jardins appréciera l'élégance du jardin de Mus, tandis qu'un collectionneur de plantes le trouvera peut-être pauvrement garni.

En réalité, les deux jardins offrent une profusion de plantes : un tapis de rosiers Mermaid utilisés comme couvre-sol donne une impression d'exubérance tout aussi forte qu'une dense *mixed border* – et certainement un plus grand sentiment de mouvement. Le jardin du collectionneur est plus statique ; on s'y déplace très lentement. Les deux ont une merveilleuse atmosphère surannée ; et les deux, même la création récente, témoignent de longues années d'affection pour le site. Mus est resté fidèle à ses souvenirs d'enfance.

JEAN MUS CHEZ LUI

A la différence d'autres paysagistes de renommée internationale qui travaillent sur la Côte d'Azur, Jean Mus est issu d'une famille de la région, arrivée d'Italie en 1650. En outre, l'expérience pratique de jardinier de son père, loin d'être perdue pour le fils, lui légua ce sens des plantes qui fait défaut à beaucoup de paysagistes.

Jean Mus travaille à Cabris, à l'est de Grasse. Son propre jardin est une création profondément personnelle, qui occupe un demi-hectare environ et a maintenant mûri depuis un quart de siècle.

Partant de ses terrasses d'oliviers bien-aimées, Mus a créé une série d'itinéraires qui vont d'enclos en enclos, chacun formant un nouveau cadre pour l'espace précédent – ou suivant. C'est un jardin sans lignes droites, car c'est avant tout un jardin de feuillage, empli de subtils contrastes de couleur. On n'y voit jamais la juxtaposition brutale de feuilles rouges et vertes, mais toujours une délicate gradation et des nuances soigneusement étudiées. On y trouve également des fleurs, mais elles servent essentiellement à marquer les changements saisonniers. Une part de l'attrait de ce jardin tient à ce qu'il est séduisant tout au long de l'année.

Le long de la route, un haut mur protège cette propriété des regards. Juste après le portail, un mur plus bas est couvert d'un arrangement géométrique de pittosporum nain et de convolvulus buissonnant à feuillage argenté. Ici, on peut tourner à gauche (vers l'est) ou à droite (vers l'ouest). Le second choix conduit vers l'entrée de la maison, avec une terrasse ornée de plantes inhabituelles en pots : un pot en terre cuite mêle de petits bambous avec du lierre et un pittosporum nain dans un contraste peu ordinaire de formes et de couleurs ; un pot un peu plus grand, débordant de vittidinia, contient un simple laurier-rose. Ou encore un oranger taillé bas, avec de la véronique rampante à petites feuilles et une touche de feuillage rouge à ses pieds.

Derrière la maison, un curieux arrangement géométrique d'aromates s'étend sur deux niveaux – thym, menthe, sarriette, *Lavandula stoechas*, bordés de convolvulus argentés, de pittosporums nains et de cistes avec de petites fleurs roses. Ces plantes parfument le passage qui conduit à une bergerie ouverte, transformée en une autre cour pittoresque. Un solarium en bois se trouve à l'ouest, d'où une petite allée sinueuse descend à travers les arbres. De ce niveau supérieur, vers le sud-ouest, toute la vallée en direction de Draguignan se déploie dans une spectaculaire succession de collines. La partie inférieure du jardin tourne le dos à l'extérieur et forme une entité indépendante.

La descente principale conduit du portail d'entrée vers l'est. Bordée de massifs de cistes, de nandinas, de romarin à fleurs roses (dont la création est attribuée au vicomte de Noailles), à nouveau tapissée de cette merveilleuse plante à floraison incessante, le vittidinia (*Erigeron karvinksianus*), elle descend en tournant, passant devant un magnifique bouquet d'hémérocalles « birmanes » dorées, un arbre de Judée à troncs multiples, à travers un arc de laurier vers le bassin. Mais sa destination demeure mystérieuse, les espaces successifs étant cachés les uns des autres jusqu'à ce que l'on arrive à un carrefour central, juste au-dessus de la piscine. Ici un arbre à perruque à feuilles rouges (*Cotinus coggygria*) constitue un point de mire.

D'ici, on peut poursuivre vers l'est ou vers l'ouest, mais ces destinations sont cachées à la vue par un pilier de *Pittosporum tenuifolium* panaché, flanqué de deux espèces de bambou (à feuilles larges et fines), d'un rosier de Chine buissonnant *odorata* 'Sanguinea', sur un tapis de fuchsias rustiques. Ce mélange est caractéristique de l'heureuse alliance de teintes rouille, jaunes et grises de ce jardin.

La perspective la plus longue dans ce domaine complexe se trouve à l'est de la piscine, où deux terrasses d'oliviers, séparées au départ par une hauteur d'environ 1,5 m, se rejoignent à l'extrémité la plus éloignée. On peut donc facilement entrer à un niveau et faire une boucle pour revenir par l'autre.

Leur jonction avec l'allée qui descend d'au-dessus est délimitée par une courte volée de marches en pierre, disposées au milieu d'une petite rocaille. Toute une

Dans le jardin privé du paysagiste Jean Mus, ces quelques marches reliant deux terrasses d'oliviers sont mises en valeur par des pittosporums, des vittidinias et des polygonums étalés. Perovskia et romarin rampant complètent le tableau.

gamme de couvre-sol à petites feuilles se déverse ici sur les murs, formant un fascinant jardin à petite échelle en l'espace de quelques mètres carrés, avec des romarins rampants, des convolvulus argentés, et le *Polygonum capitatum* au feuillage rouge-vert, l'un des couvre-sol préférés de Jean Mus, qui forme des tapis d'un rose profond lorsqu'il fleurit. Du même coup d'œil, on voit le cotinus rouge de l'allée, et des massifs de vittidinias entremêlés de perovskia argenté et bleu au niveau supérieur. L'effet de rapprochement est saisissant – sorte de tapisserie végétale riche en couleurs et en textures.

Sur la plus haute des deux terrasses d'oliviers s'étendant à l'est de cette jonction, trois grandioses spécimens âgés sont devenus le

Jean Mus utilise la texture fine des feuilles de pittosporum, de vittidinia, de polygonum et de romarin pour encadrer des murs de pierre et de vieux troncs noueux, dans un subtil effet de tapisserie, qui change au fil des saisons.

centre de plantations basses – non pas des îles mais des péninsules, débordant de la longue ligne formée par le mur de soutènement arrière. Ces courbes basses, composées de nandinas, de laurier, de pittosporum, de laurier-rose, de chèvrefeuille, de cistes et de bien d'autres plantes, mettent en valeur les troncs et donnent un rythme fluide à l'allée d'herbe rectiligne qui longe le bord extérieur de la terrasse, d'où retombe une rangée de romarin corse rampant.

Le niveau inférieur est délimité par une haie de buis à l'extérieur, ponctuée de pots en terre cuite à intervalles réguliers. Leur effet est d'enclore ces deux terrasses d'oliviers et d'en faire un jardin à part, essentiellement de gazon – le plus grand de la propriété.

Un olivier à tronc double, particulièrement décoratif, domine le point éloigné où les deux terrasses se rejoignent. Le soir, ses formes sculpturales sont éclairées par une lampe habilement cachée derrière deux tuiles en terre cuite, qui illumine ses branches avec un bel effet de clair-obscur. Cet arbre majestueux est entouré de rochers nus et de ce même polygonum rampant.

Au niveau directement inférieur, sous cette composition centrale à deux étages, un sentier plus sauvage, densément peuplé d'armoises, de lierre et de buis taillés sans rigueur, ramène sous la piscine. Soudain, dans un recoin secret, en changeant légèrement de niveau, on découvre une petite parcelle carrée, une mosaïque de petits arbustes aux tonalités et formes contrastées, un jardin miniature qui est un vrai joyau.

La piscine elle-même, fermée à l'extrémité est par une petite cabane, semble tourner le dos aux terrasses. C'est un monde à part, quelque peu exotique, grâce à des plantations qui mêlent de grands palmiers aux tonalités rouges et jaunes, un groupe d'oliviers, un *Mahonia lomarifolia* et un large massif de *Pittosporum tenuifolium* panaché. De grands lauriers soutenant des rosiers *banksiae*, avec un autre rosier 'Sanguinea', que Mus aime beaucoup, sont flanqués de palmiers nains. Un unique grand cyprès marque la convergence des lignes près du mur de soutènement arrière, avec en toile de fond les collines arrondies au loin.

Le long du côté nord de la piscine, le mur de soutènement a été planté de pittosporum et de romarin, dont les formes se déversent généreusement et auxquelles se mêlent des taches brillantes de lantanas, de grenadiers nains et de fuchsias – l'un des endroits du jardin où les couleurs sont les plus vives. Au-dessus s'étend une autre terrasse ouverte, tapissée de pelouse autour d'autres oliviers qui abritent une table et des bancs en pierre. Le point focal à l'extrémité ouest est un vieux puits en pierre. Il se détache d'une combinaison simple mais saisissante de marronniers buissonnants (*Aesculus parviflora*), qui poussent en taillis avec de grandes feuilles, entourés de ceratostigma rampants, riches en fleurs bleu foncé à la fin de l'été, et au merveilleux feuillage rouge pendant un long moment à l'automne.

dans ses effets selon lui : un jasmin peut être caché derrière d'autres plantes, drapant un mur, en sorte que c'est essentiellement son parfum qui révèle sa présence. Derrière la piscine, par exemple, dans un petit recoin qui passerait inaperçu, un lilas des Indes, un kumquat et un figuier entourent la douche, offrant aux baigneurs un peu d'intimité et d'occasionnelles gourmandises.

Ce jardin joue également beaucoup sur les espaces ouverts et fermés. La montagne en face forme elle aussi une ligne courbe haut sur l'horizon, abritant en quelque sorte les parties inférieures. Mais toutes ces différences de niveau, de couleur et de texture rendent hommage aux rois du jardin, les antiques oliviers.

Jean Mus alterne habilement les recoins abrités et les vastes perspectives, comme ici, au-dessus de sa propre piscine. L'olivier demeure pour lui le symbole chéri de la lumière et de la vie méditerranéennes.

Ce n'est pas une création pour ceux qui redoutent les jaunes et les rouges dans leur jardin – ou plutôt, c'est précisément le lieu qui pourra convaincre ceux qui doutent des résultats qu'on peut obtenir avec ces couleurs en les maniant avec goût et tact. Des hémérocalles dorées, des groupes de fuchsias, des ceratostigmas bleus et rouges, des polygonums roses et rouges, des vittidinias multicolores, mais aux nuances douces, des armoises à feuilles argentées, des hélichrysums et des convolvulus servent partout de plantes tapissantes.

Mus a prêté une grande attention aux textures du feuillage ainsi qu'à ses couleurs. Il aime à répéter la même forme de feuille dans un groupe d'arbustes, mais avec des variantes, car un jardin doit rester discret

UN JARDIN MODERNE A CASTELLANE

Mus a souvent l'occasion de concevoir des jardins dans des sites similaires, plus ou moins pentus. Chaque domaine présente des problèmes différents et requiert de nouvelles solutions. Un jardin dans le village moderne de Castellane, appartenant à un photographe de jardins professionnel, dégage une tout autre ambiance, car il est beaucoup plus ouvert sur le paysage de tous côtés. Les montagnes se dressent de manière spectaculaire au nord, les vues sur la mer s'étendent au sud. De la route, la propriété descend vers la maison, qui sépare le jardin en deux parties : devant la maison, l'allée sinue entre des oliviers et des étendues herbeuses, alors qu'au-dessous le coin piscine, pour moitié pavé, est

Dans ce jardin de montagne, les terrasses d'origine ont, pour une grande part, été remplacées par des talus d'herbe. Les murs en pierre marquent maintenant les transitions et soutiennent des plantations, comme ces osteospermums qui se déversent sous les oliviers taillés en hautes couronnes.

plus architecturé et plus exotique. Tout autour de la maison, des treillis protègent de petites terrasses pavées de carreaux en terre cuite aux couleurs douces, qui relient le jardin aux espaces d'habitation. Les kumquats sont ici l'une des plantes de prédilection, avec leurs fruits orangés, sur fond de feuillage sombre et persistant, souvent flanqués de romarins corses, dont les fleurs bleues tombent en cascade, et de felicias bleu ciel.

Du portail d'entrée, la maison est invisible. On a retiré ici la plupart des murs de soutènement en pierre pour les remplacer par des gradations délicates de part et d'autre d'une sinueuse allée dallée. Cela ne masque pas les niveaux, mais adoucit les transitions – façon originale de traiter une telle colline, qui nécessite de soigneuses précautions techniques, pour que les fortes pluies saisonnières n'emportent pas toute la terre superficielle. Mus a réussi ici à préserver l'impression d'un déploiement progressif, chaque niveau révélant une vue nouvelle, tout en créant en même temps un sentiment visuel de flux.

A l'entrée, un rang de cyprès régulièrement espacés protège le côté gauche. On aperçoit déjà une douzaine de vénérables oliviers qui émergent de parterres et de massifs de plantes typiquement méditerranéennes : myrte, eleagnus, ciste, romarin, rosiers buissons, avec au-dessous des felicias à fleurs bleues, des touffes d'agapanthes, des eriocephalus, des convolvulus argentés et des *Felicia folifolia* qui ressemblent à des asters. Des couvre-sol sont plantés sous chaque groupe de hauts arbustes, tandis que les troncs des oliviers forment l'élément central de la composition. Jean Mus a mis au point une méthode de taille pour les oliviers favorisant l'aspect ornemental plutôt que la production, ce qui crée des lignes et des couronnes aériennes, dont les silhouettes se détachent sur fond de montagnes au loin.

Tandis qu'on descend le long de l'allée d'entrée principale, on aperçoit d'abord la maison sous forme d'une ligne de vieilles tuiles orange, partiellement drapées de *Clematis armandii*, dont les fleurs blanches en étoile sont splendides au mois de mars. Peu après, on découvre l'un des éléments les plus originaux de la propriété : une volée de marches en demi-cercle, avec des boules de buis de chaque côté, qui descend jusqu'à l'entrée de la maison. Devant la porte, un élégant cercle est pavé d'une mosaïque de pierre et de galets. Les plantes en cascade massées près de la descente sont plus basses, de texture plus fine, de manière à faire ressortir le tracé : felicias, romarins rampants, 'Peggy Sammons' *Teucrium fruticans* fortement taillé et surtout lavandes, dont l'espèce à floraison hivernale, *dentata*. Les couronnes d'oliviers s'étendent au-dessus de l'entrée, qu'ils ombragent, soutenant en même temps les rosiers grimpants qui encadrent la porte, complétant le tracé circulaire.

Des allées et des marches abritées descendent des deux côtés de la maison, reliant la série de petites terrasses au secteur de la piscine au-delà. Le côté inférieur de la maison donne sur un vaste panorama à la fois maritime et montagnard. La piscine est au premier plan, à moitié encerclée par le bâtiment lui-même. Son rectangle discret est mis en

Dans ce jardin, à l'est de Grasse, un astrolabe est flanqué de deux pêchers. Derrière, on aperçoit le feuillage pourpre que les jardiniers anglais associent souvent aux oliviers dans le Midi.

valeur par les formes saisissantes de néfliers du Japon, yuccas, palmiers nains et d'autres kumquats. Une bordure reliant un olivier particulièrement sculptural à la piscine mélange des nandinas plumeux (parfois appelés « bambous célestes ») et des romarins corses, le feuillage velouté et argenté de *Senecio greyi*, un imposant sparmannia, des lantanas rampants et des plumbagos.

Une grande partie de ce secteur est pavée des mêmes carreaux en terre cuite que l'on trouve sur les terrasses latérales. De petites différences de niveau et des angles irréguliers soulignent l'agréable impression de monde clos d'un côté, par opposition au vaste panorama d'en face. Une salle à manger voûtée, ombragée d'une treille, et un balcon à l'étage, bordé de boules de pittosporum nain, intègrent maison et jardin. Un jasmin étoilé parfumé grimpe sur les murs de la maison, dont il fait ressortir la douce couleur ocre avec son feuillage vert foncé. Les minuscules disques de muehlenbeckia tracent de même une ligne verte sur les contremarches de l'escalier en terre cuite.

Au niveau le plus bas du jardin, sous la piscine, une autre étendue d'herbe conduit une fois encore vers des recoins secrets parmi les arbustes et les arbres, plus exotiques et plus densément plantés, avec notamment un eucalyptus et plusieurs variétés de mimosas. Un céanothe forme un accent saisissant, tandis qu'une pergola couverte de jasmin parfume et ombrage cet espace. Des lauriers forment l'essentiel de la haie qui protège le jardin de la route sinueuse en contrebas.

C'est donc ici le fond du jardin, la fin d'un itinéraire qui commence au portail d'entrée, en haut. La présence de vieux oliviers tout du long est un facteur d'unité au milieu de toute cette diversité. L'atmosphère générale du jardin doit encore beaucoup de sa force aux anciennes terrasses d'oliviers, quand bien même leur caractère fortement architectural aurait été érodé ou adouci.

COLLECTIONS EN TERRASSES

L'oliveraie en terrasses classique présente d'infinies possibilités de tracé. Dans le même temps, ces plantations offrent des espaces merveilleusement protégés pour les espèces rares. Les hauts murs et le feuillage abritant ces sites créent des microclimats particuliers – dont profite depuis des siècles l'industrie du parfum à Grasse. Sur une telle colline, de précieux trésors peuvent également être étagés, sans se faire de l'ombre les uns aux autres. Parfois, les lignes de force de l'architecture sont obscurcies et le puissant attrait esthétique du cadre d'origine est submergé par la profusion de spécimens individuels. Mais il est évident que les propriétaires cherchent des plaisirs différents.

Un couple anglais jardinant sur une colline à l'est de Grasse a créé une grande richesse de couleurs du printemps à l'été – exubérance en grande partie inspirée de la *mixed border* de leur patrie. Beaucoup de leurs plantes proviennent, du reste, d'Angleterre, mais le jardin éclatant et gai qu'ils ont conçu doit beaucoup au soleil méditerranéen.

La maison rose est couverte de bougainvillée, entremêlée d'une délicate bignone à fleurs roses. Une série de cours fleuries per-

Les propriétaires aiment ici les couleurs gaies et joyeuses – les rouges, roses et jaunes sur les verts plus ternes des oliviers et des cyprès (double page suivante).

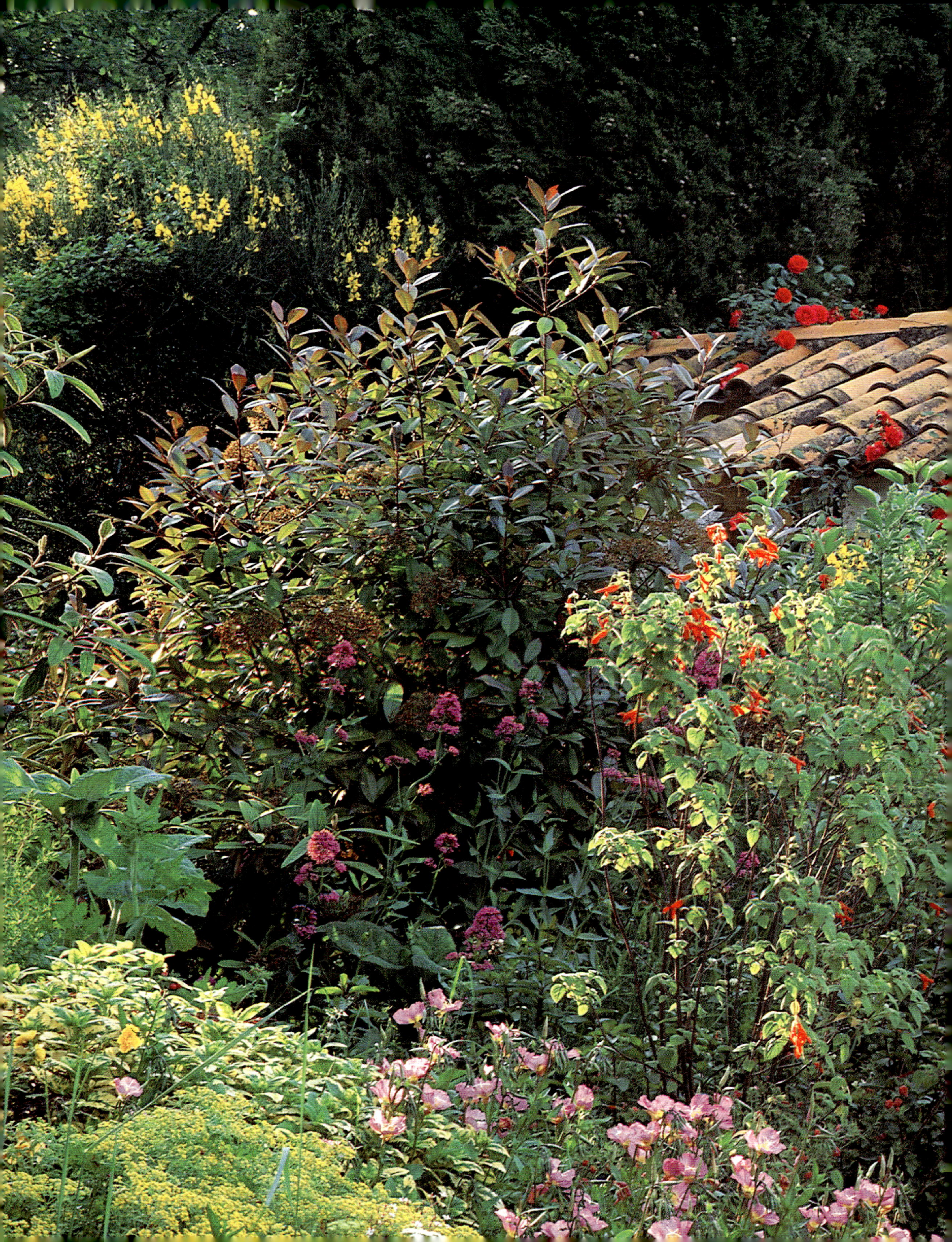

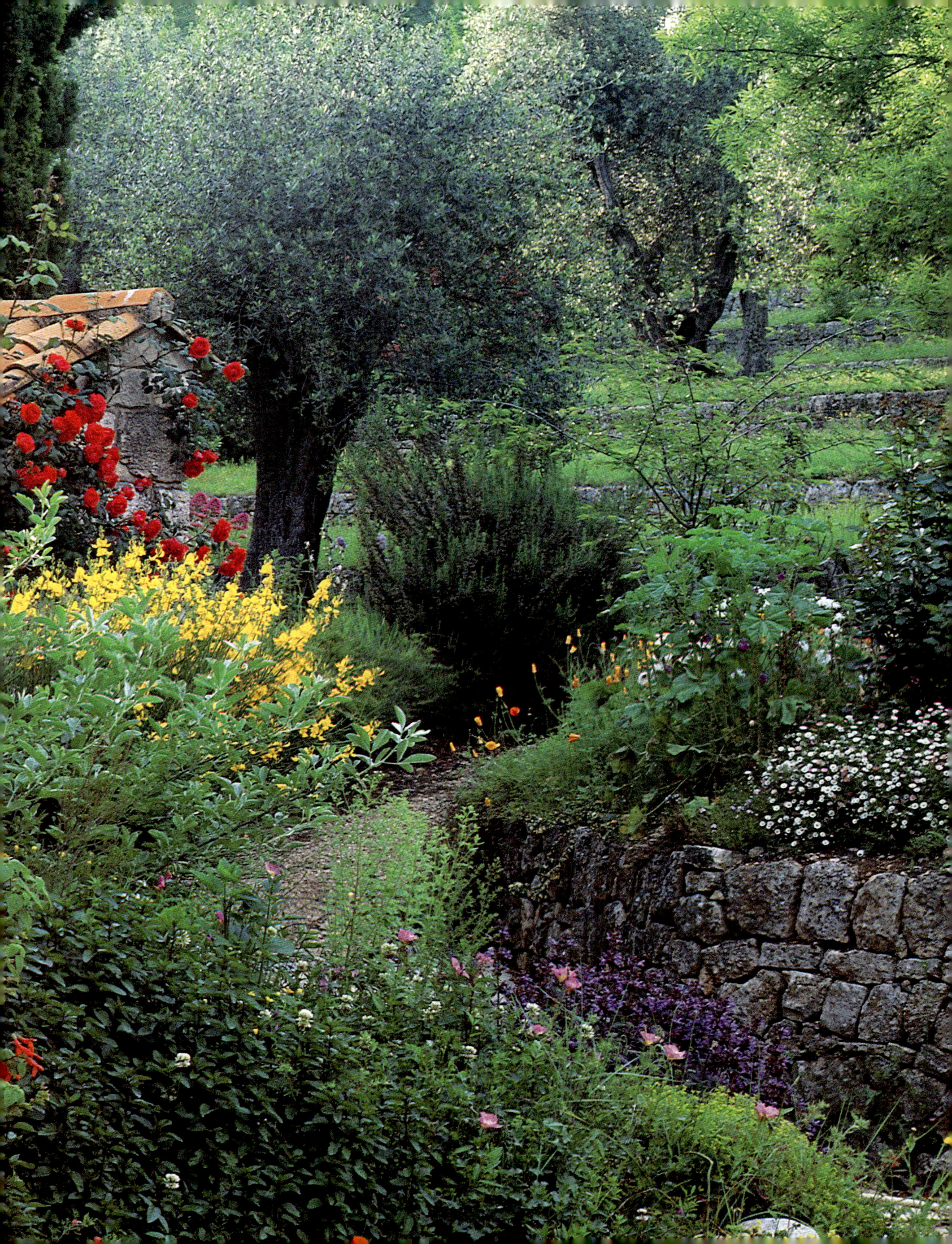

met de dîner en plein air, même lorsqu'on est nombreux. Au niveau inférieur, la piscine est protégée non seulement par des oliviers, mais par des prunus pourpres et des cyprès.

La meilleure création du jardin est sans doute une plantation à deux niveaux qui s'étend à l'est de la piscine. Un grand olivier apporte un peu d'ombre et de protection à une grande variété de plantes : iris mélangés, penstemons, phlomis et dianthus, rosiers anglais et anciens ('William Shakespeare' et 'Cornelia' au doux parfum), pivoines, alstroemères (hybrides 'Ligtu'), et arbustes colorés tels le photinia 'Red Robin', avec son jeune feuillage rouge vif au printemps, un oranger du Mexique à feuilles dorées (*Choisya*), une euphorbe *wulfrenii* panachée.

Tout un versant de colline s'étend au-dessous, les oliviers d'origine se mêlant à une vaste gamme d'arbres et d'arbustes, de nombreuses spécialités de la Côte d'Azur telles que les echiums, ou les *Dombeya* et *Solandra* plus rares. Sur l'un des bords extérieurs, au milieu d'un massif d'iris et d'hémérocalles, un sumac à tronc multiple brandit ses éperons rouges veloutés. A la fin de l'été, les fleurs violettes d'un vitex voisin forment un joli complément.

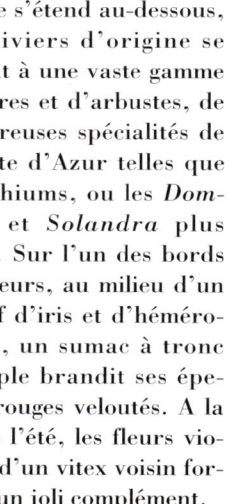

Les couleurs sont volontairement vives ici : l'un des oliviers porte un rosier 'Paul's Scarlet Climber' dans sa couronne argentée. Des fleurs annuelles ajoutent des couleurs supplémentaires : pavots de Californie et bleuets. Une vieille roulotte gitane, repeinte en turquoise avec des filets dorés, sert de cabine près de la piscine.

Les terrasses offrent ici d'agréables vues d'en haut et d'en bas, de nombreux itinéraires sont possibles, puisque aucun cheminement unique n'a été prévu pour dévoiler des points de vue spectaculaires ou de longues perspectives. Les propriétaires aiment beaucoup leurs oliviers, mais trouvent le travail d'entretien, en particulier la taille, longue et complexe, un peu excessif. Ces vieux arbres forment donc une toile de fond discrète, et quelque peu encombrée, pour une abondance de nouvelles acquisitions. Comme tous les collectionneurs passionnés, ceux-ci cherchent avidement l'oiseau rare, la découverte nouvelle. Dans le même temps, ils s'efforcent de marier le style anglais aux ressources méditerranéennes, tout en s'assurant que le jardin soit haut en couleur à longueur d'année.

Un autre jardinier anglais, collectionneur de réputation internationale, a transformé sa propriété en une exposition de plantes rares – il y possède même un arboretum. Ses arbres et arbustes, disposés en étages sur une colline à l'est de Grasse, attirent les connaisseurs du monde entier. C'est pourtant un jardin accueillant, intimiste, où une éclatante rocaille à l'entrée allie les vieux classiques aux spécimens plus rares : thyms, romarin corse, pivoines, agapanthes, différents abutilons (jaunes et violets), dimorphothecas à fleurs de marguerite, gazanias aux teintes chaudes, euphorbes vert-jaune et un mélange d'hémérocalles. La maison est confortablement située à l'arrière d'une terrasse ouverte, et dans la pelouse en face se dressent deux groupes de vieux oliviers.

De la terrasse de la maison, on découvre une perspective italienne, avec des marches en pierre bordées de romarin. Mais la haie donne accès aux deux côtés des collections, qui comportent des spécimens de plusieurs milliers de plantes à fleurs différentes. Pour n'en citer que quelques-unes : le très rare *Dais cotinifolia* à fruits mauves, des dahlias arbustifs, *Dombeya burgessiae*, *Senecio grandifolius*, et bien entendu tous les daturas et abutilons imaginables. Ce collectionneur a souvent cherché des cultivars rares de familles bien connues : plusieurs robiniers et gleditschias inhabituels, arbres de Judée, viornes et pittosporums ; *Lavatera* 'Eve Price', un *Ceanothus thyrsifolius repens* 'Ken Taylor', ou un *Hibiscus mutabilis* dont les fleurs passent du rose au blanc. Ou tout simplement des arbustes que plus de gens pourraient cultiver s'ils étaient mieux connus : fremontodendron, *Eupatorium ligustrinum* (également appelé *Ageratina ligustrina*), qui fleurit deux fois par an, le genêt arbustif *Cytisus battandieri*, merveilleusement parfumé ; phlomis à fleurs roses, ou *Xanthoceras sorbifolium*. Certains sont si peu courants que leur appellation exacte est problématique : le propriétaire et ses collègues experts ne peuvent décider si tel lilas de Perse est 'lacinata' ou 'Afghanica'. La collection comporte également un certain nombre de grands arbres, melias, cèdres, et un *Cryptomeria japonica*. Mais l'impression qui se dégage est celle d'un petit jardin, familier,

Une autre Anglaise s'enorgueillit de ses érables japonais, dont l'éclatant feuillage automnal est disposé de manière à former des contrastes inhabituels avec l'omniprésent olivier et des agaves exotiques.

Ceux qui aiment les plantes à feuillage rouge au milieu des gris méditerranéens choisissent souvent l'arbre à perruque pourpre (Cotinus coggygria). Mais la simple variété verte possède également un élégant feuillage, avec de belles couleurs à l'automne et des fleurs plumeuses.

accessible, qui n'est jamais monumental ou prétentieux. Il y a juste assez de place entre les spécimens pour que l'on s'y déplace facilement – en découvrant près du sol une gamme de bulbes rares. De tels jardins présentent encore une autre version du kaléidoscope de la Côte d'Azur, mélangeant et alliant non pas des jardins d'époque ou des styles exotiques, mais des variétés de plantes.

Une autre Anglaise, qui jardine encore plus haut dans l'arrière-pays, est particulièrement fière de ses érables japonais, qui poussent effectivement très bien sous le feuillage de ses oliviers et qui enflamment le jardin de leur éclat rouge. Sa colline en terrasses mélange en même temps les rosiers anciens caractéristiques des jardins de la Côte d'Azur (*hugonis, laevigata*, 'Général Schablikine', 'Complicata', 'Mortola' blanc), les pivoines, les buddleias à floraison hivernale, les iris de toutes les teintes, les sophoras arbustifs. Saisie comme les autres du virus du collectionneur, elle estime qu'en expérimentant sans fin elle « passe toute sa vie à jouer aux échecs au jardin ». Tant et si bien que sur les terrasses inférieures les majestueux oliviers d'origine ont pratiquement disparu au milieu du mélange d'arbustes et de petits arbres.

Ces terrasses au soleil, si caractéristiques de la Côte d'Azur, offrent de grands avantages aux jardiniers de toute obédience. Les collectionneurs font bon usage de leurs murs de soutènement et des couronnes de leurs anciennes oliveraies, tandis que les paysagistes relèvent le défi de leur imposante architecture. On ne peut certes ignorer impunément les rythmes contraignants créés par les murs eux-mêmes. Ils risquent de dominer les jardins qui restent trop timides, ou au contraire d'être brouillés par des compositions trop marquées. Les points où ils se rencontrent et se croisent nécessitent une attention particulière, de même que les extrémités des terrasses et les transitions de l'une à l'autre – Lawrence Johnston et le vicomte de Noailles l'ont très bien compris. Tantôt les longues lignes horizontales sont soulignées par les plantations, se prêtant à l'élaboration de « promenades », avec ou sans pergola. Tantôt elles sont coupées en blocs, ou opposées à des descentes verticales (les pergolas peuvent également s'étendre dans le sens de la pente). Les contours doivent être visibles d'en haut comme d'en bas, ainsi que de niveau, de loin comme de près. Et si l'arrière-pays offre plus de fraîcheur en été qu'on n'en trouve dans les jardins de bord de mer (Tobias Smollett, romancier du XVIIIe siècle, pensait déjà que l'idéal serait de vivre sur la côte en hiver et près de Grasse en été), leurs microclimats requièrent une certaine attention.

Les jardins en terrasses les plus spectaculaires sont bien entendu ceux qui rehaussent l'architecture donnée avec de riches textures végétales et les couleurs appropriées, combinant le meilleur des mondes du paysagiste et du collectionneur. Russell Page a beaucoup réfléchi à ces problèmes, prenant pour thème les reflets argentés des oliviers. Lavandes, iris de toutes sortes, œillets, santoline, diplopappus, *Felicia amelloides*, *Aster pappei*, *Phlomis fruticosa*, diverses espèces de salvia et *Leonotis leonorus*, pour « un tapis de sol fleuri », comptaient au nombre des plantes qu'il trouvait compatibles et complémentaires. Pour « un aspect plus audacieux et plus vert, lauriers, *Choisya ternata*, le beau *Lagerstroemia indica* à floraison tardive, agapanthes et pivoines arbustives composeront un autre type de tableau, toujours dans le même cadre de base d'oliviers ». Toutes ces plantes sont aujourd'hui faciles à trouver dans les pépinières spécialisées de la Côte d'Azur.

Des bastides provençales rurales, avec leur tracé confortable mais rigoureux, aux jardins de sculptures contemporaines qui jouent sur les perspectives et les géométries et qui considèrent les vieux arbres eux-mêmes comme des œuvres d'art, en passant par les jardins campagnards qui renouent avec la simplicité, les jardins paysagers modernes et les trésors des collectionneurs de plantes, l'éventail des possibilités est vaste.

Si toutefois l'on part non pas d'une topographie donnée mais d'un style de jardin particulier, on peut encore découvrir une étonnante variété de créations originales. Les jardins intimes – genre généralement ignoré par les observateurs sur la Côte d'Azur, et qui est en rapide évolution – se trouvent non seulement sur les petites collines en terrasses, mais dans tous les cadres imaginables. Jardins privés et personnels par définition, ils ajoutent une dimension nouvelle au kaléidoscope de la Côte d'Azur.

Les boules bleues éclatantes de céanothe rampant se déversent sur les murs dans bon nombre de petits jardins de la Côte d'Azur (double page suivante).

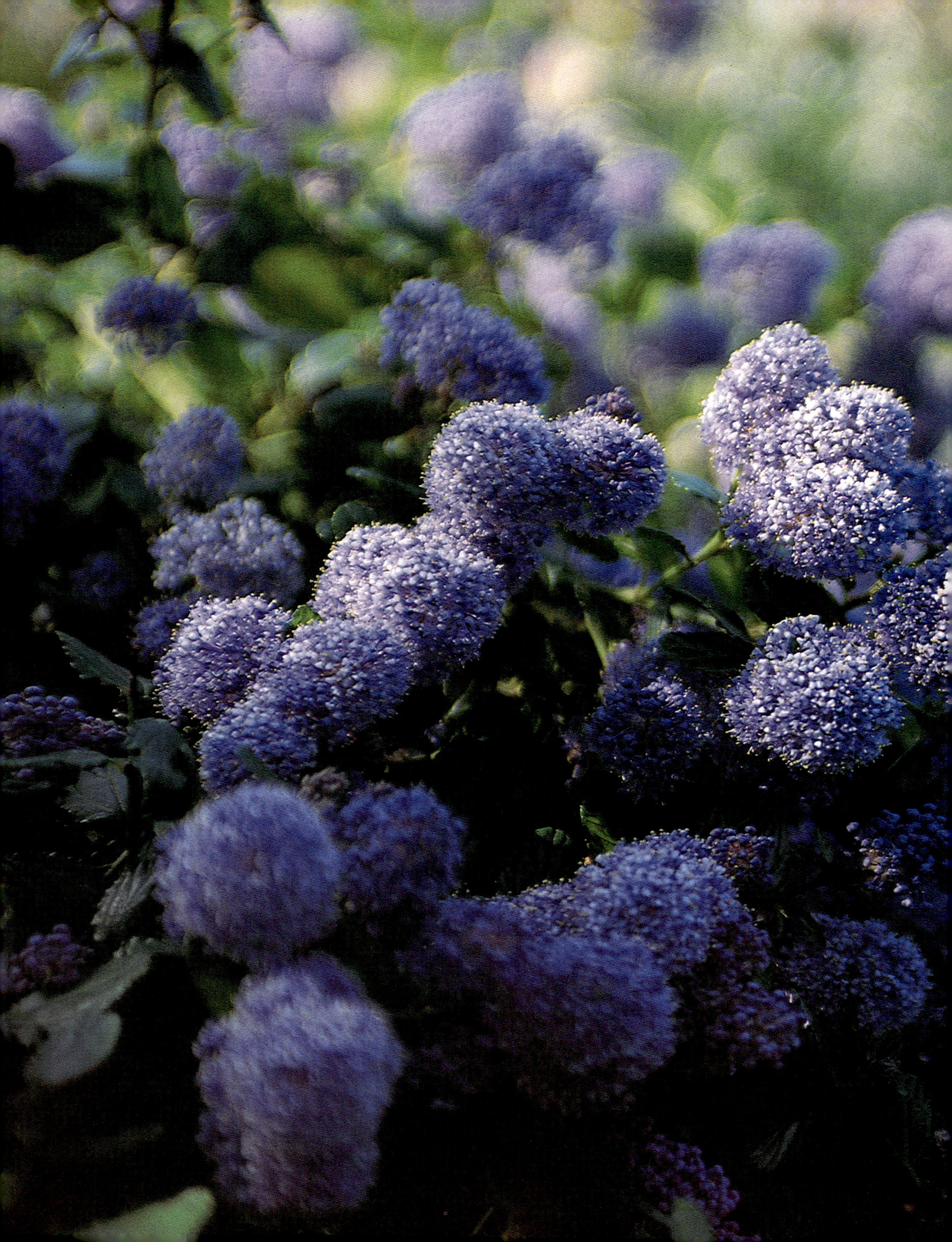

Jardins
Intimes

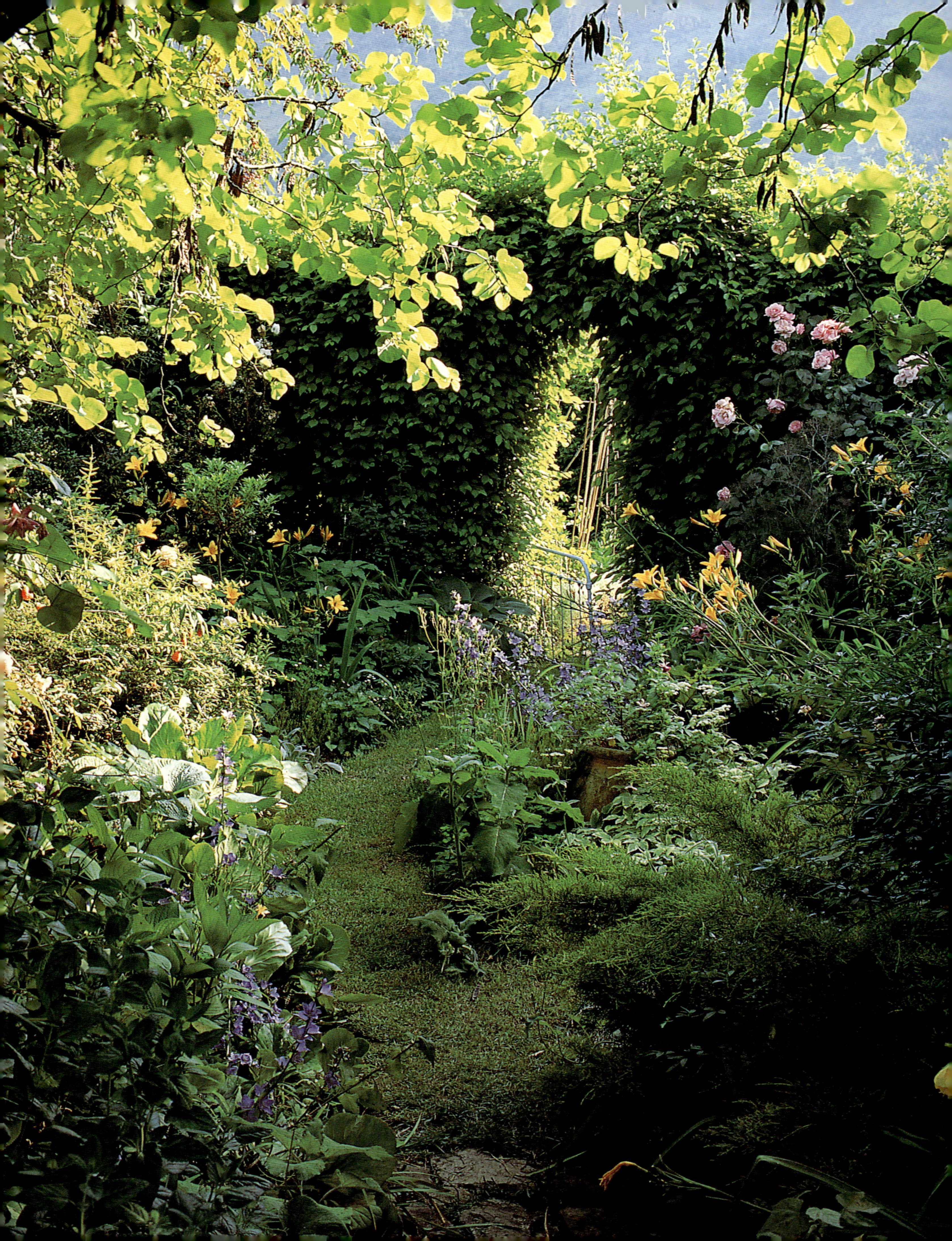

*Un rideau d'*Ostrya carpinifolia *cache le passage secret conduisant au potager de Bruno Goris, dont l'entrée est gardée par un arbre de Judée et d'éblouissantes hémérocalles jaunes (ci-contre).*

Il existe des jardins intimes sur la Côte d'Azur au moins depuis les années 1920 – havres de tranquillité, sans vastes perspectives ni effets spectaculaires. Ils se sont souvent élaborés petit à petit, par ajouts successifs, et dégagent une impression de bien-être et de confort. Ils sont néanmoins très différents des anciens jardins de bastide provençaux, car si ces derniers étaient aussi des refuges familiaux et campagnards, c'étaient d'abord de grandes propriétés agricoles avec des parterres et de majestueuses allées de grands arbres, des jardins verts où les fleurs n'apparaissaient ici et là que pour marquer le passage des saisons. Aujourd'hui, les jardins intimes, surtout sur la Côte d'Azur où tant de plantes subtropicales ont été acclimatées, sont généralement de petite taille et d'un grand éclat ornemental. Ils doivent plus au mouvement horticole anglais qu'aux racines régionales.

Le célèbre livre de Mme Martineau sur les propriétés de la Côte d'Azur dans les années vingt, *Gardening in Sunny Lands*, illustre à merveille la vogue de l'abondance florale qui commençait alors à s'imposer. Décrivant la Villa Rosemary au Cap-Ferrat, elle ne fait nulle mention de la grandiose conception italianisante de l'architecte anglais Harold Peto, préférant faire l'éloge « d'une débauche de couleurs habilement et savamment maîtrisée ». Elle considère la Villa Garibondy, un peu plus loin sur la côte, comme « l'un des jardins les plus romantiques de la Côte d'Azur », non pas pour le monumental pin parasol de la reine Victoria, mais pour la colline envahie de pins plus sauvages et de grands cyprès, où « on laisse pousser à leur gré une profusion de fleurs... Lupins à feuilles argentées et à fleurs bleues se sèment partout, se mêlant à des taches de narcisses et d'*Iris stylosa*. Exochorda lance ses fleurs blanches par-dessus une plate-bande d'anémones, et un gros buisson d'éphédra s'étend partout comme la chevelure d'une néréide ». Elle préfère de beaucoup, « à l'opposé du style rigoureux » de bien des jardins, la villa sans prétention de lady Foress, à Menton.

Dans son éloge de ce jardin, Mme Martineau utilise le mot *homelike*, et l'image d'un *home* anglais évoque bien l'ambiance des jardins intimes.

Ces jardins intimes sont généralement l'œuvre des propriétaires eux-mêmes, pour le plaisir de leur entourage immédiat – et de propriétaires passionnés des plantes. Ce mélange d'initiative personnelle et de compétences botaniques est souvent considéré comme typiquement anglais par les historiens des jardins, du moins les Anglais, qui prétendent que sur le Continent on confiait l'entretien des domaines à des professionnels et à des domestiques jusqu'au siècle actuel… Il est vrai que Lawrence Johnston étonnait les visiteurs à la Serre de la Madone en les accueillant en pantalon de jardinage, les mains pleines de terre. Mais quelles qu'aient pu être les influences nationales, la mode des jardins intimes doit incontestablement beaucoup au déclin de la main-d'œuvre bon marché, ce qui à son tour favorisa le développement d'une nouvelle tendance horticole à laquelle Johnston contribua tant, et qui est encore tellement à la mode aujourd'hui.

Le jardin intime ne se définit pas uniquement par sa superficie. Bien que la plupart des exemples actuels soient petits, ceux que louait Mme Martineau étaient vastes. Deux autres facteurs sont bien plus déterminants pour ce style : premièrement, l'ambiance du jardin, créée par ce riche, voire exubérant mélange de couleurs et de textures florales qu'elle admire tant ; et, deuxièmement, la manière dont les propriétaires vivent dans leur jardin et dont ils le perçoivent. De tels domaines sont isolés du monde extérieur et bénéficient de l'attention directe et personnelle de propriétaires qui les chérissent. Tous ces éléments combinés donnent des résultats à la fois très individualisés et très libres.

Ce style impose en outre un sens du temps bien particulier. Les rythmes effrénés de la vie extérieure sont ralentis, et on y prend le temps de contempler attentivement une feuille ou une fleur qui se déploie. Paradoxalement, même si ces jardins peuvent être des oasis de calme, ils sont également en constant mouvement. Les amoureux des plantes font sans cesse de nouvelles découvertes, de nouvelles expériences.

La Côte d'Azur attire ces personnes précisément parce que son climat, ou plutôt ses microclimats, permettent de poursuivre ce processus tout au long de l'année. Il est vrai que la plupart des nouveaux arrivants venus

De tendres sauges (ici Salvia guaranitica*) et des rosiers (ici 'Lauré Davoust') forment des alliances enchanteresses (au centre) dans les jardins de la Côte d'Azur, où l'on aime les détails intimes.*

du Nord voient généralement leurs premières plantations anéanties, parce qu'ils sous-estiment le mistral ou la sécheresse estivale (Edith Wharton avait déjà mis en garde contre ces dangers). Ils apprennent bientôt qu'il est beaucoup plus facile sur la Côte d'Azur d'avoir un jardin en fleurs en février qu'en juillet. Mais tout cela est un processus empirique extrêmement personnel, une quête incessante qui se poursuit pendant des années.

Les jardins intimes occupent des sites très variés de la Côte d'Azur. Les exemples qui suivent s'étendent de sommets de montagnes à une voie de chemin de fer, du cœur de Nice à une petite enclave au sein de propriétés beaucoup plus grandes à Saint-Jean-Cap-Ferrat, de terres humides entourant un moulin aux remparts d'un village médiéval dans les collines. Beaucoup, et non des moins originaux, sont situés dans les banlieues modernes, mais le premier se trouve au cœur de l'arrière-pays, au sommet du chemin du Paradis.

UNE GORGE DANS LA MONTAGNE

L'un des jardins les plus imaginatifs de la Côte d'Azur aujourd'hui n'est accessible qu'au terme d'une ascension de plusieurs centaines de mètres sur un sentier pierreux, souvent boueux, et baptisé malgré tout chemin du Paradis. Et pourtant son propriétaire, Bruno Goris-Poncé, reçoit de nombreux visiteurs venus admirer ses arbustes à fleurs, ses vivaces et ses rosiers à floraison hivernale. Il est en passe de devenir l'un des spécialistes les plus réputés de toute la région, connaisseur également en matière d'histoire des jardins. On aperçoit sa silhouette trapue, coiffée d'un chapeau de paille à large bord et accompagnée de son inséparable chien noir, dans bon nombre des plus anciens et des plus prestigieux jardins de la Côte d'Azur, car Bruno Goris est jardinier professionnel et conseiller en restauration de jardins.

La maison qu'il habite maintenant fut achetée par son grand-père, qui avait aperçu ces terrasses, perchées sur une pente escarpée, de l'autre versant de la vallée étroite. Elles abritaient non seulement des oliviers mais trois cents orangers – dont deux seulement survécurent aux gelées meurtrières de 1956. Le grand-père de Bruno Goris, décoré pendant la Seconde Guerre mondiale pour avoir fait planter des légumes aux prisonniers allemands dont il avait la charge, se mit aussitôt à cultiver la terre acquise avec sa nouvelle propriété.

Durant son enfance, Bruno Goris passa la plupart de ses vacances dans cette maison. Après la mort de son grand-père, la propriété resta à l'abandon pendant dix ans. En 1980, il commença à la rénover en plantant des arbres, et put y vivre à partir de 1985. Il ajouta des abricotiers, des amandiers et des cerisiers, et remplaça le saule pleureur que son grand-père avait planté sur la terrasse par un tilleul plus traditionnel. Cette terrasse fut agrandie pour les dîners en plein air et prolongée d'une étendue herbeuse bordée par un muret de pierre. Cette unique pelouse du jardin est laissée aux enfants et aux chiens – une aire de jeu, en quelque sorte, mais éga-

« Un petit siège rustique où il s'assoit pour déjeuner simplement accompagné par le chant du rossignol » : lady Fortescue aurait pu évoquer en ces termes Bruno Goris, chez qui l'on dîne en plein air auprès d'un rare Abutilon morandia.

Le jardin enchanteur de Bruno Goris abonde en couleurs chaudes, douces et accueillantes : jaune sur jaune, roses tendres et rouges vibrants (ci-contre).

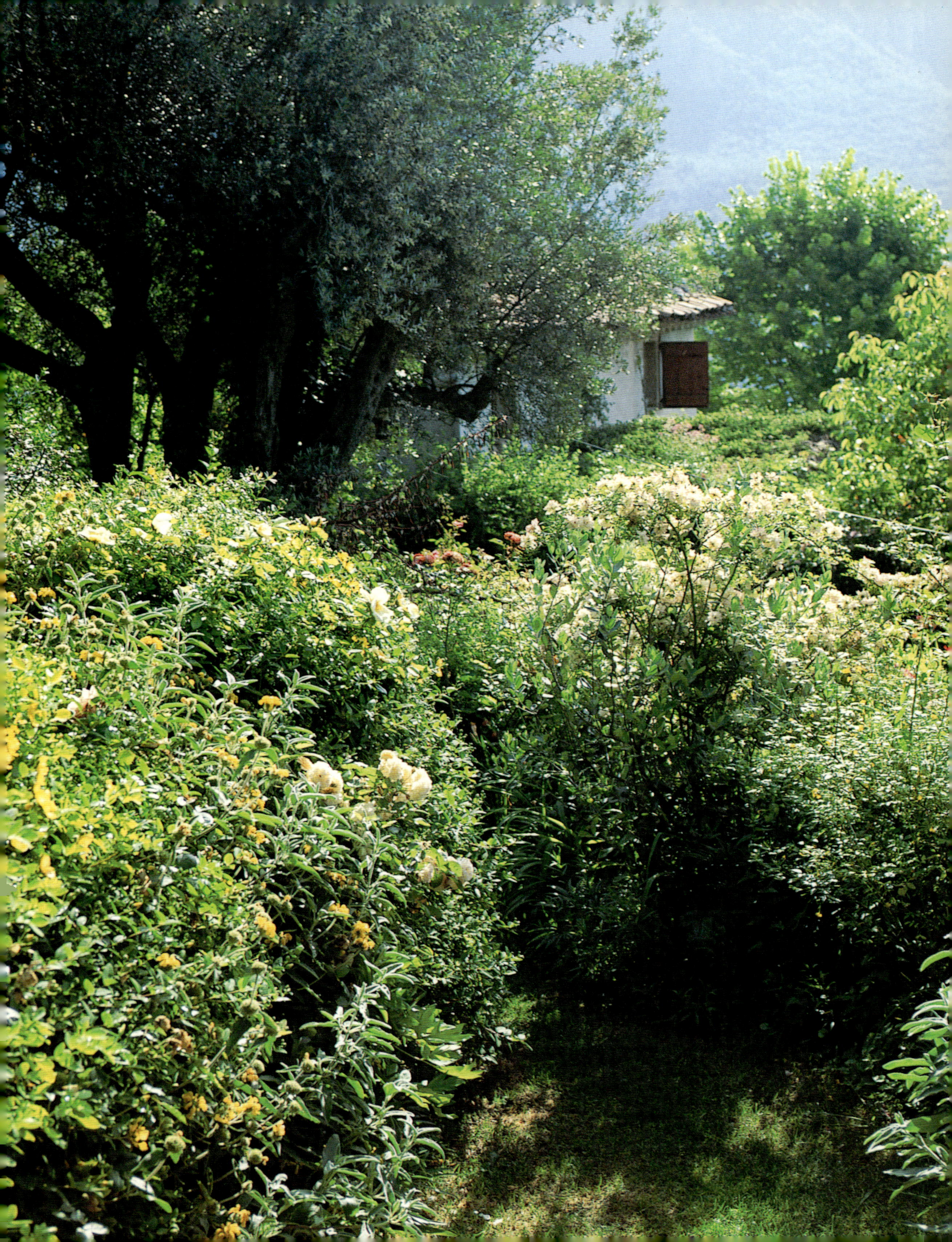

Le chemin du Paradis conduit également à une arche de Noé : Bruno Goris accueille chez lui de nombreux animaux de compagnie (en haut). Son jardin contient quelque deux cents variétés de rosiers anciens, dont de nombreux rosiers musqués tels que 'Penelope' (au centre).

lement un espace paisible au milieu de l'exubérance générale des plantes dans le reste du jardin, un vide au milieu de la plénitude.

Le versant montagneux escarpé qui fait face à la propriété posait un problème au nouveau jardinier, par son ampleur et sa proximité – quelles plantes de premier plan pouvaient lui rendre justice ? La montagne est une présence constante, ombrageant le visiteur de l'entrée de la maison jusqu'à la route en contrebas (cette allée est également bordée de petits espaces voués aux fleurs et aux légumes). En face de sa porte d'entrée, autour du coin repas, Bruno Goris a décidé de planter une bordure d'arbustes bas et de grandes vivaces, sans bloquer la vue ni l'encadrer, mais en l'apprivoisant quelque peu, en en faisant un hôte plutôt qu'une menace pour l'intimité.

Cette bordure fut le premier travail de jardinage de Bruno Goris et le début d'un jardin en constante expansion. Ayant peu de ressources, il commença tout simplement en plantant ce qu'on lui donnait : buis, nandina, anémones du Japon, artemisias. Pour savoir ce qui survivrait, il visita la célèbre pépinière des sœurs Schneider à Cannes, avec seulement quelques francs en poche. Reconnaissant un esprit frère, les sœurs lui firent faire une visite complète, lui expliquant les besoins et les habitudes de chaque plante. Il les appelle encore les Bonnes Fées de la Côte d'Azur. Depuis lors, il a décidé de ne cultiver que des plantes qui se plaisent dans son sol et son climat. Aujourd'hui, son jardin contient plusieurs milliers de variétés de plantes heureuses et prospères.

Comme son grand-père, Bruno Goris cultive des légumes. Il a transformé l'ancien potager en une succession de compartiments décoratifs, séparés l'un de l'autre par de hautes haies taillées faites de charme houblon (*Ostrya carpinifolia*). Tous sont protégés par un haut mur de soutènement en pierre le long du côté nord. Une allée centrale bordée de santoline argentée traverse des ouvertures en arc ménagées dans ces séparations successives sur toute la longueur du jardin. On est actuellement en train de la couvrir d'une pergola portant un rosier 'La Follette'.

Le premier compartiment ne comporte que des plantes ornementales : *Pittosporum tobira* 'Nanum' pour border le mur du fond, pivoines arbustives, berberis, campanules, fenouil bronze, bergenias, cistes, rosiers et une grande hémérocalle dorée dite « birmane », que Bruno Goris a récupérée dans de vieux jardins de la Côte d'Azur. Il y a également le kerria doré à fleurs simples, et diverses sortes d'abutilon. La deuxième salle est plantée de rangées régulières de salades, carottes, oignons et cardes bordées d'une haie de romarin. La troisième abrite des légumes plus hauts et plus volumineux – tomates, aubergines, courgettes.

L'itinéraire principal dans le jardin de Bruno Goris monte derrière la maison, sous les crêtes déchiquetées de la montagne qui forment un angle vif de ce côté-ci de la vallée également. L'orientation générale n'apparaît que petit à petit. Les allées herbeuses dessinent des méandres d'une terrasse à l'autre, toutes si densément plantées (mais jamais surchargées) que l'on s'y sent bien entouré mais pas étouffé. Au départ, ces espaces n'étaient tondus que deux fois par an. Puis on dégagea et répara les murets de soutènement, et on planta à leur pied et sur les bords extérieurs des arbustes à fleurs et des vivaces qui retombent joliment. Les espaces se sont remplis peu à peu, au point que les murs ont aujourd'hui pratiquement disparu. Des troncs d'oliviers noueux et de grands arbres fruitiers s'élèvent au-dessus du feuillage pour ajouter ici et là un peu de hauteur. De grands pots en terre cuite mi-enterrés sont placés aux endroits stratégiques. Les fleurs sauvages et les bulbes, pourvu qu'ils soient beaux, sont les bienvenus, si communs soient-ils. Beaucoup de plantes se resèment maintenant d'elles-mêmes, et Bruno Goris respecte ces dons du ciel imprévisibles. On compte quelque deux cents variétés de rosiers anciens (dont les rosiers thé Nabonnand, tels que 'Papa Gontier' et 'Général Schablikine') ; et d'autres, plus connus ailleurs – tous les hybrides musqués qui fleurissent souvent en hiver ici. Une petite montagne de 'Buff Beauty' déploie son riche parfum au-dessus d'une variété à port plus bas, mais à fleurs plus grosses et d'un jaune plus intense.

Tout est chaud dans ce jardin, et la mode actuelle qui bannit les rouges et les jaunes laisse Bruno Goris perplexe. Ces derniers sont ici présents dans les fleurs de fremontodendron, d'*Euryops pectinatus*, de cassias, de genêt d'Espagne et de phlomis. Ces teintes correspondent selon lui à la chaude lumière méridionale. Du reste, l'on est actuellement en train de planter un nouvel espace d'une dizaine de mètres carrés essentiellement en blanc et en jaune : hélianthèmes et œillets d'Inde sur fond d'un tapis d'*Aphyllanthes monspelienses* à fleurs bleues en étoile, qui représentent la voûte céleste, avec d'autres détails qui symboliseront l'âge du Verseau.

Les fleurs de jardin rustiques prolifèrent ici : les cheveux-de-Vénus (Nigella damascena) se resèment d'une année sur l'autre (en haut). Les œnothères roses (au centre) imprègnent de leur parfum l'air d'été. Cette plante vivace est maintenant très appréciée dans les jardins informels de la Côte d'Azur.

L'imagination de Bruno Goris est sans bornes, et il semble que les richesses de son jardin le soient aussi. Il est désormais une figure bien connue dans toutes les foires aux plantes locales, où ses contributions inhabituelles sont très recherchées. On lui demande également conseil sur les associations originales de plantes, car son jardin abonde en mélanges inventifs. A travers les branches d'un arbre de Judée à fleurs blanches grimpe, par exemple, un *Clematis cirrhosa balearica*, qui termine sa floraison au moment où son hôte commence la sienne. Mais un rosier 'Pompon de Paris' s'y entremêle également, qui cache le feuillage de la clématite, inélégant en été.

Le jardin de Bruno Goris est un petit éden, et peut-être aussi une arche de Noé : on y trouve de vastes serres et des appentis pour le rempotage, un jardin réservé aux plantes médicinales, un élevage de poulets, de lapins, de faisans, de dindes et de canards. Les pigeons ont leur pigeonnier, et sur la colline sauvage, au-dessus, deux moutons, Muscade et Perce-neige, paissent tranquillement.

Toutes les créatures vivantes coexistent paisiblement dans cet espace privilégié. Bruno Goris fait remarquer que les chiens ont l'habitude de piétiner les buis, tandis que les chiennes font des trous dans sa pelouse. Mais, après tout, c'est d'abord un jardin fait pour vivre. Les visiteurs le qualifient tantôt d'« anglais » et tantôt de « jardin de curé », ou tout simplement de jardin sauvage – pour essayer de rendre compte de sa vitalité débordante.

Cet exquis jardin aux proportions harmonieuses est au cœur d'un village médiéval perché, entre l'église et le château. Ses hauts murs et ses haies abritent de nombreuses plantes exotiques, dont ce datura en arbre (Brugsmania), avec des lychnis carmin à ses pieds, juste devant la maison.

UN VILLAGE MEDIEVAL
EN BORD DE MER

Il y a des années, la princesse Grace de Monaco admira un « exquis petit jardin qui a conservé l'intimité et la paix d'un cloître en utilisant de minuscules haies de buis et des murs débordant de plantes vertes rampantes ». Ce jardin existe toujours, encore que son créateur, le paysagiste Raymond Poteau, soit décédé. Secret et tout à fait unique, il est situé sur trois terrasses sous l'église d'un village médiéval, entouré de hauts murs des deux côtés, mais avec une superbe vue sur la campagne et la mer au-delà. Trois petites propriétés de village ont été acquises à force de patience pour créer ce domaine.

Une porte discrète sous un arc, dans une ruelle villageoise, ne laisse rien deviner du paradis qu'elle cache. Il faut traverser la maison pour accéder au jardin, qui en est le prolongement naturel. Car le bâtiment en stuc beige, avec ses rideaux et ses volets ocre rouge, occupe déjà plusieurs niveaux, qui donnent tous sur le jardin au-dessous. Le niveau inférieur reste à demi ouvert, pour servir de jardin d'hiver, si bien que la transition vers les espaces de plein air est progressive.

De la maison, on accède à une longue terrasse plantée d'une multitude de tout petits compartiments bordés de buis, qui dessinent des motifs complexes autour d'un simple puits en pierre. Leur tracé géométrique vise à imposer un ordre à une profusion d'annuelles aux couleurs vives, dont des zinnias et de grands cosmos à fleurs orangées. A chaque extrémité de la terrasse, des renfoncements secrets abritent des pots et des bancs, l'extrémité ouest cachant une petite grotte voûtée derrière une plate-forme surélevée en vieilles briques, avec du *Polygonum capitatum* à feuilles tachetées sur les contremarches. La haute falaise rocheuse se dresse derrière, à moitié couverte de *Ficus pumila* à feuilles persistantes et de jasmin étoilé parfumé.

Des cyprès monumentaux montent la garde à chaque extrémité de ce niveau. Vus d'au-dessous, ils encadrent le clocher de l'église du village à l'est, son château à l'ouest. Une corniche en pierre sculptée sur le bord extérieur est presque étouffée par un immense *Solanum rantonnetii* à fleurs bleues, qui domine le jardin à la fin de l'été. Deux sphères en pierre marquent l'entrée d'un escalier double, qui conduit au niveau directement inférieur, construit parallèlement au mur de soutènement.

Entre leurs rampes jumelles, mais une fois seulement que l'on est descendu, on découvre une élégante fontaine renfoncée dans le mur, de même qu'une petite grotte au milieu de gerbes de papyrus. Une voûte incrustée de coquillages, un visage en coquillages au-dessus d'un bassin arrondi sur un piédestal, lui-même sur des marches en demi-cercle – tout cela ajoute une note rococo à ce jardin rustique mais raffiné, repris ailleurs dans les

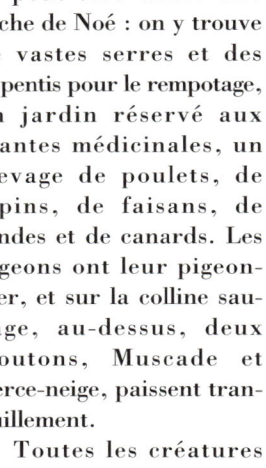

JARDINS INTIMES

*Dans
ce jardin perché, un
escalier double cache
une fontaine en forme
de coquille sous
des armoiries sculptées
(en haut).
Le feuillage d'un néflier
du Japon abrite
un puits en pierre, des
parterres hauts
en couleur et ces
« minuscules haies
de buis » (en bas)
qu'admirait tant la
princesse Grace.*

*Une colonne
en marbre, surmontée
d'un masque
de comédie, se détache
de la toile de fond
formée par un sombre
rideau de cyprès
et la mer sans cesse
changeante (double
page suivante).*

formes courbes de certains parterres et d'autres détails sculpturaux.

Ce deuxième niveau forme l'espace le plus large du jardin. L'échelle des plantations, destinées à être vues d'en haut également, est beaucoup plus grande. Des haies de buis délimitent à nouveau des compartiments, débordant ici de grands lauriers-roses, d'agrumes de toutes sortes, d'un petit palmier telle une fontaine de feuilles, de rosiers, d'asters, de daturas et… de framboisiers. Une tonnelle couverte de vigne longe le mur est, abritant une statue en marbre qui semble admirer la vue vers l'ouest.

Des allées de gravier conduisent de la fontaine rococo à une simple urne émaillée placée à la jonction des compartiments bordés de buis. Au-delà, au centre du bord extérieur de cette terrasse, se trouve le point focal de toute la composition : un rideau de cyprès taillé au carré en haut et encadrant une colonne antique qui soutient à son tour un masque de comédie baroque. Celui-ci jette en arrière vers la maison un regard à la

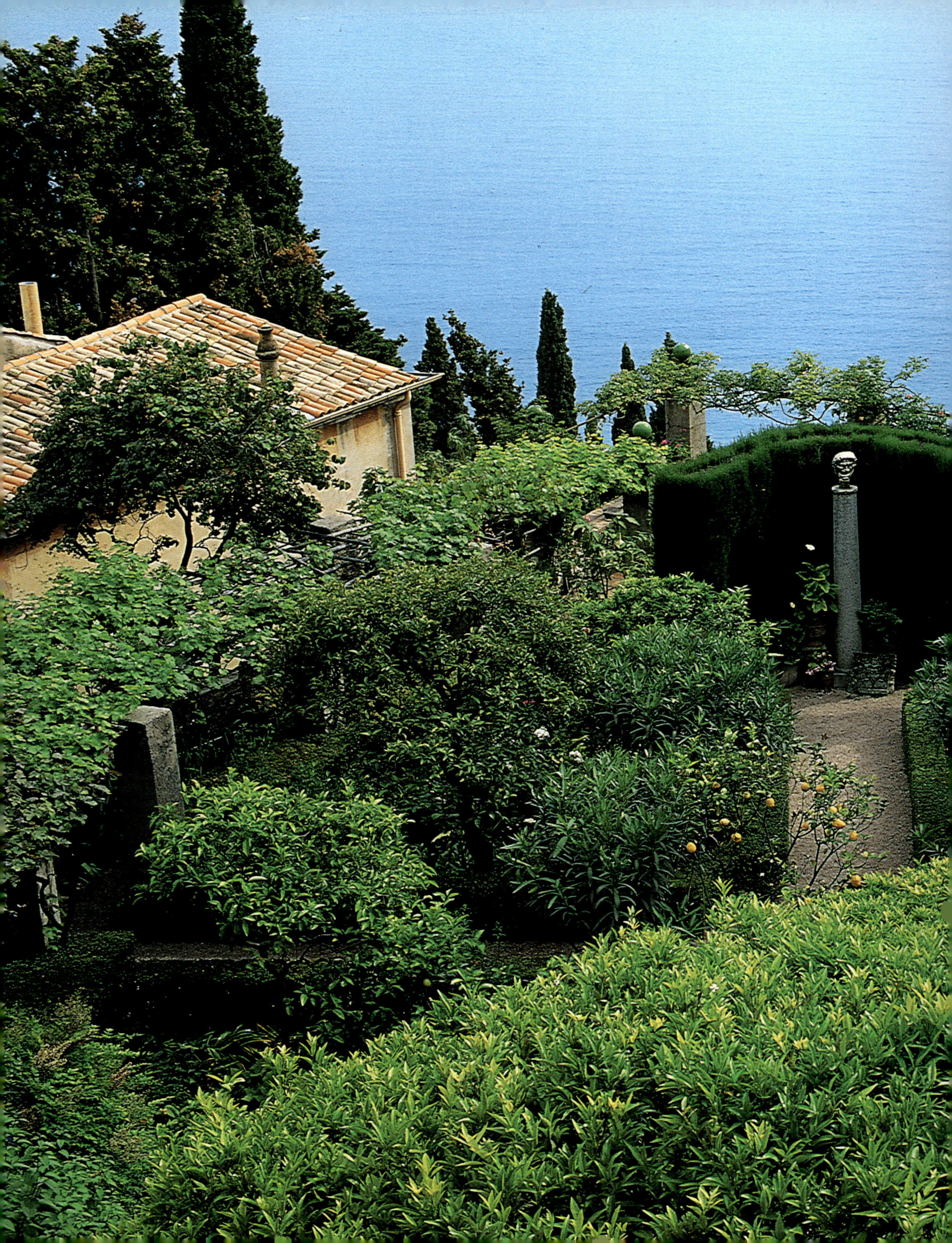

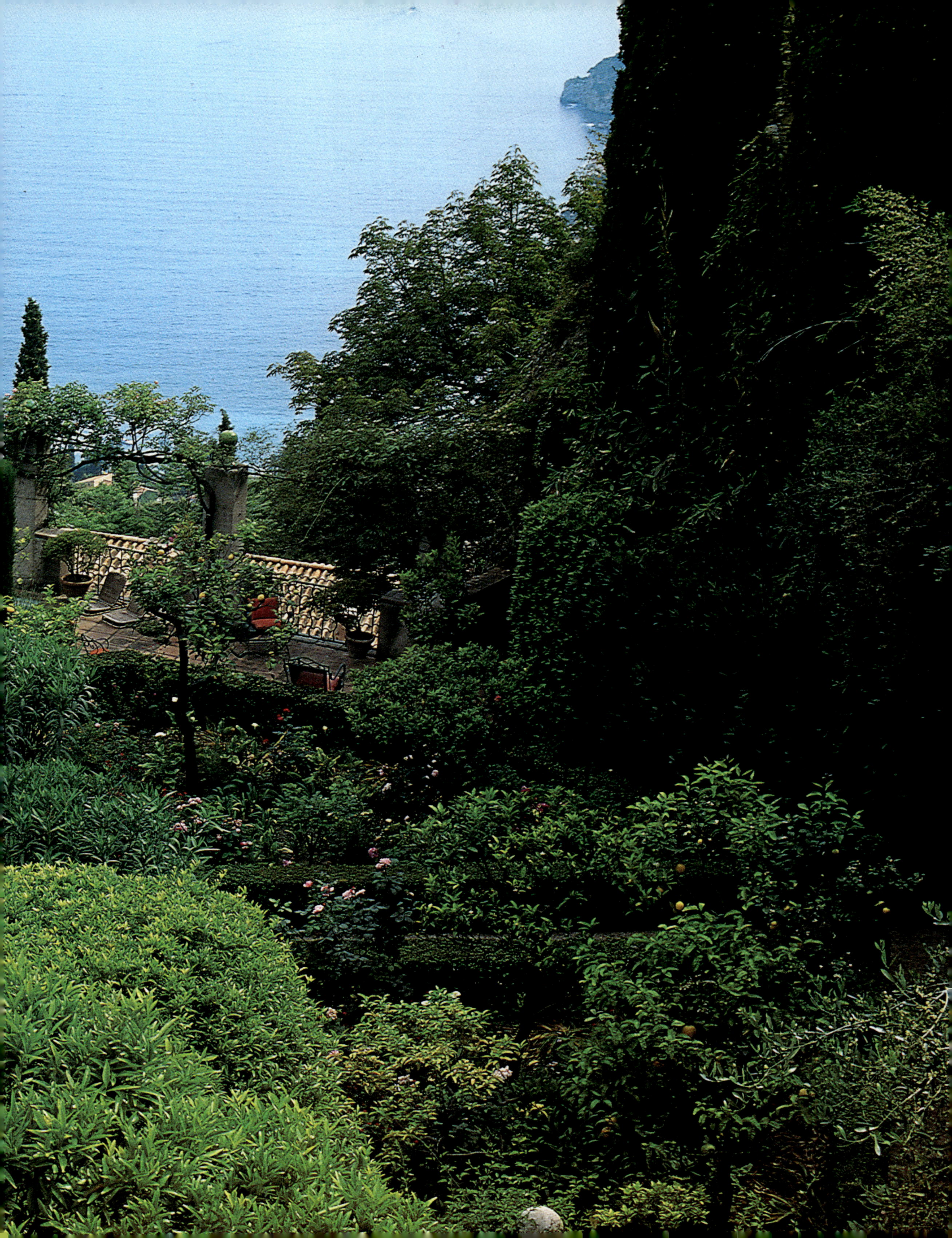

Près d'un vieux moulin, un petit cours d'eau arrose ce domaine surprenant où s'allient les inspirations méditerranéenne et septentrionale. Les liquidambars se mêlent aux lagerstroemias, les cistes aux hortensias. C'est l'un des jardins préférés de Rosemary Verey sur la Côte d'Azur.

fois engageant et moqueur. Ce décor architectural italianisant, qui combine haies taillées et sculptures de pierre et qui est tout aussi théâtral lorsqu'il est vu d'au-dessus, structure fortement la profusion de couleurs du jardin.

Caché derrière le mur de cyprès, un rectangle turquoise – la piscine – est serti tel un joyau dans son dallage. Une simple fontaine amène l'eau à son extrémité est. Des piliers carrés, de couleur ocre, le long du bord extérieur de la terrasse, soutiennent un treillis qui fournit une ombre bienvenue tout en encadrant la vue sur la vallée et la mer au-delà. Chaque pilier est surmonté d'une sphère en céramique verte, qui fait écho à la fois aux sphères en pierre de taille comparable près de l'escalier double et aux carreaux verts placés ailleurs dans le jardin. Un rosier 'La Follette' s'y fraie un chemin. La ligne droite du bord ouest de la piscine est brisée par l'ovale d'une petite mosaïque de plantes de rocaille qui fait saillie sur l'eau bleue. Voilà un jardin de proportions parfaites, où les grandes lignes ont été pensées avec autant de soin que chaque détail.

A travers les colonnes de la pergola, on aperçoit également la terrasse la plus basse du jardin, étroite et entourée de hauts murs, mais prolongée par des éléments d'« emprunt » – les vieux toits en tuiles – et le décor sculptural d'un manoir rose à proximité. Elle abrite deux massifs d'arbustes bordés de buis (if, lagerstroemia, palmier nain) disposés dans un tracé rococo autour d'urnes en terre cuite. Outre un bananier et un cactus-cierge épineux, un grand spécimen d'arbre rare, *Chorisia insignis*, qui fleurit deux fois par an, se blottit contre le mur de la falaise à l'extrémité ouest.

De l'intérieur de cet espace, en regardant vers le haut et en arrière, on découvre le haut mur de soutènement couvert d'un bel écheveau naturel de *Lavandula dentata*, de polygonum rampant et de romarin corse à fleurs bleu foncé – association simple, mais des plus réussies.

Rares sont les jardins qui allient avec autant de bonheur une conception méditerranéenne et un décor théâtral (points de vue multiples de tous les niveaux sur tous les niveaux) à une telle profusion de fleurs et de couleurs – le tout dans un espace aussi intime et protégé. La princesse Grace avait raison : ce jardin paisible est tout à fait « exquis ».

LES EAUX VIVES DU VIEUX MOULIN

Au cœur d'une paisible vallée, bordée d'herbages et de bois, un vieux moulin a été transformé il y a des dizaines d'années en une élégante résidence. Les propriétaires actuels, anglais, y vivent depuis plus de trente ans. Sur les pentes environnantes, la garrigue cède la place à des plantes qui aiment plus d'humidité ; le vicomte de Noailles, qui fit parfois profiter ce domaine de ses conseils, affirmait du reste qu'il situait sur ces collines la limite exacte de l'habitat du mimosa sauvage.

Un portail cintré dans une haie de cyprès conduit au jardin. Sur le rideau sombre des cyprès, une série de piliers en pierre porte différents rosiers sarmenteux. Au-delà, un jardin carré entouré de ses allées de pierre est disposé autour d'une fontaine centrale. Bien proportionné, il sert avant tout de premier plan pour le bosquet de magnolias au-delà – quelque douze variétés différentes, dont *soulangeana* 'Lennei', *loebneri* 'Leonard Messel' et 'Merrill', *liliiflora* 'Nigra', *campbellii* – de douces nuances, du rose profond au crème le plus pâle, des pétales larges et étroits.

Sur la droite, cet espace est relié à la maison par d'autres arches en pierre couvertes de glycine blanche et de rosiers roses. Deux majestueux platanes ombragent la demeure, et abritent également deux élégants buis en topiaire de quelque trois mètres de haut : un lapin et un écureuil. D'autres esprits familiers gardent la maison, sous forme de petites sculptures : une tête de chien ici, un visage de faune là, tapis dans la verdure.

Les rives du ruisseau qui passe devant la maison ont été transformées en terrasses basses, accompagnant une promenade de près de deux cents mètres de long. Elle est bordée d'hellébores corses, de touffes d'hydrangeas (*quercifolia* et *aspera villosa*), d'où émergent d'étonnants lilas des Indes à troncs multiples (*Lagerstroemia indica*). Ces arbres qu'on ne taille pas fleurissent en blanc, pourpre et rose à la fin de l'été. Les végétations septentrionale et méridionale s'allient harmonieusement dans des associations originales : hémérocalles et lespedeza, albizzias à travers lesquels grimpe le rosier à fleurs bleu-violet, 'Rose-Marie Viaud' (qui ressemble à 'Veilchenblau') ; des abricotiers et deux prunus à feuilles pourpres se mêlent aux arbres de Judée à fleurs blanches ; d'exotiques feijoas et *Vitex* (gattilier ou arbre à poivre, aux éperons blancs ou pourpres). Les hydrangeas à feuilles de chêne sont bordés de cistes à feuilles fines et à fleurs roses ('Peggy Sammons') et d'anémones du Japon. Autour d'une petite cascade, à mi-ombre, des hostas croissent aux côtés d'agapanthes, de kniphofias, de lupins blancs et jaunes, près d'un grand troène de Chine.

Au bout de cette promenade, invisible de la maison, se trouve une piscine circulaire, qui ressemble davantage à un bassin ornemental. L'élégant bâtiment qui se dresse au-delà complète cette agréable impression d'enclos.

L'itinéraire évident consiste à aller de la terrasse de la maison, le long de la rivière, avec ses plantations nombreuses et variées, jusqu'à la piscine ; puis de revenir vers la maison à un niveau légèrement plus haut, en traversant un arboretum d'arbres rares (variétés peu courantes de catalpa, d'acacia, de cerisiers à fleurs, dont le 'Yukon' à fleurs jaunes, et un *Davidia*, ou arbre aux mouchoirs). Tout au long de cette allée, on peut profiter de vues sur les prés et les collines au loin vers l'est.

C'est l'abondance de l'eau qui permet ces alliances inhabituelles. La propriété est parcourue d'un réseau de canaux bordés de pierre, dont on ouvre les vannes une fois par semaine pour irriguer en profondeur.

Ces propriétaires ne se reposent pas sur leurs lauriers – non plus que sur leurs magnolias. De nouveaux secteurs sont développés tous les ans. Une gloriette en fer forgé près de la piscine sera bientôt couverte de roses 'Clair Matin', de glycine blanche, de clématite du Japon ainsi que *montana rubens* et 'Mrs. Cholmondeley'. Elle offrira un refuge parfumé, où la jeune fille de la maison viendra peut-être jouer de la flûte. Car il s'agit ici d'un jardin familial, auquel tout le monde travaille. Il est un peu plus grand que d'autres exemples décrits ici, mais doit son intimité à une confortable impression d'enclos traversé par le ruisseau, à la division de son espace en une série de salles accueillantes, densément plantées de nombreuses couleurs et textures différentes, et à l'intervention chaleureuse et personnelle des propriétaires.

La famille aime les associations originales de plantes, lesquelles, étant donné la taille du jardin, peuvent comporter des arbres. De nombreux collectionneurs de la Côte d'Azur aspirent à faire pousser avec succès des plantes tropicales. Les propriétaires de ce moulin s'étendent quant à eux non pas vers l'équateur mais vers le nord. Sur la Côte d'Azur, l'exotisme septentrional est peut-être encore plus difficile à cultiver – mais non moins justifié, après tout, dans une région où la fantaisie individuelle dans son infinie diversité est depuis longtemps l'essence du style régional.

UNE CITADELLE EN BORD DE MER

Le littoral préservé du Var à l'est d'Hyères, bordant des vignes vallonnées autour de petits châteaux et villages, est un lieu de résidence estivale de plus en plus prisé. Sur un sommet sauvage à quelques pas seulement de la mer se trouve une maison contemporaine, qu'on atteint en traversant un bosquet de pins pliés par le vent. Elle est construite en dalles calcaires sur le site d'une ancienne carrière, en demi-cercle autour d'une cour pavée. Sur le côté est s'élève un premier étage partiel, et le jardin s'étend à partir des chambres à coucher de ce niveau supérieur – une large bande de pelouse qui fait écho aux courbes de la maison. C'est donc un jardin suspendu, entouré de pins et d'un haut mur à l'est, avec une vue éblouissante sur des criques, des îles et des promontoires distants vers l'ouest.

Le chemin d'accès au jardin sinue d'ouest en est à l'étage – un passage étroit entre des murs à mi-hauteur, qui ressemble au chemin de ronde de certains remparts médiévaux, et du reste une tour carrée en pierre se dresse qui invite à la comparaison. En regardant d'ici, on a une belle vue générale du jardin avec ses recoins intimes abrités par la maison, et sur les plantations plus importantes qui remontent en courbes sur la colline.

C'est un domaine où l'on a prêté beaucoup d'attention à l'entrecroisement des diverses perspectives, tirant le plus grand

Ce jardin en bord de mer fut créé au niveau de l'étage supérieur de la maison, le dallage en terre cuite servant de toit aux pièces disposées autour d'une cour au-dessous. Des bois flottés et des plantes à demi sauvages, comme les cistes, rappellent que la plage n'est pas très loin (au centre et double page suivante).

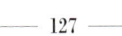

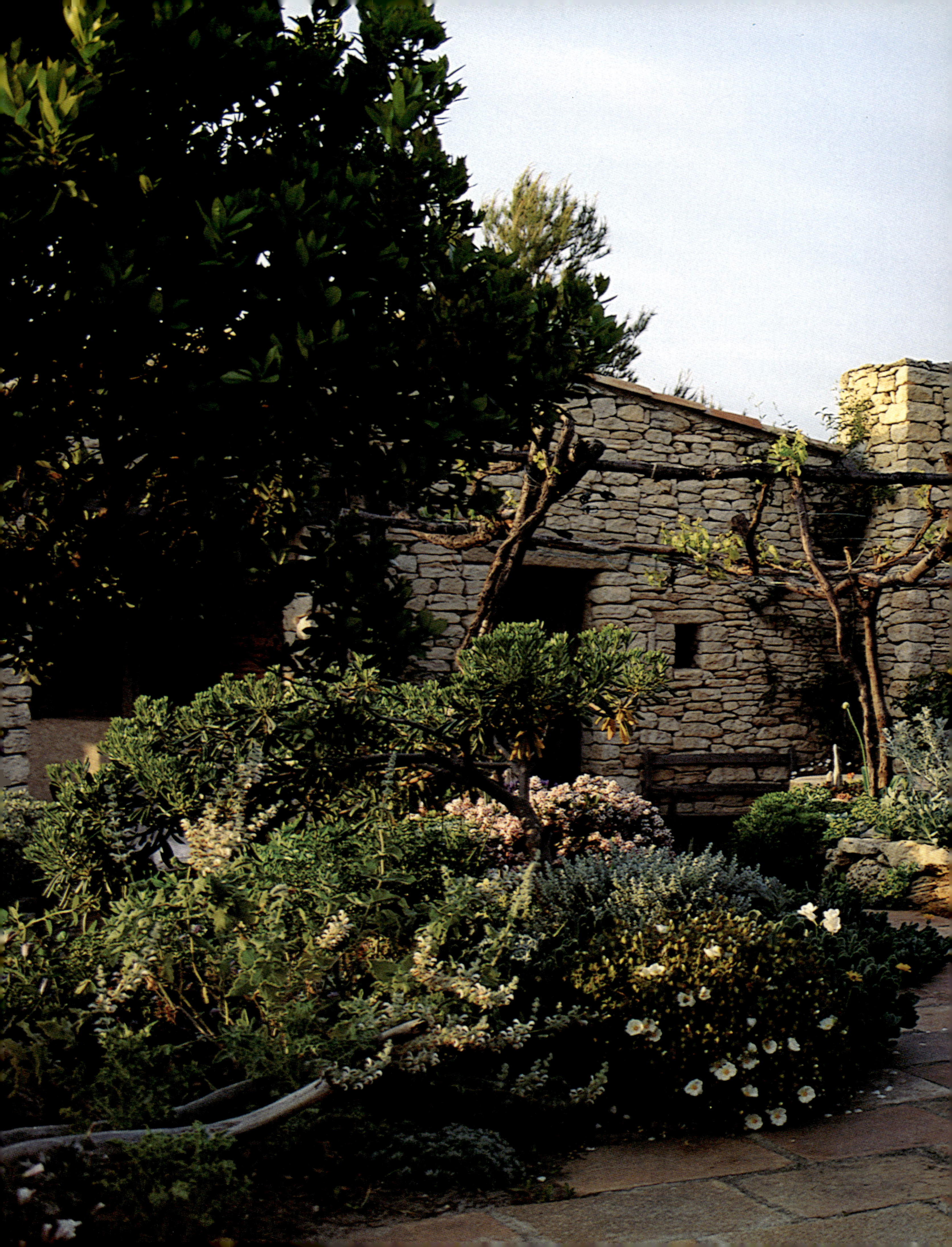

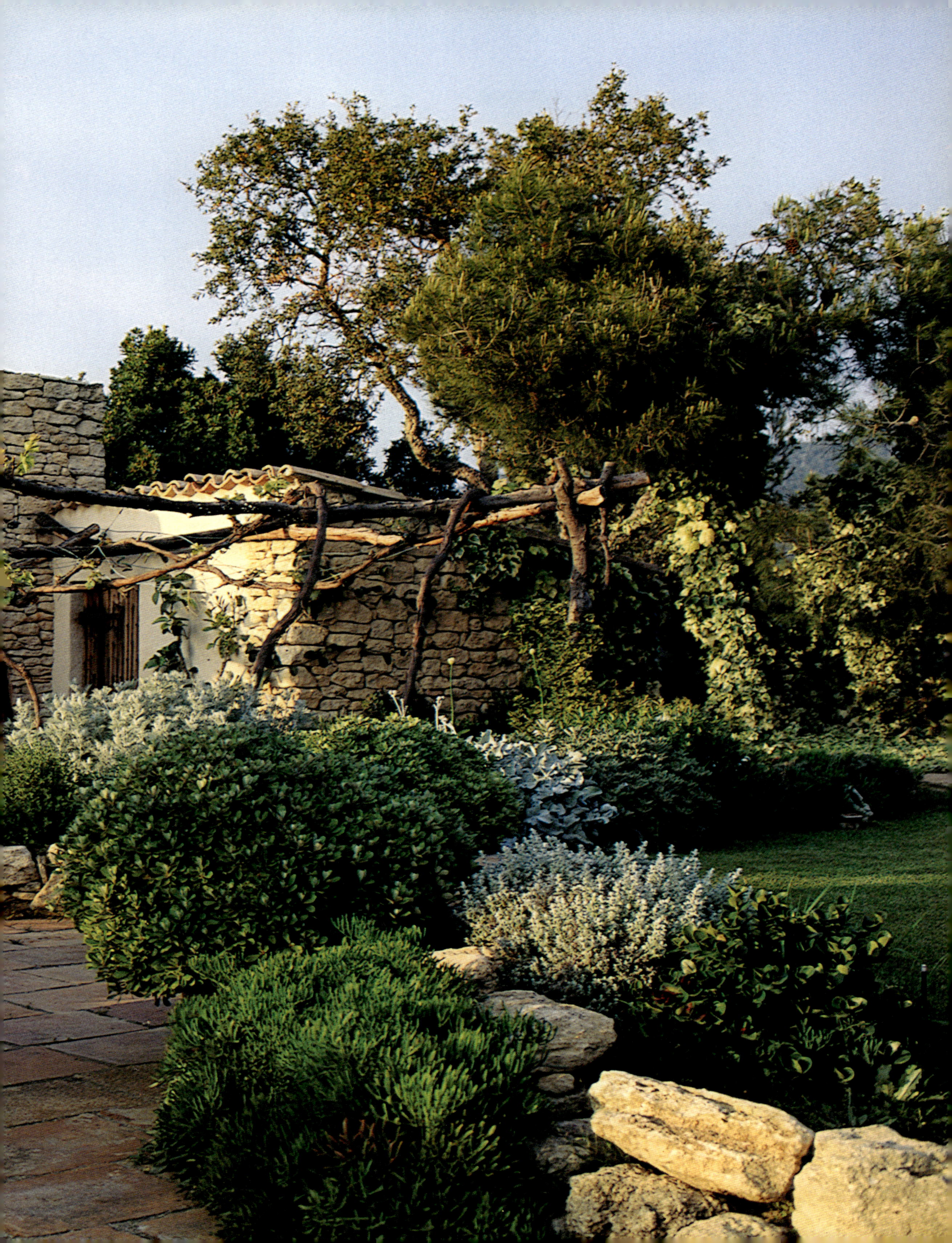

Dans ce jardin en bord de mer, une treille rustique relie la maison aux petites terrasses de jardin, rehaussées au printemps par des raphiolepis (en haut). Sous le surplomb du toit de la cour inférieure sont rangés plusieurs jolis vieux arrosoirs (en bas).

Une délicate plantation printanière de raphiolepis rose, de Convolvulus cneorum argenté et de céanothe bleu borde la pelouse supérieure (ci-contre).

parti du plan en demi-cercle. La maison entourant la cour a de grandes fenêtres des deux côtés, partiellement ombragées par le surplomb que forme le niveau supérieur, ce qui crée des changements d'éclairage suivant la saison et l'heure du jour. Les branches d'un mûrier soigneusement taillé au centre de la cour participent également à ces jeux de lumière. Contre le mur nord, la forte et sombre colonne d'un cyprès relie les deux niveaux, tandis que du côté est un olivier noueux particulièrement beau étend sa couronne sur deux oies en topiaire. La cime de cet arbre, qui atteint le parapet du jardin d'au-dessus, a été taillée à l'horizontale, de niveau avec le rebord de pierre.

La pierre, le bois et la végétation s'entremêlent constamment, de la même façon que le jardin et la maison forment une unité indissociable. Il est rare que le bois serve à autant d'usages ornementaux différents dans un jardin méridional. Le « chemin de ronde » du niveau supérieur est soutenu par deux arcs en pierre à l'ouest et par des poutres en bois à l'est. Les mêmes vieilles poutres soutiennent également les loggias au premier étage. D'ici, un treillage en bois s'étend vers l'extérieur, sur des montants verticaux qui se distinguent à peine du pied de vigne qu'ils portent. Dans le jardin lui-même, de beaux morceaux de bois flotté sont disséminés au milieu des plantations, l'un d'eux étant placé verticalement de telle sorte que ce qui lui reste de branches incite les oiseaux à y percher. Les hauts parterres qui forment la ligne d'horizon est du jardin sont retenus non seulement par un mur de soutènement courbe, mais également par des douves de tonneau disposées verticalement (ce qui n'a rien pour surprendre, puisque la propriétaire possède également le prestigieux domaine vinicole de la Maleherbe). Chaque extrémité de la pelouse en pente du jardin supérieur est fermée par un portail en bois rustique.

Le jardin est un résumé de la nature sauvage environnante, avec des plantes régionales et des échos à la fois de la montagne et de la mer. Dans son enclave, néanmoins, la croissance est soigneusement contrôlée d'un œil vigilant et d'une main habile. Un pin protégeant la terrasse au treillage, régulièrement taillé, est devenu un grand bonsaï. L'effet n'a rien de contraint, car la propriétaire s'est inspirée des « bonsaïs » naturels des paysages maritimes – petits arbres âgés dont les racines trouvent à peine de quoi survivre entre deux rochers, sur une côte battue par le vent.

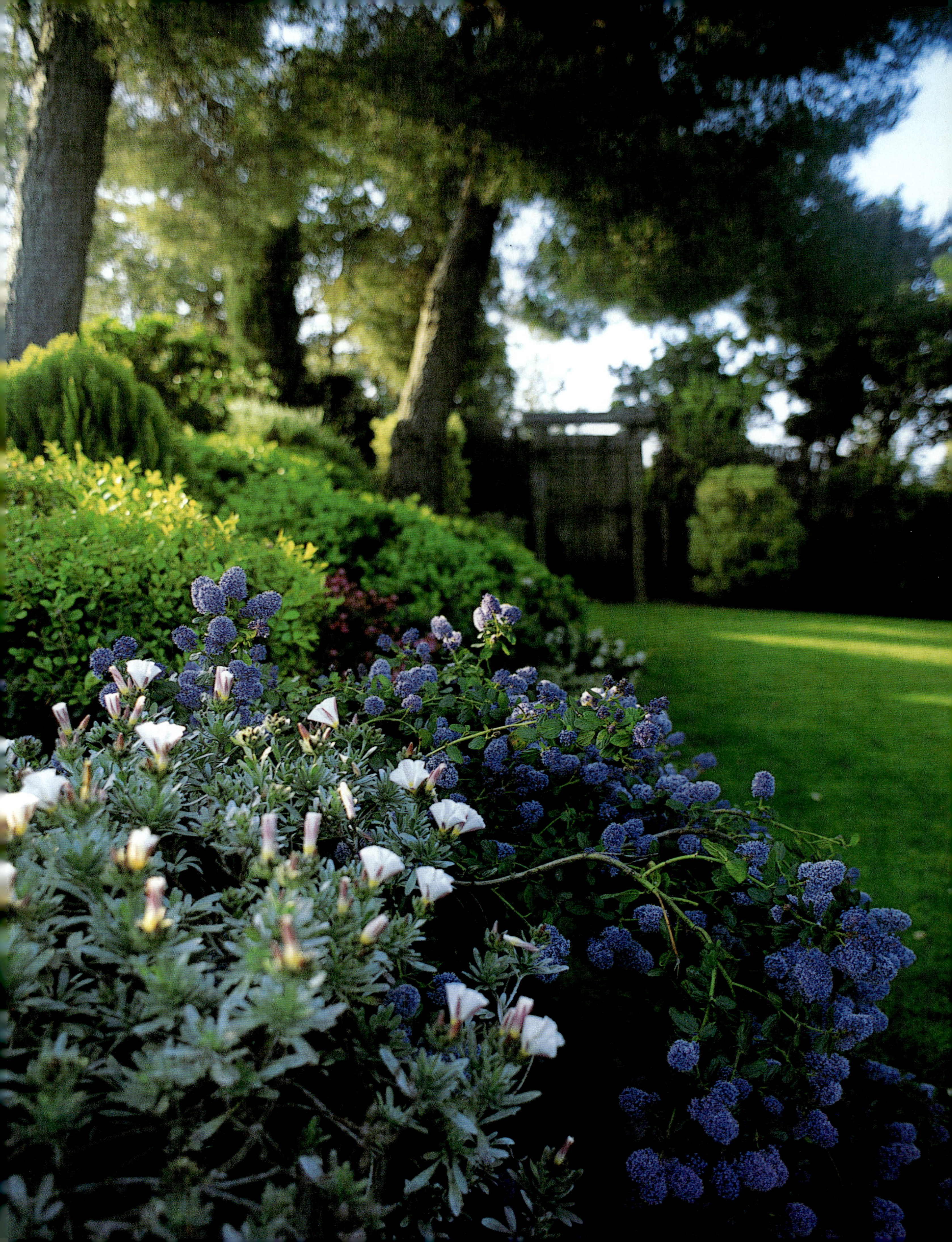

De nombreux jardins de la Côte d'Azur marient la pierre à la végétation, mais celui-ci, en bord de mer, accorde également une large place aux vieux bois. Des douves de tonneau bordent le parterre de plantes, tandis que des portails en bois ferment le jardin aux deux extrémités.

Dans les limites de son jardin, elle a intégré un groupe de chênes-lièges, les taillant de telle sorte que les silhouettes de leurs troncs se détachent de façon spectaculaire du rideau de lierre panaché et du toit en tuiles de la maison. A leur pied, trois petits moutons en topiaire gambadent sur la pelouse, en attendant peut-être de se désaltérer au bord du petit bassin à proximité. La terrasse aux bois flottés est un jardin de sable planté de la tour d'argent d'un *Anthyllis barba-jovis*, espèce rare et protégée, qui pousse à l'état sauvage sur certaines parties de la côte, un asphodèle blanc miniature, deux *Dorycinium* ou lotus (*D. hirsutus* et *D. suffruticosus* syn. *pentaphyllus*), des euphorbes et de nombreux bulbes dont des lys des sables, des cistes et des olearias à fleurs de marguerite. On laisse les cryptomerias, les euphorbes rampantes et les sedums se resemer partout. Les cistes se retrouvent dans tout le jardin, comme dans leur habitat naturel, même lorsqu'il s'agit de cultivars rares. Les genévriers, les bruyères, les arbousiers, les myrtes et les térébinthes sont autant de rappels de la végétation maritime, mais représentés par des variétés choisies. Les rosiers sont également sélectionnés pour leurs teintes douces et leur aspect sauvage. L'une des plus belles plantes est le *Carissa* à feuilles rondes, avec à la fois les formes dressée et naine.

Les couleurs sont toujours douces ici et combinées avec soin. Un abutilon à fleurs simples jaune pâle, avec un cœur plus soutenu, accompagne une touffe de jonquilles tardives dans les mêmes teintes. Un chardon de plus d'un demi-mètre, *Galactites tomentosa*, se couvre de fleurs rose pâle au printemps. Le point focal du versant qui monte de la maison est un parterre surélevé en face de la terrasse au treillage, au-delà de la bande de pelouse, au cœur du jardin. Ici deux troncs de pins penchés servent de toile de fond à un tamaris rose, qui fleurit en même temps que le raphiolepis rose, plus délicat, et que les chandelles bleues d'echium. La couleur, la texture et la forme sont soigneusement orchestrées. Ce tableau remplace au mois de mai celui qui se trouvait au même endroit en mars, avec des freesias et un exochorda blanc, qui se font maintenant discrets à l'ombre du tamaris.

Dans la série de petits espaces pavés irréguliers près de la maison, la végétation est encore plus dense, et le nombre de trésors en pots encore plus grand. Des boules jumelles de *Pittosporum crassifolia* gardent les marches. Des touffes d'artemisia argentées, de *Senecio* 'White Diamond' et de chrysanthèmes rampants (*C. haradjanii*) se mêlent à des raretés telles que « sauge » blanche ou *Ozothamnus*. Partout dans le jardin, des touffes d'aeoniums couleur rouille mettent en valeur d'autres feuillages argentés et verts.

Le climat maritime impose certaines contraintes — toutes ces plantes doivent bien entendu résister à l'air salin. Du fait de la roche calcaire, les escargots sont en outre un problème constant. En revanche, le jardin bénéficie d'une forte rosée tout au long de l'année, même lorsqu'il fait sec à l'intérieur des terres.

Les mouettes qui tournoient reprennent les courbes du jardin lui-même. Bien que de plan circulaire et non carré, ce site inhabituel rappelle les cloîtres des monastères médiévaux, conçus pour la communion entre le ciel et la terre, comme des microcosmes du monde extérieur, un état naturel amélioré par l'art. Ici la maison, le jardin, le paysage terrestre et marin forment une enclave harmonieuse – et intime.

UN JARDIN EN BANLIEUE

C'est une tapisserie de plantes très différente qui a été créée dans ce jardin qui domine l'une des plus grandes villes de la Côte d'Azur. Marie-Thérèse Haudebourg et sa famille occupent une maison d'angle sur un long triangle de terre qui descend abruptement vers le sud. Entouré de hauts murs et de haies de cyprès sur trois côtés, le jardin forme un cercle autour de la maison, s'ouvrant au sud sur la mer. Soigneusement conçu, il paraît beaucoup plus grand qu'il n'est en réalité.

Mme Haudebourg s'intéresse autant au tracé des jardins qu'à leurs plantations : elle aime les plantes pour elles-mêmes, dit-elle, et non pour leur rareté. Mais elle est également experte en plantes, bien connue des lecteurs de *Mon jardin, ma maison* pour ses conseils judicieux. Spécialiste des variétés méridionales de rosiers anciens, elle prépare actuellement un ouvrage de référence très complet sur le sujet.

On entre ici par un portail à l'angle nord-est, où une large bande de pelouse est ornée de bordures d'arbustes et de vivaces des deux côtés : grande variété de sauges et de solanums, allogynes, phygelias, romarins rampants, convolvulus à feuilles argentées, verveines, fleurs jaunes de *Bidens ferilifolia* et bien d'autres encore. Un petit oranger se détache sur les volets bleu lavande de la maison en stuc beige. Une rangée d'oliviers longe le côté supérieur (nord) de la propriété, dont l'un est paré des fleurs jaunes d'un rosier 'Madame Pierre S. Dupont'.

Un grand chêne majestueux focalise les regards à l'extrémité la plus éloignée, gardant l'entrée d'une rocaille sur un monticule à l'angle nord-est (des *Cheiranthus* 'Bowles Hybrid' se mêlent ici à des *Cistus* 'Peggy Sammons'). En face du jardin de rocaille, une rangée de six poiriers en espalier est pratiquement étouffée par les pélargoniums à fleurs rose pâle parfumées qui poussent à leur pied. Ceux-ci se déversent sur l'une des deux terrasses nichées dans les angles de la maison, descendant vers la limite ouest de la propriété. Le microclimat de cette petite section ombragée permet d'autres expériences. Des *Geranium sanguineum* vivaces se mélangent au dimorphotheca 'Buttermilk', tandis que les formes bien dessinées, jaune-vert, d'*Helleborus foetidus* émergent d'un tapis de felicia bleu pâle, entouré d'*Anemone blanda*. Un autre chêne et un tilleul récemment planté

Marie-Thérèse Haudebourg fait un usage savant des couleurs et des volumes dans son petit terrain en pente pour donner l'illusion d'un jardin beaucoup plus grand. Chaque côté de la maison a sa propre atmosphère, créée par des plantations denses et réfléchies, ici un rosier 'Cécile Brunner', euryops et Solanum rantonnetii.

JARDINS INTIMES

Le jardin de Mme Guillermin, comme celui de Marie-Thérèse Haudebourg, a été enrichi par de nombreux échanges amicaux avec d'autres passionnés de plantes. La première préfère les couleurs douces, la seconde collectionne les abutilons aux couleurs vives et les rosiers, dont 'Paul's Scarlet Climber' (en haut) et 'Lauré Davoust' (au centre).

ombragent l'angle sud-ouest.

La piscine occupe presque toute la place au sud de la maison, mais ses murs de soutènement sont ornés de plates-bandes densément plantées, que l'on peut examiner en détail d'au-dessous (avec entre autres des violettes blanches au milieu de sauge magenta, d'*Eriocephalus* rampant et d'une très jolie œnothère à fleurs roses). Une allée étroite conduit à une rangée de pivoines arbustives, en passant devant une collection d'iris. Ici un *Buddleia officinalis* à floraison hivernale, au parfum céleste, soutient un lespedeza qui fleurit en été, lorsque le buddleia est terne.

L'allée monte alors le long du bord est de la propriété, sous des pins pliés par le vent, en passant devant de petits arbustes, jusqu'à l'entrée principale de la maison. Près de la porte sont groupées des plantes en pot (fatsia et cinéraire argenté, par exemple). En face, en redescendant vers la route, on trouve un coin ombragé et humide où Mme Haudebourg vient d'installer une pièce d'eau très appréciée des oiseaux. Une immense touffe de sparmannia masque ce creux de l'entrée.

Ce petit jardin a donc été organisé en une succession d'espaces très distincts, chacun ayant une exposition et une humidité différentes et étant garni de plantes spécialement adaptées. Mme Haudebourg n'est pas toujours d'accord avec les idées reçues sur les meilleures conditions pour chacune d'elles : elle estime ainsi que la sauge à parfum d'ananas, *Salvia elegans*, pousse mieux à l'ombre, où elle peut prendre des proportions immenses. Quant aux fuchsias blancs, dans son jardin, ils prospèrent au soleil.

Sa grande spécialité est les associations originales de plantes. Elle se promène souvent dans son jardin, des fleurs à la main, pour essayer de nouveaux mélanges. Elle met en valeur les fleurs rouge cerise de *Salvia buchananii* avec des plantes à feuillage argenté. Le rosier de Chine *odorata* 'Sanguinea' est entouré de *Lavandula dentata* à floraison continuelle. Une grande fontaine de *Solanum rantonnetii* bleu profond pousse à côté d'*Euryops pectinatus* à fleurs de marguerite jaunes et des éperons blancs de *Salvia leucantha*. Tout cela pousse sur un tapis de lantana mauve pâle, à côté d'un massif de salvia rouge-rose. Elle réussit à merveille les transitions entre les saisons : ici les fleurs printanières blanches de *Dicentra alba* se faneront sous une couverture de plumbago bleu à la fin de l'été. Elle laisse également faire le hasard : dans toute la propriété, des variétés rustiques de chrysan-

— 134 —

Au-dessus d'une ligne de chemin de fer désaffectée, Mme Guillermin a transformé une série de terrasses étroites et escarpées en un jardin magique et luxuriant (en haut). Les abutilons se plaisent dans les jardins les plus lumineux de la Côte d'Azur. Celui-ci, de couleur jaune, a l'éclat du soleil méridional (au centre).

thèmes à fleurs simples se sont resemées avec bonheur, apportant des touches de vieux rose, de jaune pâle ou encore de blanc rosé, provenant d'une variété qui change de couleur en vieillissant et se mêle au bleu profond d'un romarin corse.

Les alliances de couleur sont d'une grande subtilité dans ce jardin. Mme Haudebourg dit préférer le rose, et ne pas aimer l'orange. Elle fait néanmoins grand usage des couleurs primaires, avec un œil très sûr pour les rapprochements de tons. Elle emploie en particulier différents jaunes, qui servent à mettre en valeur pratiquement n'importe quelle autre plante – une leçon pour ceux qui redoutent le jaune dans un jardin. Quant à la conception de son jardin, on pourrait dire qu'elle a créé ce que Russell Page décrit comme « un désordre subtil et délibéré qui adoucit la dureté d'une ligne droite et ne laisse jamais le jardin paraître statique ou achevé ».

LA PASSION DES PLANTES

Les jardins intimes favorisent les échanges de plantes et d'idées, et la rubrique de Marie-Thérèse Haudebourg prolonge cet usage sous forme imprimée. Elle est également devenue conseillère à titre amical de la pépinière de spécialités méditerranéennes dirigée par la famille Bonaut. De tels réseaux sont bien plus actifs sur la Côte d'Azur qu'on ne le pense généralement.

Bruno Goris est également au centre d'un réseau de ce genre. Il est notamment en relations avec Mme Guillermin, retraitée qui jardine au pied du mont Paradis, près d'une ancienne voie de chemin de fer. Il y a longtemps, le versant tout entier était formé d'une série de terrasses étroites, très pentues. Celles qui s'élèvent au-dessus de son jardin portent encore leurs oliviers d'origine.

Un grand albizzia et un noyer ombragent une partie de son refuge, mais la plus grande partie est bien ensoleillée. Tout fleurit dans une débauche de couleurs. Un abutilon jaune pâle s'étend avec bonheur au côté d'une masse de bougainvillées violettes, que Colette appelle « lave fleurie ». D'immenses touffes d'orchidées violettes, *Bletilla striata*, d'autres abutilons à fleurs rouges et panachés, de nombreuses sauges, dont la géante *guaranitica*, bleu foncé, des chandelles de kniphofia rouge et jaune, des cascades de plumbago bleu ciel, des fontaines brumeuses de fenouil, des bassins de coreopsis jaune pâle, quelque deux mille tulipes, un classique rosier 'La Follette' s'enroulant autour d'un cyprès, des pittosporums, des sparmannias, des grenadiers et des

Dans le jardin de Mme Guillermin, campanules, heuchères et œillets de poète poussent à côté de dimorphotecas, felicias, palmiers et cycas (double page suivante).

— 135 —

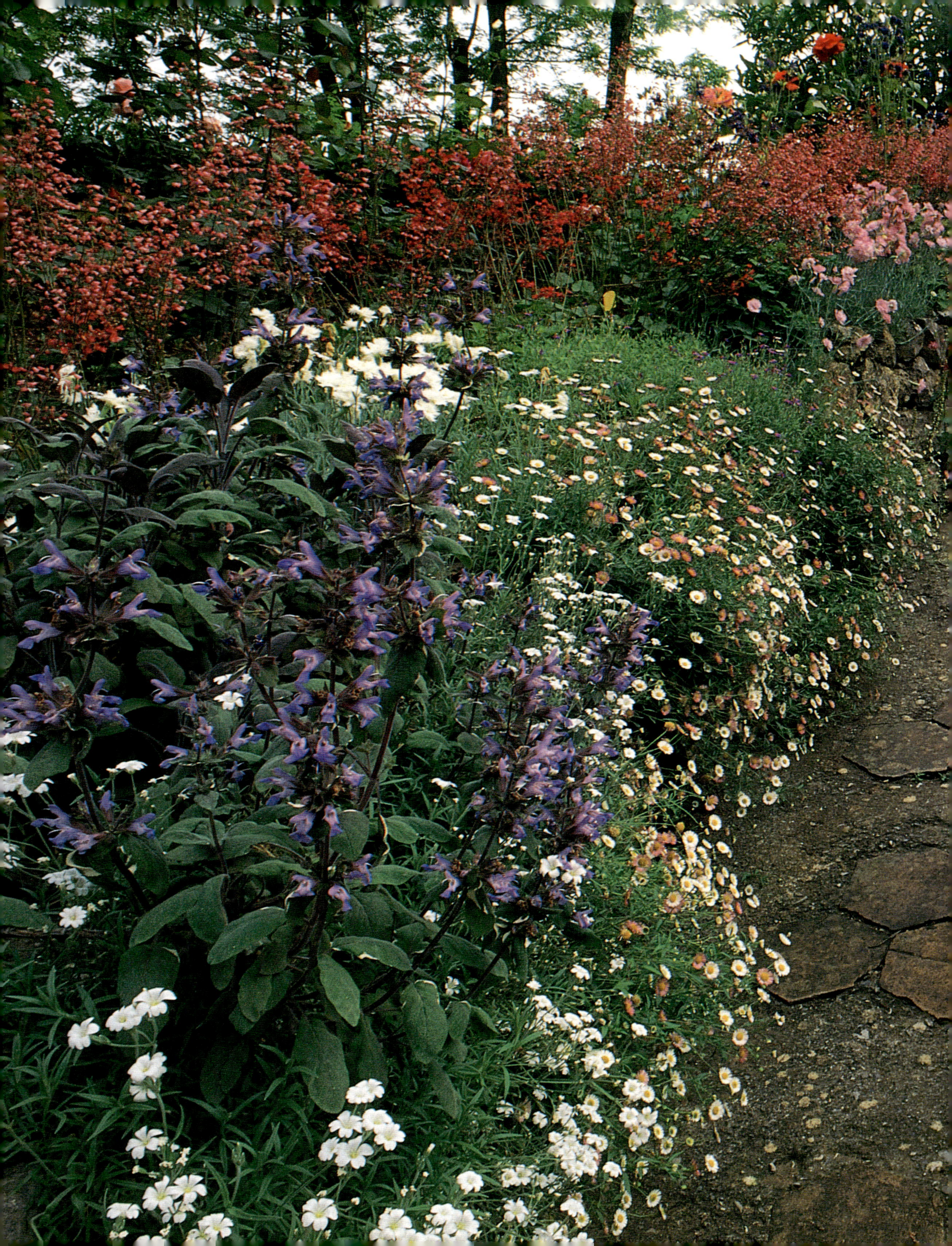

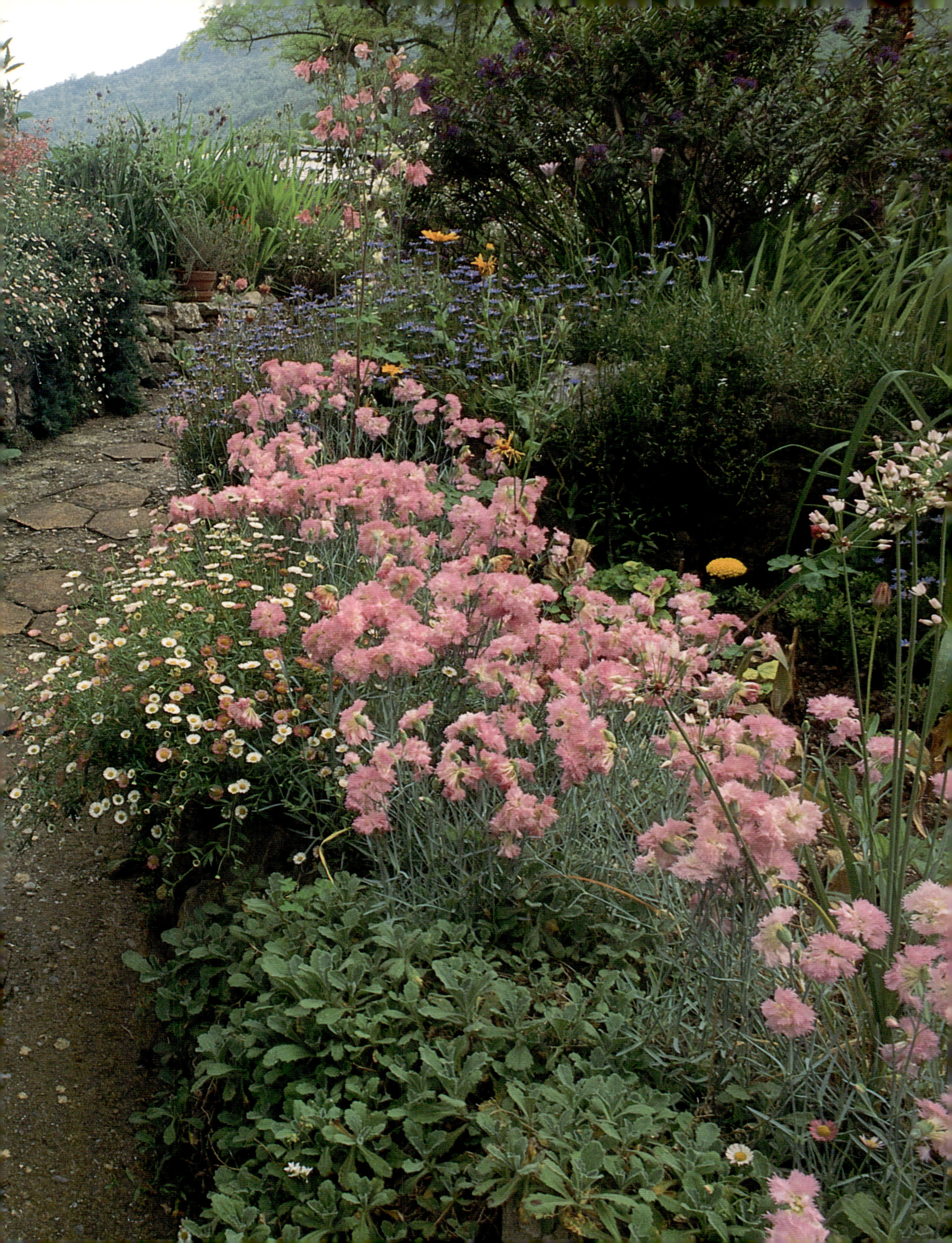

Sur ce site montagnard, des collectionneurs ont étendu leur palette de plantes en créant une série de décors artificiels. Ici, un marécage miniature s'étend sous la couronne d'un olivier, dont les racines sont protégées par une feuille de plastique enterrée.

lauriers-roses, des parterres d'anthemis dans de nombreuses variétés font de ce trésor entretenu avec beaucoup de soin et d'amour un coffret débordant de bijoux exposé le long d'une route de campagne.

De l'intérieur, l'effet est encore plus enivrant, car la maison, un ancien bâtiment des chemins de fer, est légèrement en contrebas. Les hauts murs de soutènement gris clair qui s'élèvent à l'arrière donnent une impression d'isolement et d'intimité. Ils doublent en outre la superficie du domaine. Or ces petits jardins de collectionneurs tirent le maximum de chaque centimètre carré.

Mme Guillermin reçoit la plupart de ses boutures d'amis, et réussit presque toujours à les faire pousser. Des plantes inhabituelles se mêlent aux plus communes dans une profusion de fruits et de fleurs. Mais si denses que soient les plantations, elle sait que cette richesse est toujours structurée par les lignes fortes des terrasses, et abritée par la chaleur de leurs murs. Le site bénéficie en effet d'une protection inhabituelle : ses orangers furent les seuls de la localité à survivre aux gelées de 1985.

Dans de tels jardins, l'abondance risque parfois de l'emporter entièrement sur le tracé. Les enchaînements peuvent y être un peu hasardeux, car si tout est précieux il n'y a plus de hiérarchie. Les propriétaires de ces domaines prétendent généralement dès le départ n'être pas de « vrais » jardiniers, mais des collectionneurs, à la merci d'une fascination qui peut provoquer une véritable accoutumance. Ces lieux ont une magie bien à eux, qui tient à l'amour que leurs créateurs ressentent pour leurs protégés. Ce sont de véritables havres, et les plantes réagissent avec reconnaissance.

Un autre jardin d'une richesse inhabituelle est situé près du Bar-sur-Loup, sur un versant escarpé, en bordure d'une zone résidentielle. Les propriétaires, un couple de retraités, sont avant tout des amateurs d'orchidées. Une partie de leur salon a été transformé en jardin d'hiver pour abriter les espèces fragiles. Dehors, les plantes subtropicales de toutes sortes sont leur passion.

La propriété fut achetée en 1976 comme maison de vacances, et le jardin, commencé en 1980. Lorsqu'ils purent s'y établir à plein temps, les propriétaires disposèrent toutes les plantes qu'ils avaient cultivées sous serre en Alsace. Ils eurent au cours de cet hiver cinquante centimètres de neige, mais tout est reparti. Aujourd'hui, ils sont entourés d'une série de paysages de jungle, commençant dès l'entrée, où un vieil olivier a été entouré, pour ne pas dire envahi, de luxuriantes plantes grimpantes comme *Solandra hartwegii*, avec ses immenses fleurs jaunes en forme de tulipes, divers passiflores et jasmins, des kiwis et des roses d'un rouge profond. L'itinéraire mène, à travers des pergolas de *Jasminum azoricum* à floraison perpétuelle, à une série de petites terrasses étroites, chacune comportant un jardin différent. Des palmiers, des agaves, des yuccas de toutes variétés ponctuent cette descente.

A l'un des niveaux, l'eau de la piscine se déverse dans des fontaines emplies de lotus. Deux niveaux inférieurs ont été réservés à des plantations potagères élégamment disposées. A l'extrémité d'un autre, une serre maintenue à 15 °C protège une collection de Broméliacées tropicales, un étonnant *Aristolochia grandiflora*, un rare *Passiflora quadrangulis* et diverses plantes carnivores. Une autre terrasse a été transformée en un marécage miniature, le pied d'un vieil olivier étant protégé de l'humidité du sol qu'il ombrage désormais par un plastique invisible.

Des marches relient toutes ces terrasses à chaque extrémité, si bien qu'il est possible de descendre en zigzaguant, mais chacune a également été conçue séparément autour d'une allée centrale. A différents endroits, de petites structures hexagonales en bois sont perchées comme des belvédères, mais servent en réalité de serres pour d'autres plantes tropicales. Et comme si ces richesses ne suffisaient pas, un autre niveau se termine par une grande volière, les couleurs vives de ses occupants rivalisant avec celles des fleurs.

Pour revenir à la maison, on remonte jusqu'au niveau de la piscine en longeant une série de petits bassins avec des jardins aquatiques, où divers poissons, dont des carpes, bénéficient des mêmes soins que les plantes et les oiseaux. Près de la piscine, un rare coin de pelouse est bordé de plantes locales : un arbre de Judée, un cyprès et un echium à éperons bleus.

La visite de ce jardin semble conduire à travers plusieurs continents, et au moins une demi-douzaine de paysages différents – tous dominés par les spectaculaires montagnes bleues qui se dressent de l'autre côté de la vallée. Et tout cela sur seulement 2 500 mètres carrés de terrain !

Si les différences de niveau permettent d'obtenir ici un effet théâtral, ailleurs un autre retraité a réussi à transformer une petite parcelle de terre plate en un paradis non moins éclatant. Ce jardin est au cœur de Saint-Jean-Cap-Ferrat, entouré de domaines magnifiques et parfois légendaires (la maison de Somerset Maugham est à deux pas).

Le propriétaire, qui vit ici en permanence depuis 1979, a construit une simple villa moderne au milieu de son terrain, en réfléchissant soigneusement à son organisation. Manquant de place pour ses plus de cinq cents espèces et variétés, et n'ayant pas de murs de soutènement pour doubler la superficie, il fait grand usage de pots, qu'il place parmi les plantes poussant directement dans le sol, et qu'il empile parfois sur des présentoirs à plusieurs niveaux. Il a également dessiné avec soin des allées dallées et de gravier à travers le jardin, bordées bien entendu de pots, pour tirer le plus grand parti des bancs et des points de vue. La statue d'une Arlésienne émerge d'un groupement d'arbustes, un lampadaire démodé d'un autre. Son terrain a conservé quelques pins séculaires, mais les perspectives sont également soulignées par les majestueux pins et cyprès des propriétés beaucoup plus grandes qui l'entourent.

Au cœur de son cercle magique, cet homme a créé un puits de couleurs intenses, qu'on voit le mieux du balcon de la villa en stuc clair, avec des volets turquoise. Un bassin circulaire juste au-dessous est bordé d'autres pots. Des collections d'iris et d'hibiscus, de nombreuses plantes subtropicales aux couleurs vives, comme le *Tibouchina* rouge et bleu, des plantes grimpantes comme *Thunbergia* croissent en abondance. A titre d'exemple, les quelques mètres carrés près du portail d'entrée contiennent un *Fothergilla* buissonnant, des bouquets de *Schizostylis coccinea*, un jacaranda bleu-violet et un albizzia à fleurs rose profond, des olearias semi-rustiques à fleurs de marguerite, un *Kennedya* grimpant. Et pour meubler le moindre espace resté libre de sa propriété de 1 100 mètres carrés, le jardinier recourt à des plantes à massif !

Il arrive que la passion des plantes débouche sur une activité professionnelle, lorsqu'un propriétaire a non seulement le don de découvrir les plantes, mais aussi celui de les reproduire. C'est le cas de Dino Pellizzaro, dont le jardin familial est disposé comme une rocaille en cascade dans ces collines au-dessus de Vallauris, où d'élégantes villas se mêlent encore aux serres de producteurs commerciaux, dont les terrasses de légumes et de fleurs peuvent également être extrêmement décoratives.

Fils d'un maçon italien immigré, Dino Pellizzaro a commencé dès son enfance à prendre des boutures de tout ce qu'il voyait, essayant de reproduire les plantes réputées les plus difficiles. Aujourd'hui sa maison est confortablement située au milieu d'une profusion de plantes qui est à la fois une pépinière professionnelle et un jardin familial, débordant de fleurs de toutes sortes. Le public peut examiner une grande variété de plantes en situation avant de faire son choix dans la pépinière. C'est l'un des ensembles les plus riches – et les plus colorés – de tout le pays. Des serres en contrebas contiennent des collections exotiques, toutes reproduites par Dino Pellizzaro.

Il faut regarder où on pose le pied pour monter les allées sinueuses au milieu des foules de pots. *Russelia*, semé spontanément, jaillit de tous les murs de soutènement en pierre. Le pavot blanc très recherché, *Romneya coulteri*, s'est également replanté ici et là. De nombreux clients viennent chercher des plantes à floraison estivale, et Dino Pellizzaro peut leur conseiller un certain nombre de plantes sûres et peu connues, telles que *Bilbergia nutans*, avec ses fleurs roses tombantes, du printemps à l'automne, ou *Fuchsia arborea* (ou *mexicana*), qui est au cœur de son propre jardin. Mais il leur explique que la dormance estivale est naturelle sous ce climat, incitant les clients qui vivent ici à longueur d'année à essayer des fleurs en d'autres saisons. Beaucoup de très beaux bulbes et tubercules disparaissent en été, tel *Scilla peruviana* bleu foncé ou *Canarina canariensis*, dont les cloches orange sont rayées de rouge. Il conseille le genêt blanc traditionnel (*Genista monosperma*, récemment rebaptisé *Retama*), la vaste gamme d'echiums bleus, roses ou blancs, ou le petit arbuste *Sollya heterophylla*, avec ses fleurs en clochettes

A la pépinière de Dino Pellizzaro à Vallauris, Russelia juncea écarlate s'est semé spontanément entre les murs de pierre sur toute la propriété, ici près d'un citronnier et de Campanula takeismenia rose. Les Pellizzaro sont spécialisés dans les plantes résistant à la sécheresse.

La rocaille escarpée qui conduit à la maison des Pellizzaro, au cœur de leur pépinière, présente certaines de leurs plantes de prédilection : osteospermums et delospermas, Lavandula Stoechas et fuchsia arborescent ou du Mexique.

bleues, utilisé comme couvre-sol. Son catalogue contient d'utiles indications sur les conditions de culture, et le choix paraît infini : soixante-douze nouvelles additions en 1992.

Dino Pellizzaro se spécialise de plus en plus dans les plantes résistant à la sécheresse, rassemblant des échantillons d'Australie et de Californie ; il y voit l'avenir de la région méditerranéenne. Ses activités s'étendent progressivement à la conception de jardins, pour répondre à la demande de certains clients. Il sait en effet conseiller le type de gazon qui poussera sans arrosage sous des oliviers ; ou pour ceux qu'attire l'exotisme, les types d'érables du Japon qui peuvent se plaire en sol calcaire. Il poursuit donc sa passion au cœur de ce petit paradis où tout ce qu'il touche devient vert – ou gris, couleur qui convient mieux au feuillage en climat sec.

On pourrait citer bien d'autres exemples de petits jardins de collectionneurs : Mme Perrier, auteur d'un petit livre sur les iris, a développé des collections d'iris, mais aussi de pivoines et d'hémérocalles, commencées il y a une génération par son père, qui en avait importé bon nombre d'Amérique. Dans les allées pavées de pierre de son jardin trentenaire, le très rare pavot arbustif, *Romneya coulteri*, est devenu une mauvaise herbe envahissante. Ou encore cette autre collectionneuse, qui vit à la Villa Arcadie bien nommée, près de Grasse. Ici, une fois encore, ses collections étagées sont présentées sur de petites terrasses, comme une vitrine de confiseur. Les allées dessinent des méandres, de l'ombre des arbres adultes jusqu'aux recoins les plus ensoleillés et les mieux protégés.

C'est également le cas du site montagnard des Heyser, dans une zone résidentielle moderne derrière Nice. Leur jardin d'hiver se trouve d'un côté du terrain bordé de haies ; de l'autre, où la colline redescend, une grande rocaille est emplie de plantes rares, avec deux tilleuls où des merles viennent nicher tous les ans.

Tous ces jardins de collectionneurs se distinguent par la qualité de leurs plantes et l'originalité de leur conception. La vie des propriétaires s'organise autour d'eux, et les visiteurs sont bien accueillis à condition qu'ils partagent la même passion. Car, si pour un paysagiste leur tracé peut paraître flou, si pour un esthète leur mélange de couleurs peut manquer de raffinement, leurs propriétaires comptent parmi les personnes les plus généreuses et les plus enthousiastes.

UNE RETRAITE
DANS L'ARRIERE-PAYS

L'un de ces jardins fut créé par deux amoureux de plantes qui se sont mariés, entre autres, en raison de cette passion commune. Ils commencèrent par louer 2 500 mètres carrés dans Martigues, avec la possibilité de rester quinze ans. Comme beaucoup de nouveaux venus, pensant que le Midi était synonyme de soleil, ils sous-estimèrent les dangers de l'hiver – en l'occurrence le mistral. Ayant retenu la leçon, mais toujours désireux d'expérimenter, ils investirent dans 3,5 ha à 350 mètres d'altitude, dans les collines dominant Draguignan. Ici, comme à Martigues, il y avait des terrasses d'oliviers, mais si bien protégées que ces arbres avaient survécu aux gelées meurtrières de 1956. Et surtout il y pleuvait abondamment.

Ensemble, ils plantèrent d'abord la descente qui conduit de la route à la maison nouvellement construite. Le reste du jardin s'est développé peu à peu, pendant les vacances, à partir de 1979, jusqu'à récemment, lorsqu'ils ont pu s'y consacrer à plein temps. Aujourd'hui 1,5 ha de leur propriété est entretenu, encore que dans leur enthousiasme ils s'agrandissent vers de nouveaux recoins chaque année.

La terrasse de la maison est ombragée par un immense néflier du Japon, les murs étant couverts d'un *Hardenbergia comtoniana* violet et d'un *Antigonon leptopus*. La partie principale du jardin est composée de trois terrasses parallèles d'une centaine de mètres de long, qui s'étendent à partir de la maison et sont ponctuées, comme toute la colline, de vieux oliviers. L'étroite terrasse centrale est couverte d'une pergola (avec des montants en bois sur de solides colonnes en pierre), et le niveau supérieur permet d'en voir les plantes grimpantes d'au-dessus – plusieurs chèvrefeuilles différents, glycines, bignons et jasmins entre autres, avec des plantes encore plus rares comme *Gelsemium sempervirens* et *Correa speciosa*. Les terrasses au-dessus et au-dessous ont des espaces centraux courbes, couverts d'herbe, qui invitent à de lentes promenades. Des plantations denses d'arbres, d'arbustes, de vivaces et de bulbes de part et d'autre créent une certaine intimité. Ces propriétaires sont de ceux qui croient que les couleurs vives conviennent à la lu-

mière méridionale. Mais ils sont également fascinés par les structures et les textures des différentes familles de plantes. Ce jardin est voué à la variété sous toutes ses formes.

Les plantations au cœur du jardin sont en mesure de résister à la sécheresse. Ces trois niveaux ont été plantés il y a huit ou dix ans, avant que les propriétaires ne s'installent de façon permanente, et ils étaient donc conçus pour survivre sans arrosage. L'herbe, par exemple, est un mélange spécial de gazon résistant à la sécheresse, créé par des amis aux pépinières de la Foux.

Dans ce cadre, presque toutes les plantes sont des espèces, avec seulement quelques hybrides et cultivars. C'est le type même du jardin où chaque individu a été choisi pour ses qualités uniques, et souvent il n'y en a qu'un de chaque sorte. Certaines familles sont cependant bien représentées : plus de vingt-huit espèces et variétés de cistes, et autant de céanothes.

Ces propriétaires font partie de nombreuses sociétés botaniques, et achètent leurs graines dans le monde entier. Ils sont spécialisés dans les plantes grimpantes : passiflores, jasmins et bignones, dont un inhabituel *Clytostoma callistegioides* violet pâle. Et dans les plantes rares comme *Holmskioldia sanguinea*, de l'Himālaya, avec ses fleurs rouge orangé, ou *Dipogon lignosus*, d'Afrique du Sud, avec des fleurs de pois rose-violet. Les graines du cornouiller à feuilles persistantes, *Cornus capitata*, proviennent d'un jardin de Kyōto, celles du rosier rose pâle 'Pru' d'Angleterre. Ce qui ne les empêche pas de chérir de nombreuses fleurs sauvages locales.

La Villa Arcadie bien nommée, près de Grasse, est un splendide havre de paix, sans lignes droites, et avec une abondance de roses. C'est un jardin familial entretenu avec amour et soin.

Près de Draguignan, un couple de retraités entretient une collection exceptionnelle. De gauche à droite : Euphorbia dendroides, Ceanothus cyaneus, Thuya 'Holmstrup', un olivier, rosiers 'Iskra' et 'Penelope', et iris 'Caldron' (en haut). Une délicate véronique arbustive, Hebe hulkeana, s'abrite sous un olivier (en bas).

Comme chez tous les passionnés de plantes, leur jardin n'est jamais achevé. Au bout des trois allées des terrasses, ils vont bientôt créer une voûte de cyprès et de rosiers sarmenteux. Un groupement de grands conifères se dresse déjà au premier plan de la vue sur la vallée. Au loin, là où les terrasses se fondent, une nouvelle rocaille prolonge le jardin sur un sol plus pierreux. Ici *Nylandia*, qui ressemble à une bruyère mais appartient à la famille des Polygalacées, côtoie le fenouil bronze, une jolie anémone sauvage, des giroflées ordinaires, un inhabituel *Erodium pelargonifolium* rampant, des phlomis à fleurs roses et beaucoup d'autres. Deux nouvelles bordures, une bleue et une jaune, sont en cours de plantation ; quant au fil à sécher le linge tendu entre trois oliviers, il doit être entouré de plantes parfumées, mais sans épines !

Ce jardin compte de nombreux petits arbres à fleurs, tel qu'un *Exochorda* parfumé, plusieurs types de mimosas et buddleias avec des feuilles larges et laineuses. Certains sont plutôt originaires du Nord – le noisetier à branches vrillées, les cornouillers, les cerisiers à fleurs ; d'autres ont des affinités méridionales : grevilleas, olearias et sophoras buissonnants. Bon nombre des plantes du jardin rustique typique apparaissent ici sous des formes spéciales : *Spirea* x *bumalda* 'Crispa', ou une étrange variété duveteuse de lavande (*Lavandula lanata*). On y trouve également un groseillier à maquereau avec des fleurs qui ressemblent à des fuchsias.

Sous la maison, les anciennes terrasses potagères ont été transformées en une série de jardins secrets et expérimentaux : l'un d'eux, destiné aux plantes acidophiles, mêle les bruyères aux phygelias et passiflores, les azalées aux delphiniums. L'olivier qui ombrage ces compagnons inhabituels a été protégé, à son pied, de cet excès d'acidité qui ne lui conviendrait pas. Un autre recoin est réservé aux bulbes à floraison hivernale.

Bien que la vue sur la montagne soit magnifique, elle reste beaucoup moins attrayante que les délicats détails d'un premier plan extrêmement diversifié. Ces jardins sont pourtant confortablement installés dans leur site, et c'est cet équilibre qui donne une forte impression de bien-être. Mais celle-ci provient pour l'essentiel de la capacité des propriétaires à se réjouir de la découverte d'une nouvelle nuance de couleur, de forme ou de texture dans le monde infini des plantes. A certains égards, ces collectionneurs de la Côte d'Azur sont les équivalents des créateurs des *cottage gardens* anglais.

Des rosiers 'Wederland', 'Lucia', 'Schlarlachgut' et 'Parure d'or' explosent de couleurs, sur fond de sclarée (ci-contre).

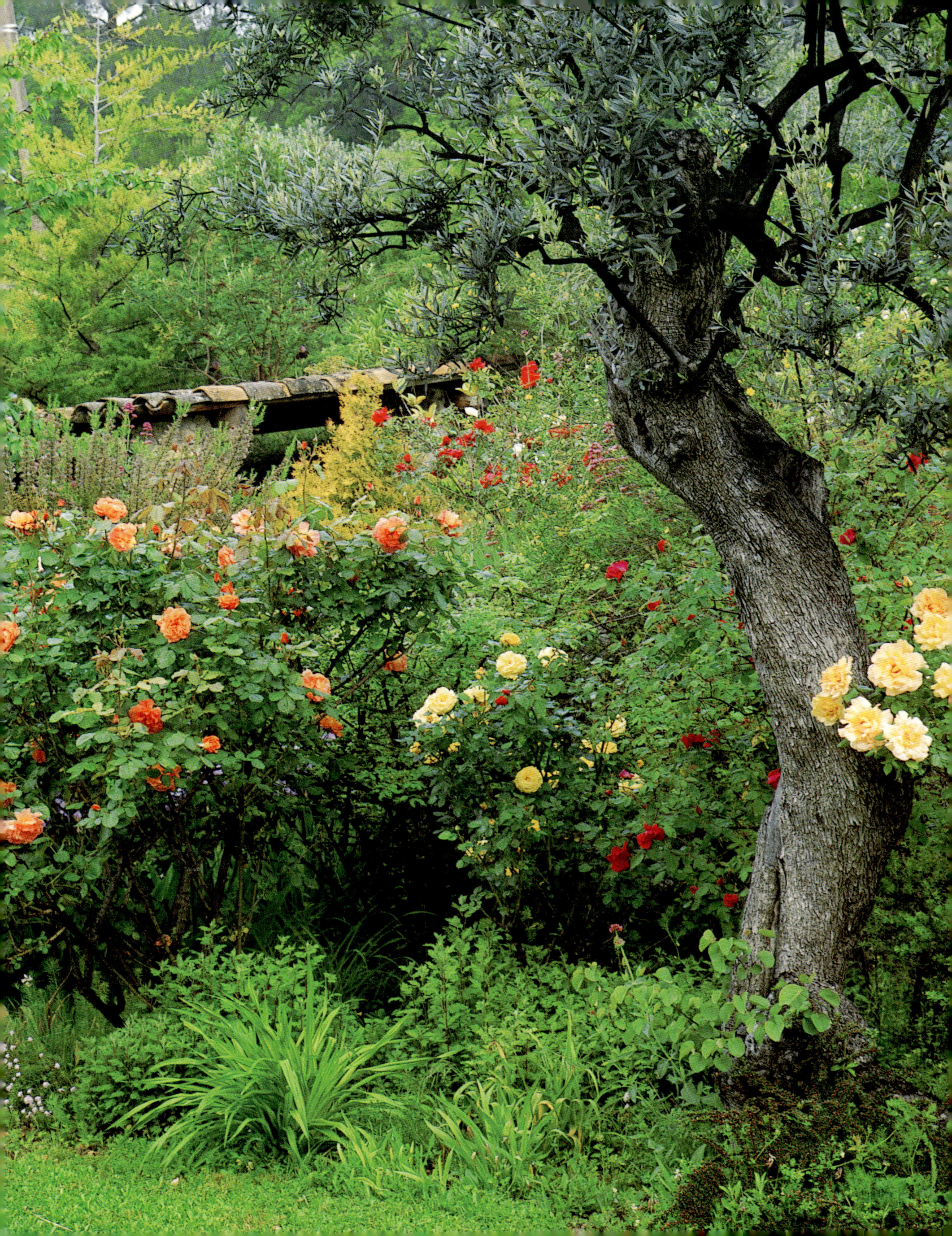

LA TRADITION RUSTIQUE LOCALE

Si beaucoup de jardins de ce genre appartiennent à des immigrés du Nord, qui prennent leur retraite dans le Midi, il existe également une tradition régionale. On trouve encore d'authentiques jardins paysans dans des coins étranges, même sur la Côte d'Azur. A Fréjus, Nicole Arboireau, originaire du Midi, a voulu les connaître, préserver des variétés de plantes anciennes, parfois sans nom, et organiser les échanges entre amateurs. Elle explique aux habitants d'immeubles modernes comment commencer le plus petit des jardins, en sorte que les voisins puissent se rencontrer entre eux et maintenir les traditions du jardinage campagnard, jusque sur ces terrains peu propices.

Les plantes étaient déjà sa passion lorsqu'elle grandissait dans la ville voisine de Saint-Raphaël. La maison de son enfance était une villa carrée caractéristique, construite autour de 1880, avec quelque trois mille mètres carrés de parc abandonné, où elle découvrit la vue, les odeurs et les sons de ses orangeraies, ses rosiers anciens, ses jasmins jaunes et exochordas, sa pergola enfouie sous le rosier grimpant 'La Follette', son eucalyptus qui « miaulait » dans le vent.

Mme Arboireau jardine désormais aux abords de Fréjus, sur une colline pentue de terrasses soutenues par des murs, où des allées bordées de santoline, disposées par son mari, tournent autour de la maison sur plusieurs niveaux. La plupart ne laissent pas

Dans le jardin dense de Nicole Arboireau, à Fréjus, des allées circulaires descendent sous le feuillage plumeux d'un poivrier. Ce jardin a progressé pas à pas pendant dix années. Son époux travaille à la maçonnerie, tandis qu'elle-même l'enrichit d'un judicieux choix de plantes.

Mme Arboireau raconte l'histoire d'une jardinière méridionale, une grand-mère qui régnait sur sa parcelle de fleurs et de légumes, et qui montrait fièrement une variété inhabituelle de grande scille, *Urgenia maritima*. Evoquant la rupture du barrage de Fréjus en 1959, elle explique que la plante est apparue après l'inondation qui s'est ensuivie, qu'on désigne sous le nom quasi mythique de « Mal passé ». « C'est le Mal passé qui l'a amenée », dit-elle avec philosophie.

Mme Arboireau est fascinée par toutes les traditions qui se rattachent aux plantes. Elle explique que les Grecs utilisaient les bulbes de cette scille rare, de la taille de melons, pour border leurs champs, car c'étaient des symboles de fertilité.

passer deux personnes de front, et sont essentiellement destinées à permettre au jardinier d'entretenir sa riche collection de plantes. Beaucoup de celles-ci sont cultivées pour leur parfum. Un jardin de rocaille déborde d'herbes aromatiques dans des variétés peu courantes. Elle est également spécialisée dans les variétés locales : les lauriers-roses sauvages, par exemple, comme les très vieux qui poussaient près du ruisseau en bas de sa colline, et le gattilier – deux arbustes que les promoteurs sont en train d'éliminer.

Les murets de soutènement de ces petites terrasses permettent d'examiner de près les nombreux massifs : lespedeza à fleurs magenta retombantes près d'un *Euryops pectinatus* à port dressé, lys pâles groupés avec les chandelles bleues duveteuses de différents echiums. Comme dans la plupart de ces jardins, les pots en terre cuite servent de ponctuation : les grands sont à moitié enfoncés dans le sol, les plus petits sont déplacés suivant les saisons, tel ce fuchsia écarlate en haut des marches. La maison elle-même est couverte de plantes, les terrasses et les vérandas étant encore le prétexte à de nouvelles superpositions.

Aujourd'hui, Mme Arboireau travaille pour la municipalité de Fréjus, par l'intermédiaire de l'office du tourisme, apprenant aux enfants des écoles à découvrir les plantes, organisant des réunions de jardinage pour le troisième âge, concevant des itinéraires pour les visites de jardins, mettant en place des ateliers d'initiation aux plantes.

Avec ses collègues jardiniers, elle prend une part active à la restauration de la Villa Aurélia, maintenant propriété municipale, et qui était autrefois la résidence de la famille Murville. Dans les années 1960, celle-ci avait encore l'habitude de se faire envoyer à Paris des fleurs coupées provenant des jardins de la Villa Aurélia. Ici Mme Arboireau voudrait créer un jardin pour les cinq sens au milieu des rosiers anciens, des jasmins, des rivières de bulbes de printemps et des bordures basses de *Myrsine africana* à feuilles persistantes.

L'enthousiasme de Nicole Arboireau l'a conduite à de nombreux échanges féconds, et sa générosité est telle qu'elle place régulièrement un panier de boutures racinées à son portail avec la mention : « Servez-vous. »

UNE FORET DE CHENES PARSEMEE DE ROCHERS

Le jardin intime tel que le cultivent des collectionneurs modestes mais passionnés pourrait sembler à l'opposé de l'univers des paysagistes professionnels ; en théorie, ils semblent effectivement représenter deux conceptions radicalement différentes du jardin. Mais en pratique, les recoupements sont fréquents, et les propriétaires qui partent d'un jardin conçu par un professionnel tombent souvent amoureux du résultat, s'impliquant profondément dans son évolution. Russell Page lui-même apprit à jardiner dans son enfance avec « tout un humble petit monde d'enthousiastes ».

Sur une colline à l'ouest de Saint-Paul-de-Vence se trouve un jardin conçu pour l'essentiel par Loup de Viane, paysagiste de talent qui a exercé une influence considérable sur les jardins de la Côte d'Azur. Les propriétaires ont bien entendu fait des modifications et seront amenés à en faire d'autres, car ce jardin est lui aussi en constante évolution. Mais la conception d'origine est forte et inaltérable – d'autant plus que son tracé supposait la mise en place harmonieuse d'immenses rochers calcaires déterrés au moment où fut creusée la piscine. Loup de Viane supervisa personnellement le positionnement précis de chacun d'eux, comme s'il s'agissait d'autant de sculptures de jardin. Ils délimitent désormais des îlots de plantations le long de la

La plupart des allées de Nicole Arboireau ne permettent pas à deux personnes de passer de front. Elles sont avant tout destinées à l'entretien de ses collections riches et hautes en couleur – ici Agapanthus umbellatus.

route, mêlés aux anciens chênes-lièges de la forêt d'origine. De l'autre côté de la maison, ils soutiennent la piscine et forment un tableau saisissant vus d'au-dessous.

La piscine fut creusée juste devant la maison, légèrement plus bas. Une rocaille miniature relie les deux, et ses subtils mélanges de tons et de textures de feuillage portent encore la signature de Loup de Viane : ophiopogons verts et noirs, euphorbes, boules naines de buis, ballotes et bruyères, podragaria panaché et verveines rampantes, asters pâles rampants et polygonums à fleurs roses, mêlés à de petits cotoneasters et lierres à l'ombre du chêne massif qui domine cette partie du jardin. Marquant la jonction des marches et de la piscine à l'extrémité la plus éloignée, un grand pot en terre ne contient qu'une tour en buis sculpté – les propriétaires en redoutaient la banalité, mais reconnaissent aujourd'hui que l'accent est éloquent. Sous ces marches, *Olea fragrans* laisse éclater son parfum à la saison.

C'est un jardin agréable à longueur d'année, car sa couleur dépend du contraste de feuillage plus encore que des fleurs. A travers les branches du vieux chêne s'enroule une vigne vierge, qui s'embrase à l'automne. Son flamboiement s'allie aux nuances plus subtiles de *Vitis coignetiae* et du sombre jasmin à fleurs étoilées et parfumées, sur la façade de la maison.

A l'autre extrémité de la longue terrasse de la maison, dominant la piscine, un chêne plus petit ombrage des blocs taillés géométriquement de véronique arbustive et d'arbousier, assurant une transition progressive entre la petite rocaille et les espaces plus ouverts au-delà, tout en donnant à la terrasse elle-même une confortable impression d'isolement. Le tout forme un contraste admirable avec la vue spectaculaire directement en face. Par temps clair, on peut voir Mougins, Valbonne, Vallauris, La Napoule, Cannes et Antibes. Cette vue est soulignée par une simple ligne vert vif : une haie taillée de pittosporum le long de la piscine.

Le secteur situé à l'est de la maison n'est pas encore complètement terminé, et il a fallu en outre faire face à des visites régulières de sangliers. Il n'y a que sur la Côte d'Azur qu'on soit exposé à la fois aux dangers des cambrioleurs et des sangliers...

Loup de Viane a conçu cette rocaille séparant la maison de la piscine, à l'abri de vieux chênes. Son subtil mélange de formes et de couleurs de feuillage est particulièrement bien orchestré.

UNE ELEGANTE COUR EN VILLE

Suivant le site, les jardins créés par Jean Mus peuvent être entièrement différents. Car bien que ce paysagiste ait une certaine palette de plantes qu'il aime utiliser régulièrement (lavandes, romarins, myrtes, cistes et pittosporums nains, certains rosiers, vittidinia et polygonum dans les recoins, nandinas, et avant tout, bien entendu, le majestueux olivier), ses jardins ne se répètent pas. Chacun a son caractère propre, déterminé en grande partie par le site et le goût de ses propriétaires.

Jean Mus a ainsi imaginé au cœur de Nice, dans une cour privée, un jardin tout à fait unique. Entouré de murs des quatre côtés, c'est une étude sur les motifs géométriques changeant au fil des heures et des saisons. La texture des feuillages joue un rôle important, à la fois par leurs formes intrinsèques et par leur faculté de réfléchir ou d'absorber la lumière.

C'est du portail d'entrée à l'angle, du large balcon blanc à balustrades qui longe la façade de la villa de style 1900, et de l'autre angle en face du portail, qu'on a les meilleures vues sur ce jardin. Le balcon ensoleillé est au cœur du jardin, planté de jasmin parfumé. Juste en face, un bassin encadré d'épées et de cercles particulièrement frappants forme un véritable spectacle théâtral pour le public dans la maison : palmiers nains et *Ligularia tussilaginea*, aux feuilles brillantes. Deux palmiers beaucoup plus grands (*Chamerops excelsis*) dessinent de fortes lignes verticales et des motifs de feuillage à l'autre extrémité du bassin.

Tout ici est un jeu sur les perspectives à travers les changements de lumière et d'ombre, les couleurs froides et chaudes – ces dernières étant fournies par des pots en terre cuite judicieusement placés, et une bougainvillée mauve aussi vieille que la maison, qui traverse maintenant trois propriétés. La seule étendue de gazon se trouve entre le balcon et le bassin, coupée par une allée dallée bordée de *Sagina subulata*. Pour les petits espaces, on a utilisé des plantes à massif de teintes pastel froides (*Viola cornuta* et giroflées pour l'hiver). Des arbustes soigneusement proportionnés et de petits arbres (lauriers-roses, pittosporum, agrumes et hibiscus) ont tous été taillés en sorte que les lignes et les diverses couleurs de leurs troncs puissent être admirées à hauteur d'œil.

Mus a alterné les espaces pavés et plantés, les haies basses et les accents forts, pour créer un jardin extrêmement raffiné, conservant volontairement une atmosphère désuète qui convenait à la maison. Comme toujours, il obtient des effets formels sans véritable symétrie, en sorte que rien n'est fixe et que l'œil est toujours en mouvement. L'intimité est ici le fruit non pas de l'exubérance des couleurs florales, mais des proportions étudiées et d'une opposition soignée entre espaces ouverts et fermés, tout en vert et en blanc, avec une touche de gris. C'est un joyau façonné avec soin, et une véritable révélation sur ce que l'on peut faire avec moins de 200 mètres carrés.

UNE RETRAITE DANS LES VIGNES

Le jardin campagnard, gai et coloré, que Mus a conçu pour le critique gastronomique Christian Millau et son épouse ne saurait former un plus grand contraste avec cette cour. Le jardin principal se trouve entre la maison et la vigne, qui aux yeux des Millau formait un beau premier plan pour la nappe bleue de la Méditerranée. Ici de vieux oliviers jaillissent d'îlots de cistes rampants, de romarin et de lavande, au cœur d'une série de terrasses pavées, abritées par des pergolas, et adossées à la maison. Au niveau inférieur, déjà entourée par des rangs de vigne, se trouve la piscine.

La maison est reliée à la vigne et à la piscine par de petites terrasses bordées de murets formant une série de marches qui cuisent au soleil et qui débordent de fleurs colorées aux différentes saisons. Les larges plates-bandes de cassio sont particulièrement réussies, avec leurs fleurs dorées qui se marient aux rouges et jaunes de la vigne à l'automne. Pour intégrer la vigne au jardin, Mus a en outre imité la tradition des vignerons consistant à planter un rosier au bout de chaque rang, choisissant son préféré : le rosier de Chine *odorata* 'Sanguinea'.

Le jardin de Nice était créé autour d'une résidence principale ; celui-ci est destiné à une maison de vacances, et devait par conséquent nécessiter peu d'entretien et résister à la sécheresse. Il fallait également respecter le caractère campagnard du site, si bien que Jean Mus s'est servi de la palette des plantes provençales traditionnelles. Une pelouse émeraude en été, lorsque les collines environnantes deviennent rouge-brun, eût été choquante ; on a donc préféré une terrasse pavée avec des talus plantés d'arbustes. Mme Millau, qui parle de son jardin avec tant d'enthousiasme, le considère comme une leçon de modestie – une belle création à partir de quelques éléments simples et bien agencés.

Aux abords de la propriété croissent bon nombre d'anciennes variétés fruitières : pêchers, cerisiers, amandiers. C'est un jardin facile à entretenir, mais également voué aux plaisirs de la table. Les jardins intimes s'adressent du reste souvent aux cinq sens.

Le modèle de ce genre fut créé par Colette, à partir de 1927, dans sa célèbre ferme, la Treille Muscate, près de Saint-Tropez. Elle y cultivait deux hectares de vigne, d'orangers, de figuiers à fruits verts et pourpres, avec la terrasse de la maison couverte de bignone rouge feu et de glycine, de vieux mimosas aux troncs épais. Et tout près, la Méditerranée. « La mer limite, continue, prolonge, ennoblit, enchante cette parcelle d'un lumineux rivage », écrit-elle. S'adressant à son jardin, elle évoque une vision à laquelle participent tous les sens : « Je te veux paré, mais de grâces potagères. Je te veux fleuri, mais non de ces tendres fleurs qu'un jour d'été crépitant de criquets calcine. Je te veux vert, mais foin de verdures inexorables, palmes et cactus, désolation de la fausse Afrique monégasque ; que l'arbouse s'allume à côté de l'orange, et soit le brandon de ce feu violet en nappe sur mes murailles : le bougainvillea. Et qu'à leurs pieds la menthe, l'estragon et la sauge se dressent, hauts assez pour que la main pendante, en cassant leurs ramilles, délivre des parfums impatients. »

Colette dut abandonner son domaine lorsque les touristes admiratifs commencèrent à l'envahir. Aujourd'hui, les jardins d'agrément intimes restent des lieux aussi privés que possible. Leur prolifération compte peut-être au nombre des secrets les mieux gardés de la Côte d'Azur. Ils coexistent désormais avec les jardins plus grandioses, qui continuent d'illustrer le visage mieux connu, plus théâtral, de la vie sur la côte, et les formes de jardinage plus spectaculaires.

Au cœur de Nice, de petits arbres taillés à hauteur d'œil forment des motifs d'ombre et de lumière sans cesse changeants, qui jouent sur la villa blanche et une vieille bougainvillée.

A La Fiorentina, au milieu des citronniers et de la lavande, un empereur romain regarde, par-dessus des haies ondulantes, en direction de Villefranche (double page suivante).

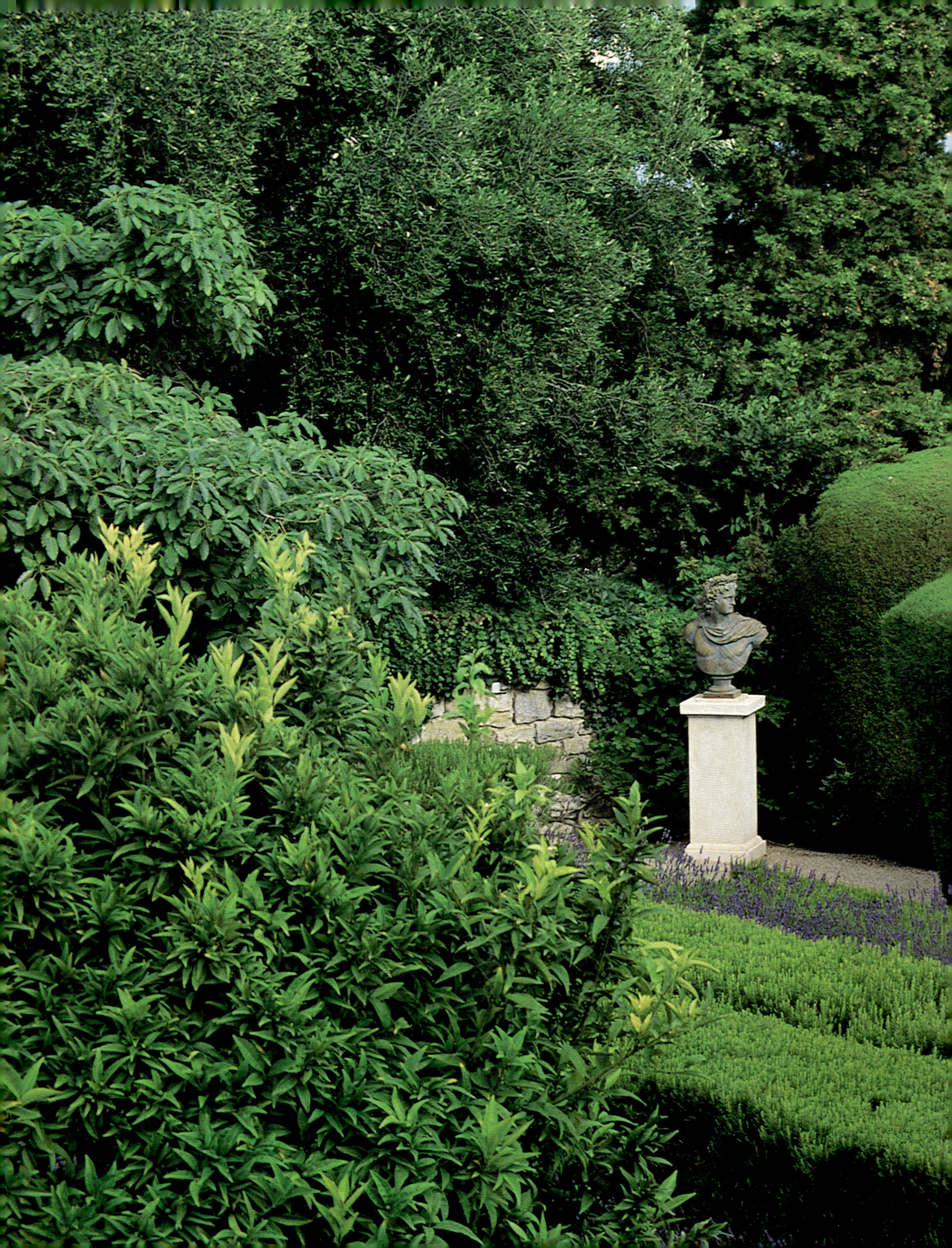

Jardins Spectaculaires

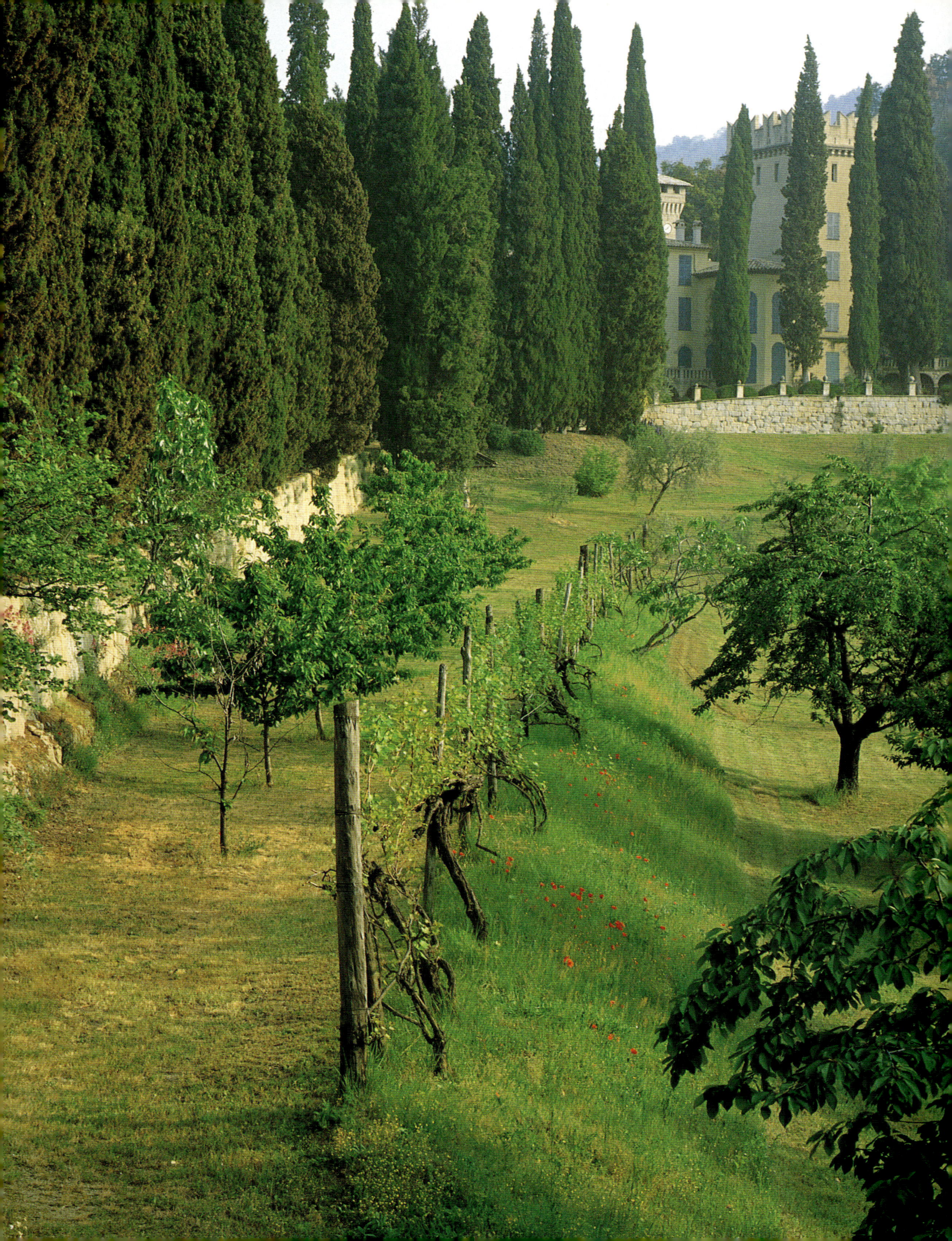

Partant du portail du Château du Vignal, une rangée de cyprès coupe à travers la colline et s'élève vers un domaine fortement restauré au XIXᵉ siècle.

Les jardins légendaires de la Côte d'Azur étaient souvent de vastes proportions, situés autour de demeures seigneuriales qui étaient elles-mêmes le théâtre d'éclatantes réceptions. Vitrines du goût et de la fortune de leurs propriétaires, ils étaient généralement d'une extravagance fabuleuse. Dans leur quête du décor idéal, nombreux sont ceux qui rejoignirent Béatrice de Rothschild pour défier « les stupides lois de la nature et du bon sens ». Lorsque lord Brougham voulut de somptueuses pelouses autour de sa nouvelle villa à Cannes, il n'hésita pas à importer du gazon d'Angleterre chaque année, par bateau. Il semblait n'y avoir aucune limite aux dépenses engagées : le prince russe Cherkassky aimait la variété dans les parterres de fleurs de son parc à La Californie ; aussi ses quarante-huit jardiniers étaient-ils chargés de remplacer la nuit des milliers de plantes à massif, en sorte qu'il puisse être surpris par des couleurs nouvelles en s'éveillant chaque matin.

Les temps – on l'a souvent dit – ont changé. Même les propriétaires qui en ont les moyens se permettent rarement autant d'ostentation – et qui pourrait imaginer employer quarante-huit jardiniers à plein temps aujourd'hui ? Dans les domaines campagnards nichés dans les collines, ou dans les jardins intimes jusqu'au cœur des villes et des banlieues, la plupart des propriétaires actuels cherchent à l'évidence des plaisirs plus discrets.

Le sens du décor et de la fête n'a pas disparu pour autant de la Côte d'Azur. Bon nombre de propriétés servent encore de décor pour les festivités d'une société éblouissante et cosmopolite, toujours aussi attirée par la région. Si ces propriétaires doivent se dispenser de régiments entiers de personnel, ils bénéficient en revanche de la technologie moderne. Certains jardins conçus au lendemain de la guerre ont eu la chance de demeurer, sinon entre les mains de leur propriétaire originel, du moins aux soins de personnes capables et désireuses de maintenir leur splendeur première. Ces domaines, qui ne sont pas ouverts au grand public et que l'on voit rarement dans les publications sur les jardins, ont exercé peu d'influence sur la légende de la Côte d'Azur en tant que telle. On ne peut pas non plus les considérer comme des vestiges d'un passé brillant, puisqu'ils s'épanouissent aujourd'hui plus que jamais. D'autres jardins grandioses sont des créations récentes, et certains n'en sont qu'à leurs débuts. Tous ont tiré de leur site le maximum d'effet théâtral et dramatique, si restreint qu'en soit le public. La fête continue sur la Côte d'Azur, du moins dans le monde des jardins.

S'agissant des lois de la nature et du bon sens, les usages actuels varient. Les paysagistes qui travaillent à une vaste échelle peuvent encore commencer par suivre les conseils de la romancière américaine Edith Wharton, et tenter de restructurer complètement le site d'origine avant de planter. Dans d'autres cas, un sommet de montagne ou une colline en terrasses sont déjà suffisamment spectaculaires, se prêtant à des dévoilements successifs, des contrastes de larges vues, de longues perspectives et d'espaces secrets qui composent inéluctablement de tels jardins aujourd'hui encore. Dans l'ensemble, la nature est devenue un partenaire plus qu'un adversaire, dont on incorpore et encourage les propres tendances mélodramatiques. En sorte que, bien que la plupart de ces jardins contiennent des recoins intimes et même cachés, leur effet d'ensemble est celui d'un spectacle fascinant en mutation permanente.

UN AMPHITHEATRE DE CYPRES

Le château du Vignal appartient à la famille Gauthier-Vignal, dont les descendants ont repris la propriété en main en 1970. Son élément le plus frappant est un amphithéâtre de cyprès, un demi-cercle épousant la courbe de la colline, au-dessus de pentes herbeuses qui ont remplacé les terrasses traditionnelles il y a quelques années. La large vallée, dont toute l'étendue est bien visible du portail d'entrée, a été plantée d'oliviers. Et cette juxtaposition originale de deux essences méditerranéennes est extrêmement spectaculaire.

Dans le fond de l'hémicycle, mais sur la droite (de façon à ne pas masquer la scène), des arbres à feuillage caduc ajoutent la beauté de leur frondaison printanière et de leurs couleurs d'automne : deux sortes de peupliers, dont les feuilles apparaissent à différents moments, plusieurs variétés de chênes, et même l'inhabituel liquidambar.

Au-delà du portail, la route d'accès remonte en courbe sur le côté gauche de la vallée, jusqu'au château, situé derrière la grande rangée de cyprès à flanc de colline, légèrement décentré vers l'ouest. Certaines parties de l'édifice remontent au XIIᵉ siècle, mais l'essentiel a été reconstruit au XIXᵉ avec des réminiscences médiévales. Une cour pavée particulièrement belle, ornée d'éléments simples, telles des boules de buis en pot, évoque toute l'ancienne Provence. Un large bassin rectangulaire entouré d'une balustrade de pierre s'étend juste au-dessous de la maison, recueillant les eaux de source ; en bordure de cette terrasse, les colonnes de cyprès encadrent la vue. Les arbres sont reliés par une balustrade en fer attachée à de petits piliers en pierre. Tout le long de l'esplanade qu'ils occupent, des pots en terre cuite émaillée ajoutent des touches de couleur chaude et accueillante à cette imposante composition.

Un escalier d'environ trois mètres de haut descend du milieu de la ligne de cyprès jusqu'à l'oliveraie en contrebas, cachant une grotte sous sa double rampe. Celle-ci est couverte d'une plante grimpante à feuilles persistantes de texture très fine, *Muehlenbeckia complexa*, cadeau du vicomte de Noailles, qui en fit un usage célèbre autour d'une fontaine dans son propre jardin de Grasse. Un second bassin rectangulaire, plus petit, fait ici écho à celui de l'esplanade au-dessus.

Un certain nombre d'allées partent de la maison sur plusieurs niveaux pour conduire à une série de salles de plein air différentes les unes des autres, mais disposées toujours selon l'ample ligne courbe des cyprès dominant la composition. Une chapelle est couverte de rosiers anciens (un rosier grimpant à floraison précoce, rouge rosé, suivi de l'irrésistible 'Mermaid', avec 'Golden Wings' sur le côté). Près de là, des bancs en pierre entourent une table en pierre elle aussi, dont les courbes sont soulignées par des haies taillées et des boules de buis. Ce décor cérémonieux est baptisé la Chambre du conseil. Un peu plus loin, un étroit passage entre le rideau de cyprès et un mur couvert de lavande s'ouvre soudain sur le rendez-vous des astronomes. Cachée dans un autre recoin se trouve une ancienne carrière, où un platane à trois troncs s'élance vers le ciel. C'est ici le Bois sacré, où, au début du printemps, une masse de violettes se cache parmi des pierres moussues aux formes étranges.

Ce jardin excelle dans l'alternance d'espaces romantiques et de tracés rigoureux, de surprises cachées et de vastes vues. Au-delà de la chapelle, on a ainsi planté une rangée de tilleuls, tous taillés en forme de parasols, mêlés à quatre colonnes du XVIIIᵉ siècle et bordés de haies taillées en gradins : arbousiers, bruyères arbustives du Portugal ou méditerranéennes sur les côtés, haies de laurier derrière. Un rang de cônes et de boules de buis ramène ensuite à la chapelle. A l'est des tilleuls, une volée de marches en pierre immensément longue monte vers les terres plus sauvages du jardin – un bosquet de magnifiques chênes et un rendez-vous de chasse. Une autre allée descend vers une charmante vieille ferme en stuc ocre et une série de colonnes sculptées.

Au Vignal, la porte curieusement baptisée « de Narbonne » conduit aux parties plus sauvages du jardin supérieur (en haut). Un escalier double descend sous la chapelle jusqu'au pré planté d'arbres (en bas).

Les cyprès géants du Vignal dominent des espaces secrets plus petits, au tracé tantôt rigoureux, tantôt plus romantique (ci-contre).

La magnifique arche formée par un Rosa laevigata invite à entrer dans la roseraie du Vignal, qui s'étend sur quatre niveaux (double page suivante).

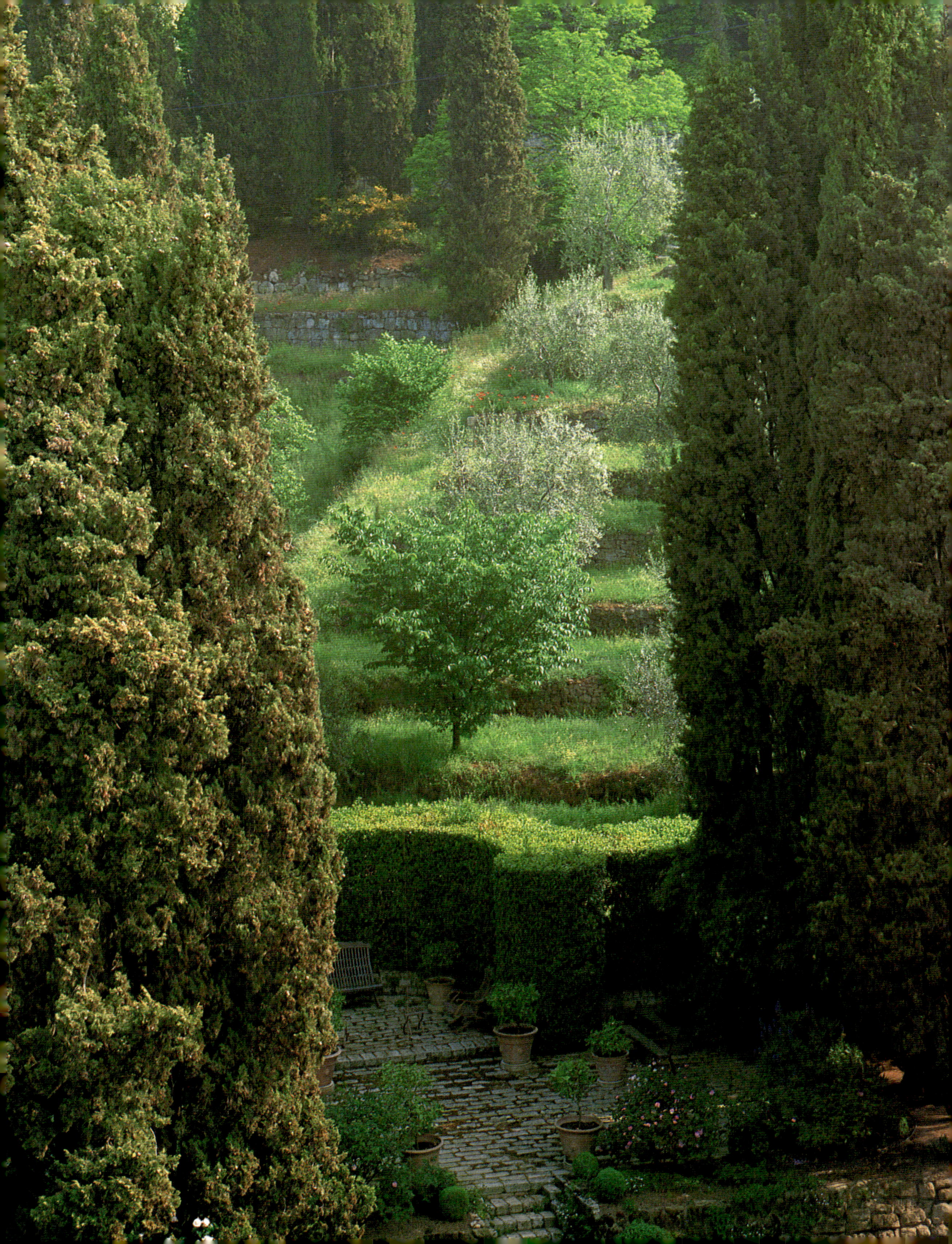

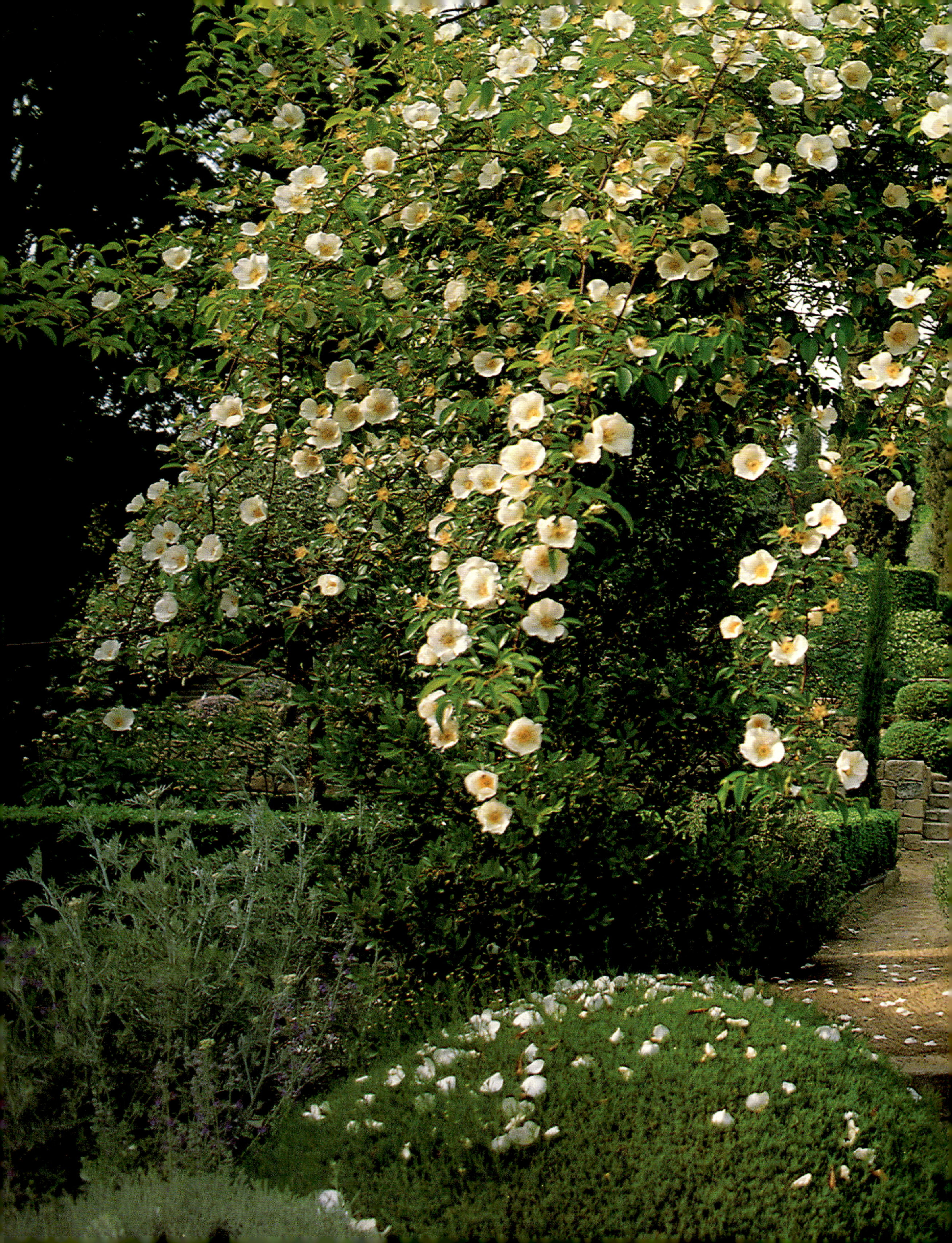

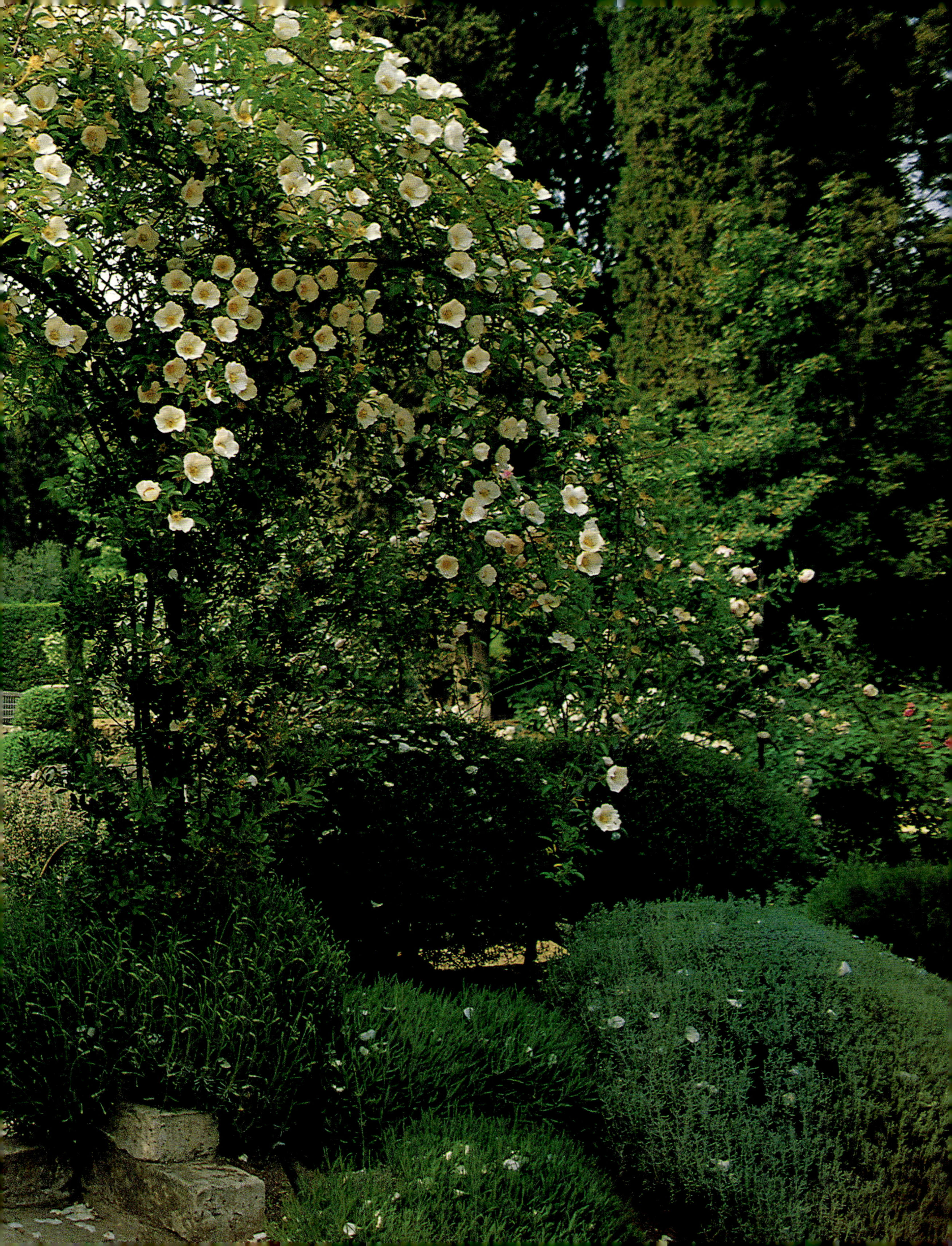

De l'esplanade du Vignal, ornée de jarres d'Anduze, on aperçoit, à travers la rangée de cyprès, le pré en contrebas.

La forte structure de base de la verdure et de la pierre est soulignée en nombre d'endroits par des touffes d'echium ou de céanothe, et par une grande variété de rosiers. Près de la maison, on accède à une véritable roseraie par un arc majestueux couvert d'un *Rosa laevigata* en cascade, plantée sur quatre petites terrasses pour produire un effet étagé. Le mur de soutènement le plus bas déverse un mélange réussi de nepetas, d'armoises, de perovskias, qui ont tous des formes retombantes et des couleurs bleues et argentées. Sur le niveau au-dessus se trouve un nouveau parterre : quatre carrés de rosiers couvre-sol roses et blancs entourés de haies basses taillées. L'allée centrale conduit ici à un satyre juché sur un piédestal, qui admire la vue. Des boules de buis renforcent le dessin. Plus haut, c'est un parterre de lavande, et, au-dessus, des groupes d'echium, de céanothe, de datura et de teucrium.

Cette roseraie blottie sur la colline reste fermée sur trois côtés, mais le côté sud a été laissé ouvert sur la vallée. A l'arrière du parterre le plus élevé se trouve un élégant arc ocre, qu'on appelle « Porte de Narbonne » (sans doute en souvenir des routes romaines qui parcouraient autrefois tout le sud de la France).

La colline au-dessus, ravagée par un incendie il y a cinq ans, a été replantée avec plus d'une centaine d'oliviers. On peut revenir en cercle au-dessus de la maison par de nouveaux bosquets d'arbustes plus sauvages et admirer ses cours cachées d'en haut.

Les limites du jardin se fondent progressivement dans la nature sauvage, et c'est l'un des grands charmes de ce domaine, car on retrouve certaines des plantes qui servent au cœur du jardin – buis et arbousiers – croissant naturellement dans ces collines. Les espaces et les formes sont bien proportionnés, jusque dans les marches en pierre qui conduisent aux remises. Les ouvrages en pierre sont admirables, et même les vieux canaux d'irrigation dans l'herbe du pré sont soigneusement ajustés et joliment patinés.

Malgré sa rigueur, c'est essentiellement un jardin romantique, empli d'espaces mystérieux, de passages étroits qui s'ouvrent soudain sur des perspectives époustouflantes – le tout à une échelle grandiose.

LES DEUX FIORENTINAS

Les grands jardins ont généralement des vues spectaculaires sur la montagne ou sur la mer, ou, mieux encore, les deux à la fois. C'est le cas de La Fiorentina et du Clos Fiorentina, propriétés contiguës perchées sur la pointe rocheuse du cap Ferrat. Elles sont dans une large mesure des créations de Roderick Cameron, auteur de *The Golden Riviera*, dans les décennies qui suivirent la Seconde Guerre mondiale. Toutes deux ont aujourd'hui été amoureusement restaurées et rénovées par leurs propriétaires actuels.

Cameron se consacra tout d'abord à La Fiorentina. La maison date ici du début de la Première Guerre mondiale et fut construite par la comtesse Beauchamp, qui engagea

L'allée d'accès au château du Vignal, bordée de cyprès, paraît petite vue du toit du château (ci-contre).

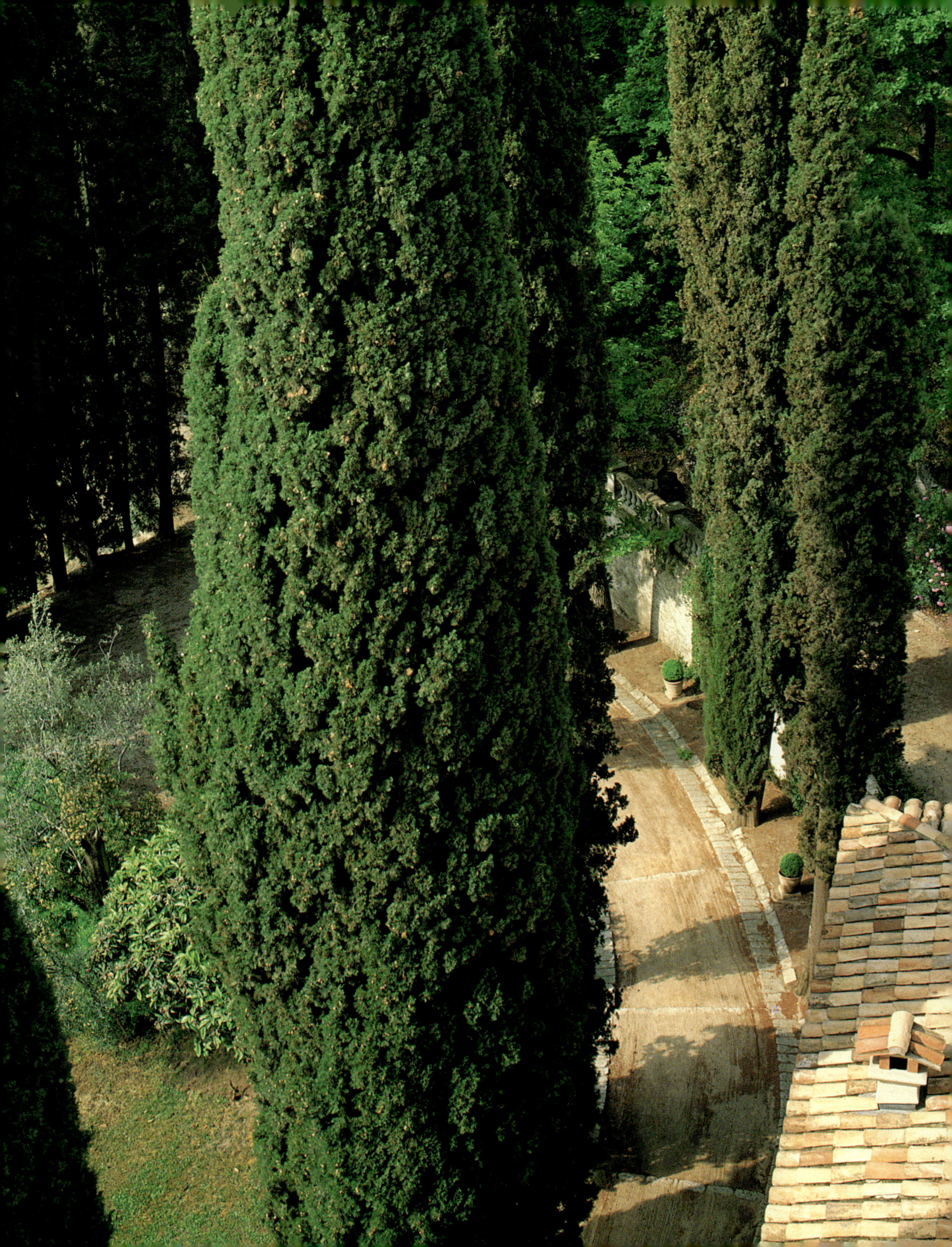

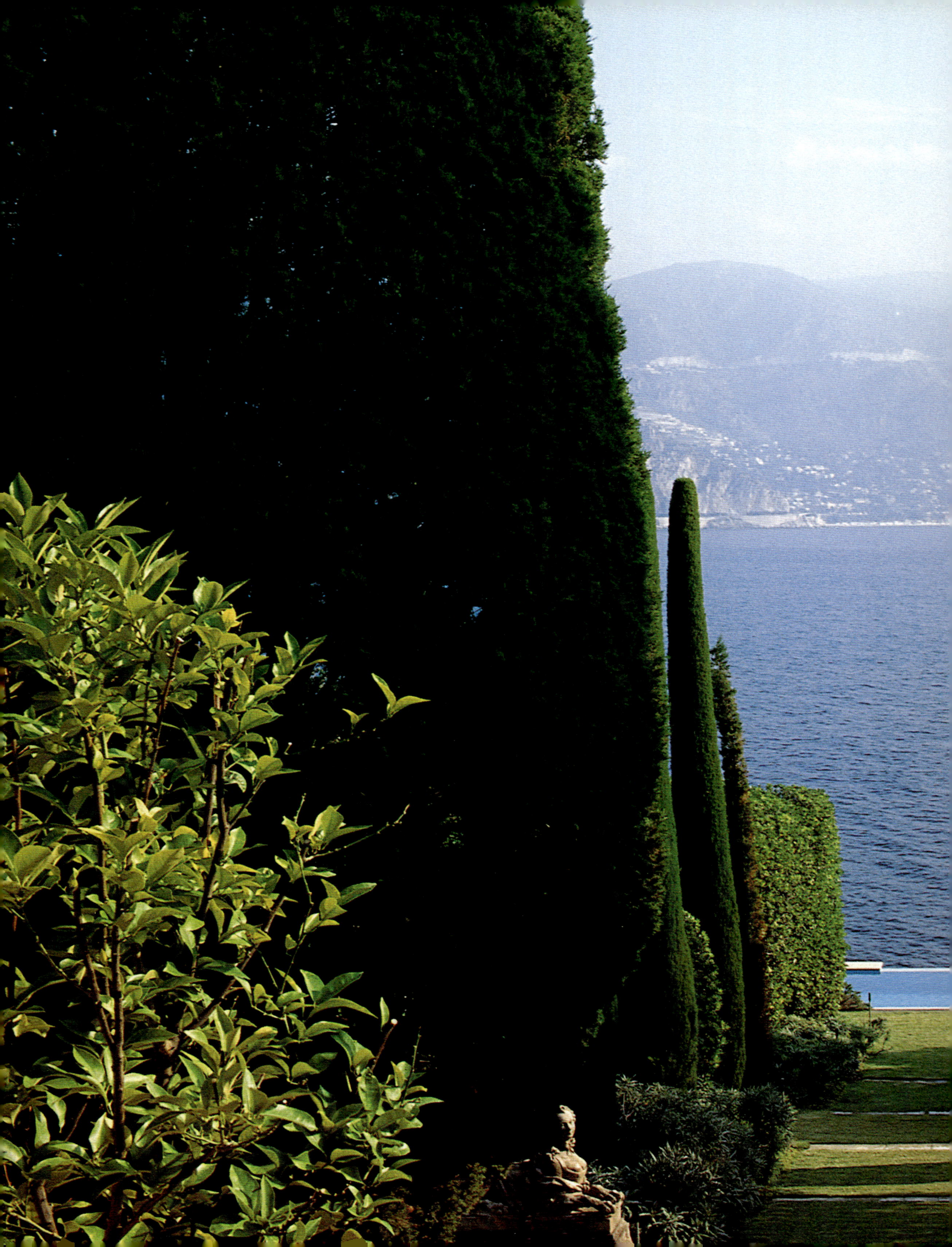

Ferdinand Bac pour concevoir les trois jardins clos le long du mur sud. La mère de Cameron, la comtesse de Kenmare, l'acheta juste avant la Seconde Guerre mondiale. Prestigieuse figure de la Côte d'Azur des années 20 et 30, elle avait d'abord loué La Leopolda, l'une des nombreuses propriétés de Léopold II dans la région, dont les jardins furent ensuite refaits par Russell Page. Mais elle trouvait ce domaine d'une trop grande rigueur. Elle voulait quelque chose de moins formel, et choisit donc La Fiorentina, accompagnée de sa bastide du XVIIᵉ siècle, plus petite et plus rustique, le Clos.

Elle commença par restaurer la maison principale à La Fiorentina à l'imitation d'une villa palladienne – dans un style que Cameron décrit comme « mi-temple, mi-ferme – le grandiose et l'intime dans des proportions parfaites ». La vie qu'on y menait n'était pas vraiment coupée du monde ; feuilletant le livre d'or, Cameron raconte que les intimes, après la Seconde Guerre mondiale, comprenaient Louise de Vilmorin, Romain Gary, Somerset Maugham, Freya Stark, Greta Garbo et le roi de l'Ouganda. La propriété était parfois louée, notamment à Elizabeth Taylor et Richard Burton. Cameron craignait que l'aspect un peu sauvage, que lui-même aimait tant à La Fiorentina, ne soit pas au goût de Mlle Taylor, en particulier ses crapauds géants.

Quelques années plus tard, alors que sa mère passait l'essentiel de son temps aux courses de chevaux à Nairobi, Cameron jugea que la propriété principale était trop onéreuse à entretenir. Il la vendit donc et se réfugia au Clos, où il redessina à nouveau les jardins. Dans les années 70, il se sépara également de la propriété plus petite et se retira dans le Luberon, où il créa son dernier jardin, les Quatre Sources.

Cameron était une figure controversée, et les opinions divergent considérablement sur la valeur de son travail. L'historien britannique Quest-Ritson le considère comme un simple « décorateur de jardin ». Alors que David Hicks, dans son livre *Garden Design*, estime que « Rory Cameron est parvenu, selon moi, à une véritable perfection dans son jardin du Cap-Ferrat, avec son sens très sûr des contrastes de texture et des proportions ». Nul doute, cependant, que les deux jardins, bien qu'ils restent aujourd'hui encore très privés, ne soient spectaculaires au vrai sens du mot.

Le site était théâtral en lui-même. Ce sont les pins d'Alep, sauvages et torturés, qui avaient décidé la mère de Cameron à acheter la propriété. Les lignes autour de La Fiorentina étaient déjà établies : des jardins d'une grande rigueur, entourés de haies taillées, avec le maquis au loin. Cameron lui-même décrit les premières plantations : une grande étendue de bergenias à feuilles rondes sous les pins pliés par le vent ; sa préférence pour les couleurs pâles et les verts, ainsi que pour les arbustes parfumés tel le choisya ; les haies de six mètres de *Pittosporum tobira*, pour protéger des vents d'est ; et l'un des éléments les plus célèbres de La Fiorentina, le parterre d'orangers sur l'esplanade devant la maison. « Ils étaient plantés sur quatre rangs de profondeur par ligne de dix, et l'allée passait au milieu. Sous les arbres nous avons divisé le sol en un motif géométrique de triangles tracés au moyen de haies basses de buis et délimités, ou atténués, par une alternance de sable rouge. » Les troncs et les branches inférieures furent badigeonnés de chaux, à l'imitation d'une pratique agricole courante. Cameron fut le premier à le faire pour des raisons purement décoratives.

A La Fiorentina, les pins et leurs massifs de bergenias, les hautes haies le long du littoral, et le parterre d'orangers en losange n'ont pas beaucoup changé. Un grand escalier monumental conduisant à l'entrée de la maison à colonnes est adouci par des rangs de plantes en pot de chaque côté.

La senteur était un thème constant dans les plantations de Cameron : des acacias avec leur parfum de miel près du portail, *Coronilla glauca* également massé sous les pins, *Cestrum nocturnum* près de la maison et un parterre de lavande sous la loggia où la famille dînait en été et où l'on peut encore recevoir confortablement aujourd'hui une centaine de convives. Des citronniers et des bergamotiers dans de grands pots occupaient les angles de cette même terrasse.

La particularité la plus célèbre de La Fiorentina demeure pour l'essentiel telle que Cameron l'a décrite : « Les grandes marches peu profondes d'herbe conduisant à la mer. Des sphinx encadrent les marches, et le long de la descente, des deux côtés, sont plantés

A La Fiorentina, la célèbre descente vers la mer prend de brillants reflets bleus au printemps, avec les cascades de romarin et les éperons d'echium (ci-contre).

Roderick Cameron a imposé son goût pour les fleurs blanches et de couleur pâle, ici les exquises fleurs de Magnolia grandiflora.

Les parties les plus anciennes et les plus récentes de La Fiorentina : l'un des jardins en forme de cloître conçus à l'origine par Ferdinand Bac (au centre) ; une maison d'ami récemment aménagée (en haut) ; et un nouveau jardin aquatique, mi-clos, près de la maison (ci-contre).

des cyprès effilés de six mètres. Sous ces denses colonnes vertes poussent des touffes brumeuses d'echium des Canaries à fleurs bleues. Elles avancent en lignes ondulantes jusqu'aux marches, et de petits convolvulus à fleurs blanches et du romarin corse bleu foncé s'y mêlent. La septième et dernière marche est la piscine, qui se déverse dans la Méditerranée étincelante, et au-delà, de l'autre côté de la baie de Beaulieu, s'étend toute la côte spectaculaire, dans une série de falaises calcaires abruptes qui se dressent à près de six cents mètres de hauteur avant de s'effondrer, dans des plis de diverses teintes pastel, en Italie. »

Cameron conserva les trois jardins clos de Ferdinand Bac (l'un plus ou moins carré et les deux autres de forme rectangulaire), bien qu'il ne les cite pas dans son livre. On y voit aujourd'hui encore des haies taillées de forme géométrique et des fleurs blanches qui se détachent des couleurs chaudes des murs ocre et des pots en terre cuite. L'un des murs extérieurs est crénelé, tandis que le plus grand des trois a les doubles arcades et le toit en tuiles caractéristiques de nombreux cloîtres médiévaux de la région méditerranéenne.

Les jardins de La Fiorentina sont presque tous d'une certaine ostentation ; on y trouve néanmoins un jardin secret : une allée d'oliviers longeant le côté est du promontoire, entourée de ces massives haies de pittosporum, et coupée au milieu par les célèbres cyprès et echiums qui descendent vers la mer. Les troncs noueux des oliviers se dressent sur des tapis d'agapanthes et d'autres vivaces, mêlés à des arbustes à fleurs, dans le style d'une *mixed border* à l'anglaise.

Les propriétaires actuels ont entrepris quelques modifications importantes : la maison a été prolongée à son extrémité la plus éloignée, toujours dans le style palladien, et un nouveau jardin clos a été installé autour de deux fontaines qui se déversent sur une calade à motifs en galets, avec un long bassin au-delà. Bien que très récente, cette section fait écho aux éléments plus anciens. Sur la colline sauvage conduisant au Clos, près d'une chapelle où Cameron aimait autrefois se retirer, un jacuzzi offre des plaisirs plus modernes. Une deuxième piscine a été ajoutée, avec un élégant pavillon qui donne plusieurs vues supplémentaires sur les jardins et la mer. Une ancienne salle de jeux dans un bâtiment séparé est devenue une maison d'amis, de même que l'ancien appentis de rempotage, qui donne sur le large parterre de lavande de Cameron. Bordé d'une merveilleuse haie

Autre addition tardive à La Fiorentina : une seconde piscine, abritée par les pins pittoresques qui avaient séduit Roderick Cameron il y a des décennies (double page suivante).

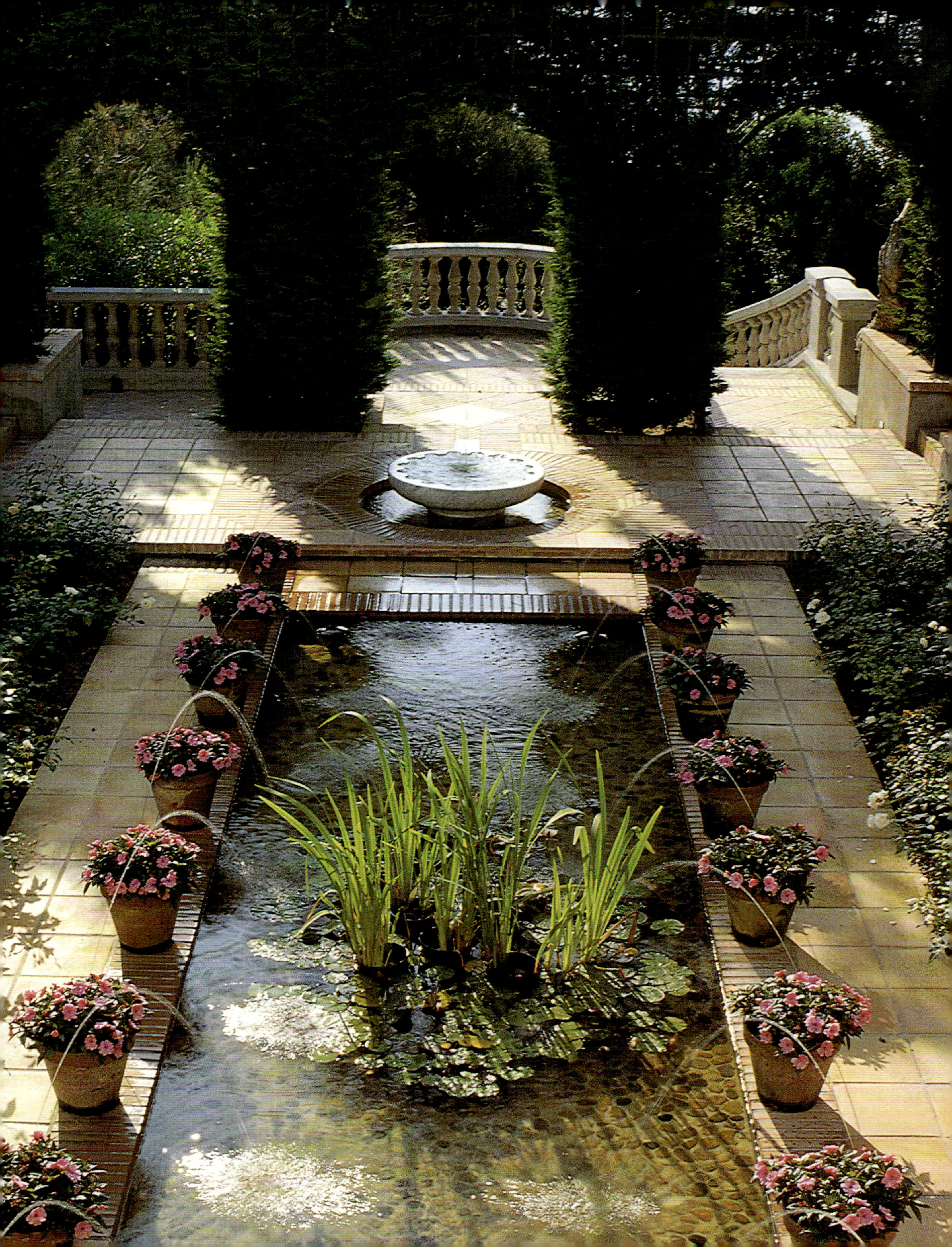

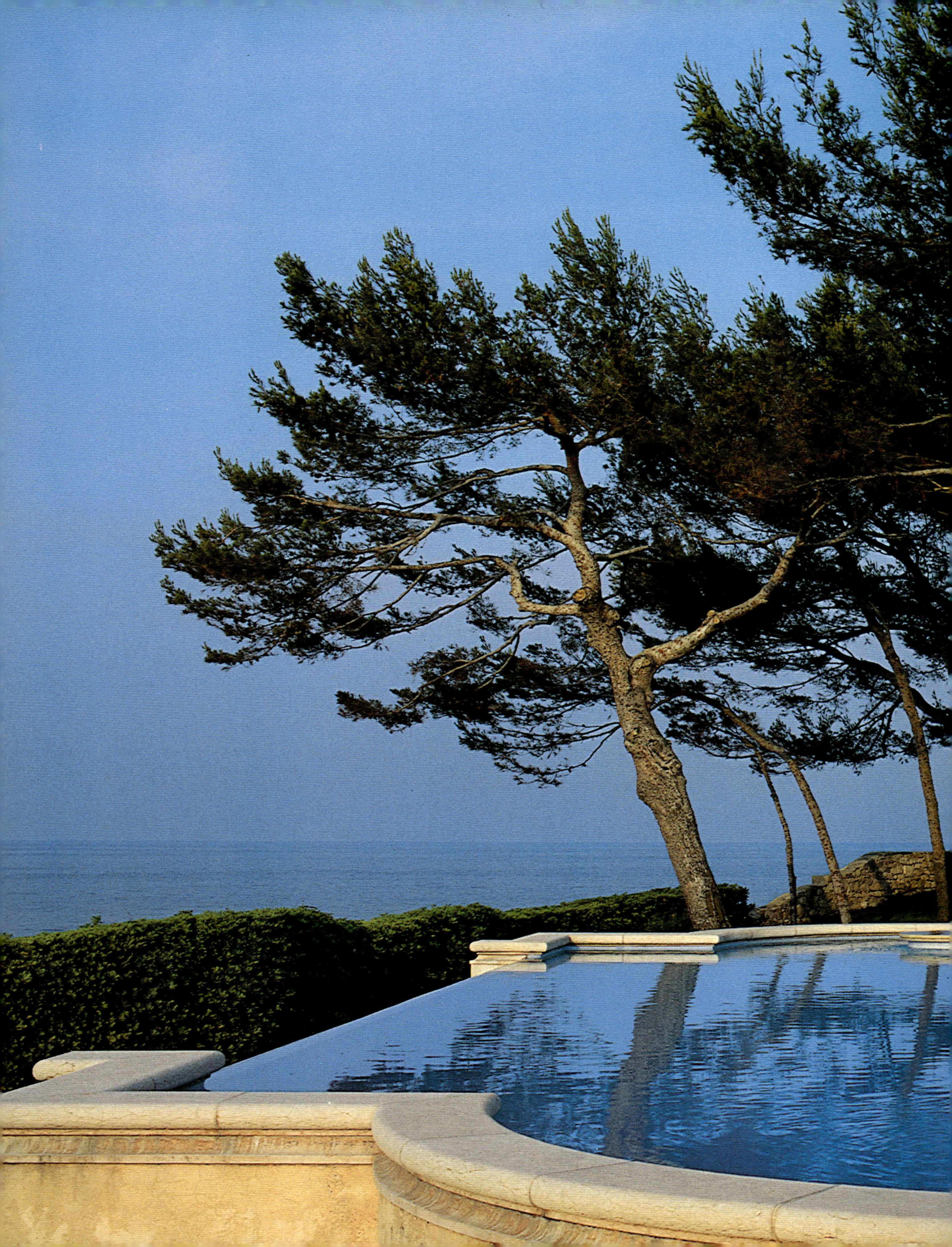

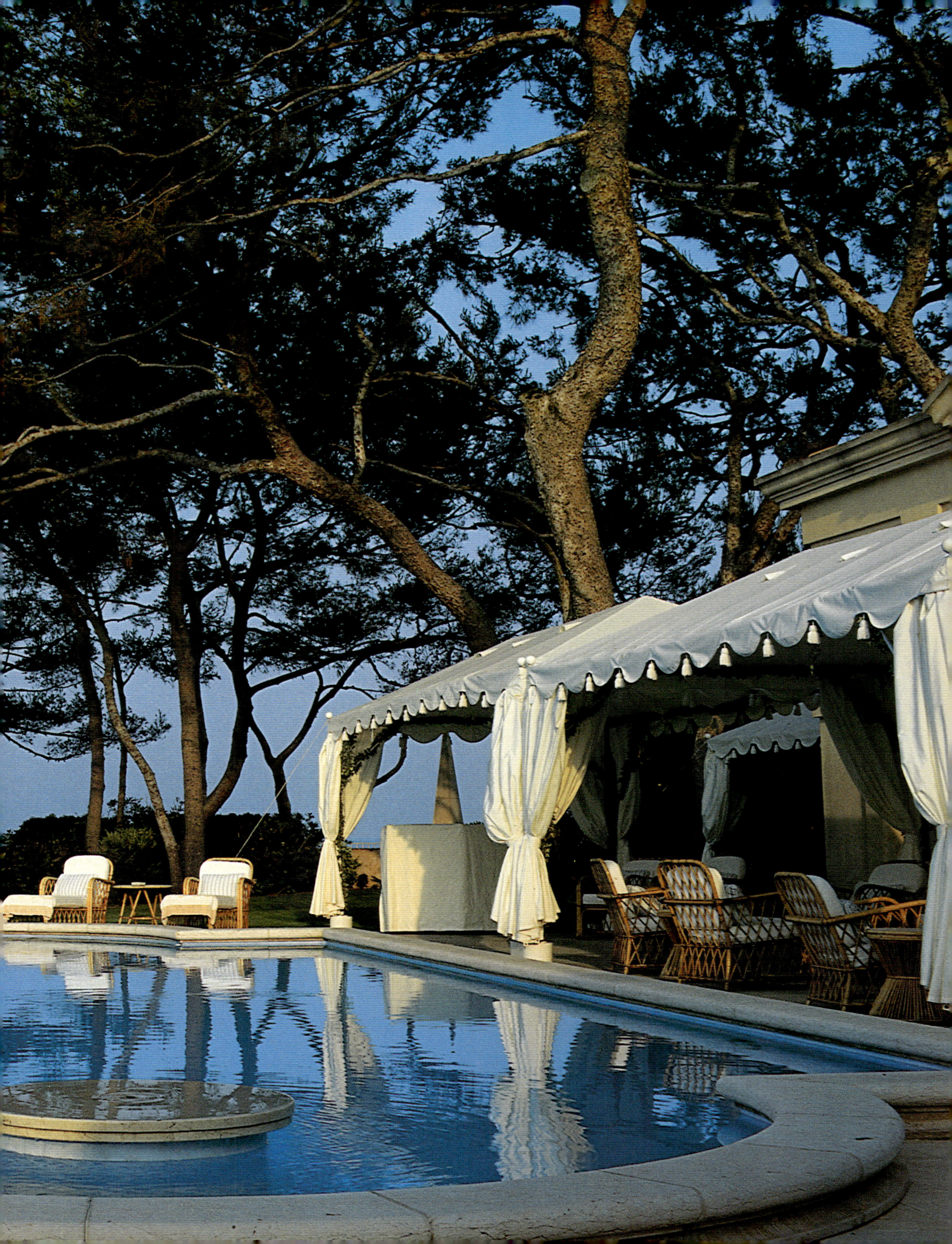

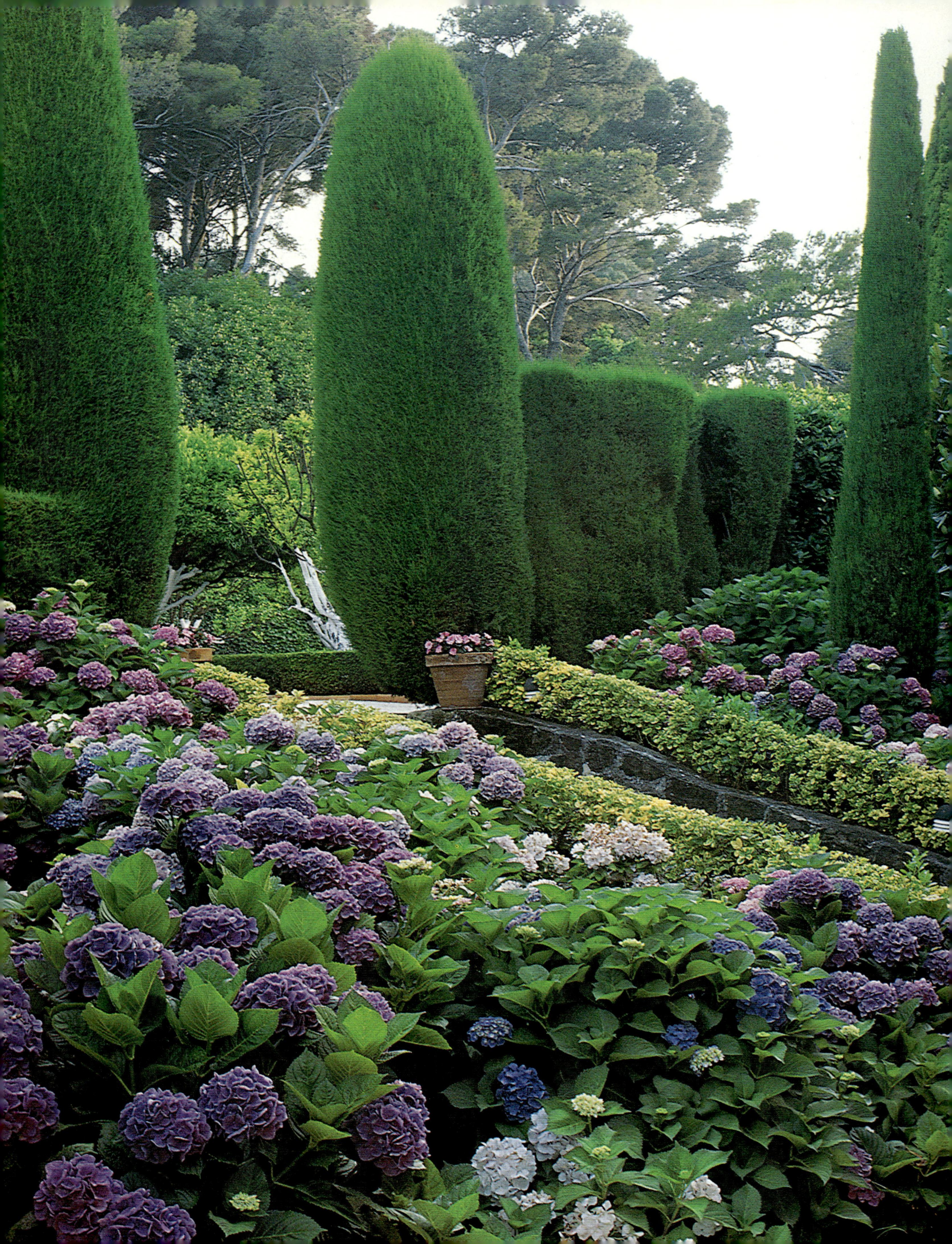

Le jardin d'hortensias de La Fiorentina est entouré d'agrumes et de cyprès (ci-contre), tandis que les célèbres orangers au tronc blanchi se dressent sur un parterre en forme de losange.

ondulante vert foncé, il souligne à son tour une splendide vue sur la baie.

Les fleurs en pot continuent de ponctuer l'ensemble de la propriété, mais les pélargoniums à fleurs blanches et les impatiens sont aujourd'hui secondés par des impatiens 'New Guinea' ; les variétés couleur rouille rappellent les teintes de Ferdinand Bac ; les pastel pâles, celles de Cameron ; et les magenta apportent une note complètement moderne.

Le Clos Fiorentina voisin a toujours eu une atmosphère différente. Les historiens français Racine et Boursier-Mougenot soulignent le contraste dans l'orientation et la topographie des deux jardins : La Fiorentina se dresse tel un phare à l'extrémité de la pointe, ses quatre façades dominant quatre sections différentes du jardin. Le Clos est construit sur une colline en terrasses traditionnelle, face au nord. A La Fiorentina, de larges allées donnent accès à des espaces de grandes dimensions pour les réceptions, alors qu'au Clos les allées sont étroites. A la maison principale, des enclos de verdure conduisent à un univers plus sauvage de rochers et de pins, tandis que le Clos a gardé le souvenir de son ancienne vocation agricole. Certains de ses oliviers auraient, dit-on, six cents ans. A la différence d'autres propriétaires de Saint-Jean-Cap-Ferrat, Cameron eut la sagesse de laisser deux rangées d'oliviers le long du littoral, en les taillant de manière qu'ils encadrent la superbe vue au lieu de la cacher.

Le Clos souffrit d'une période d'abandon, mais, fort heureusement, le jardinier marocain qui travaillait avec Cameron est resté jusqu'à aujourd'hui. La propriété appartient maintenant au célèbre couturier Hubert de Givenchy, qui aime tout particulièrement son merveilleux équilibre entre espaces ouverts et fermés, éléments rigoureux et romantiques. Il la perçoit comme un jardin intime, malgré ses parterres élaborés. Ce jardin produit en tout cas des effets spectaculaires avec beaucoup plus de simplicité que son voisin.

Au portail, de hautes marches en pierre montent de la petite route jusqu'à la maison perchée au-dessus, une bastide de couleur ocre, la plus vieille de Saint-Jean-Cap-Ferrat. Devant elle, perpendiculairement à la façade, s'étend une pergola cintrée couverte de vigne, assez large pour abriter les repas en plein air et pour encadrer la vue toujours imposante sur la baie de Beaulieu. Sur les terrasses au-dessous, les dessins géométriques de Cameron ressortent clairement. A l'ouest, un petit parterre s'étend au-delà des marches qui montent du portail d'entrée. L'essentiel se trouve néanmoins à l'est : les terrasses d'oliviers d'origine ont été organisées en face de la maison comme une scène de théâtre, merveilleusement subtile et variée.

En surplomb, l'œil découvre une série de motifs et de juxtapositions complexes, soigneusement calculées, mais d'un effet magique. En haut, on aperçoit l'entrée d'une grande pergola drapée de glycine, avec des grappes de fleurs rose-violet particulièrement longues et élégantes et des colonnes en pierre. Puis, au-dessous, se trouve une rangée des oliviers d'origine, qui ont gardé « leurs grands coussins gris-vert d'echiums, dit Cameron, dans un gracieux contraste avec le gris des oliviers lorsque éclatent leurs fleurs bleues en chandelle au printemps ». Une étroite bande moussue à leurs pieds sert d'allée, d'un vert acide le long du mur de soutènement gris, qui est laissé en grande partie découvert ici. Le long de cette allée, sur son côté inférieur, mais toujours à la base des oliviers, se trouve un grand rectangle d'aspidistra resplendissant, bordé à son tour d'une rangée d'ifs vert foncé taillés en spirale.

C'est alors le niveau le plus large de la composition, où des espaces et des allées garnis de gravier entourent des parterres bordés de haies régulières. L'allée centrale et le principal axe visuel longent les ifs en spirale et l'aspidistra, jusqu'à une haute volée de marches en pierre, toujours parallèle aux oliviers et à leur ligne d'echium. Surmontés d'urnes blanches, ces escaliers marquent l'entrée de la célèbre allée des mandariniers, avec ses troncs peints en blanc, ses globes verts et ses arums. « L'effet est très réussi lorsque les lys sont en fleur, écrit Cameron, leurs calices blancs captant la lumière qui filtre à travers les feuilles pointues des mandariniers. »

Cette série de longs niveaux parallèles avec ses contrastes marqués de texture et de lumière est de surcroît mise en valeur par les grands arbres qui séparent le Clos de sa voisine, La Fiorentina. La composition intègre habilement les vieilles terrasses étroites de la colline, qui deviennent plus larges lorsqu'elles approchent de la Méditerranée et qu'un autre ensemble d'allées de gravier bordées de buis (rectangles et cercles cette fois-ci) s'étend autour d'un plaqueminier à tronc blanc.

C'est un tout autre jardin qui a été conçu derrière la maison, abrité par une falaise escarpée. Ici se trouve un petit parterre en topiaire, des carrés de buis contenant des cônes de buis effilés. Des marches avec une rampe de style Chippendale chinois conduisent à un massif d'agapanthes, abrité par de grands cyprès. En tournant derrière la bastide du XVIIe siècle, on descend jusqu'à la promenade moussue avec son mur de glycine, qui est en fait la partie supérieure de la pergola du niveau d'au-dessous. D'ici on peut à nouveau descendre jusqu'aux mandariniers.

Les parties basses du jardin, formant un vaste panorama, vues de la maison, sont donc aussi accessibles par une série d'espaces secrets, si bien que la propriété paraît beaucoup plus grande qu'elle n'est en réalité.

Un autre passage conduit par un tunnel sous la route vers la piscine d'eau de mer, où les oliviers se dressent au-dessus d'herbes sauvages près de l'eau. Sur les pentes au-dessus, on a conservé de petites terrasses pour servir de cadre à un parterre de lavande bordée de buis et au pavillon de la piscine. Ces espaces sont entourés de hautes haies vertes et de bosquets contre le grand mur, soulignés par les trompettes blanches de daturas arbustifs, de pots en terre cuite débordant d'anthémis blanche, de touffes d'arums et de bancs en teck.

Au Clos Fiorentina, plus intime, une pergola couverte de vigne abrite l'élégante table d'Hubert de Givenchy, face à une superbe vue sur Villefranche.

Les terrasses étroites du Clos comportent, de haut en bas, une pergola ornée de glycine, des oliviers taillés en hauteur, des coussins d'echium, des aspidistras surmontant des topiaires d'if en spirale, et une allée de mandariniers au tronc blanchi (ci-contre).

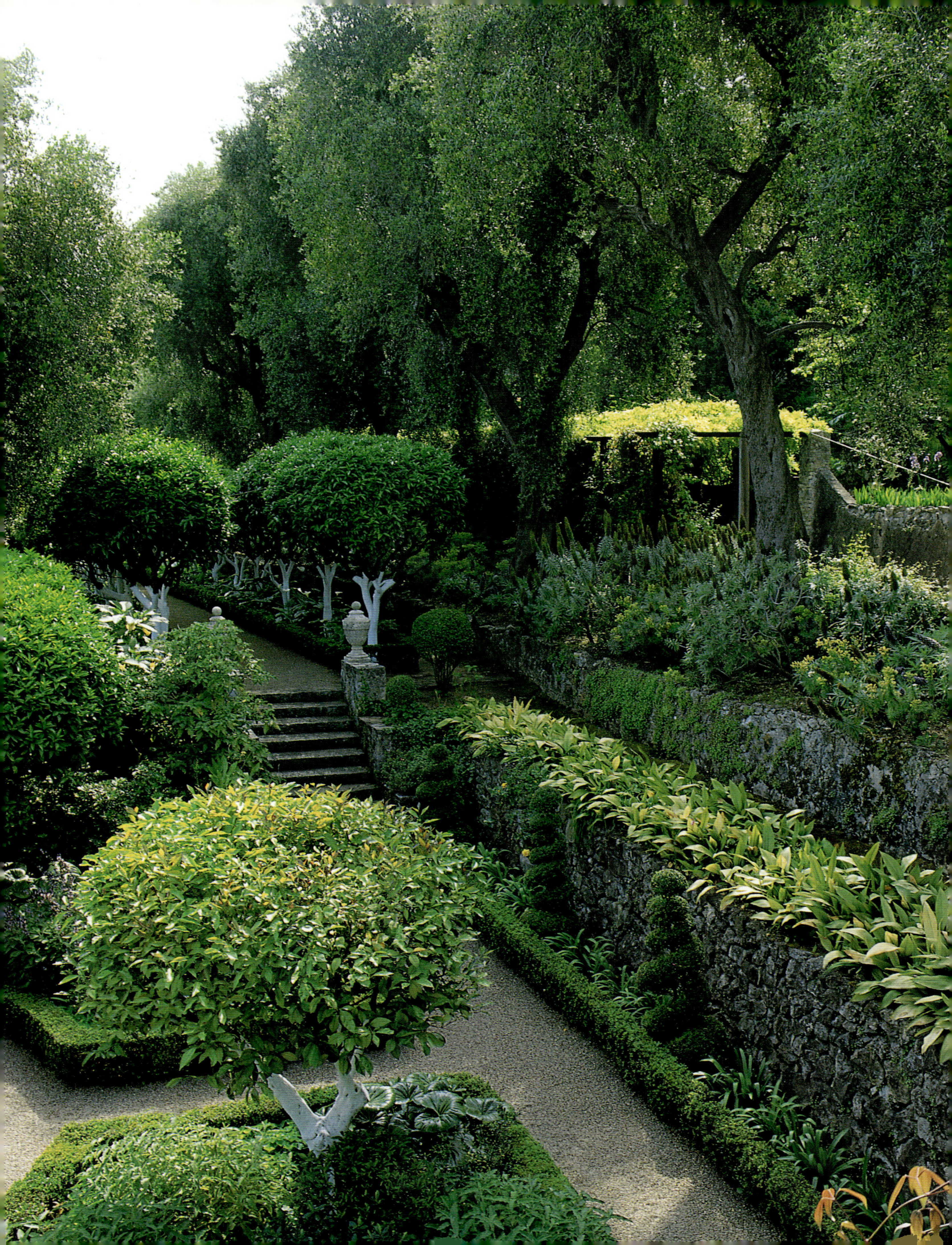

JARDINS SPECTACULAIRES

Dans un romantique jardin de montagne, des raphiolepis roses, un céanothe bleu profond et des chandelles argentées d'echium soulignent une descente rocailleuse vers les pins maritimes en contrebas (en haut).

Des iris 'Crinoline' contribuent aux couleurs douces et à l'atmosphère mi-sauvage du jardin (au centre).

Des céanothes 'Delight', sur fond de chênes et de cyprès, s'élèvent au-dessus de dômes de pittosporum et de cônes de buis taillés en formes géométriques (ci-contre).

En regardant de la mer vers le sommet de la colline, on a une belle vue sur la bastide, en haut vers l'ouest, au-delà de la série de niveaux asymétriques. Tous ces effets ont été soigneusement étudiés, mais chacun d'eux paraît être la simplicité même.

Dans tout le jardin, on a utilisé de grandes étendues de plantes – la solution du paysagiste, et non du collectionneur : des apidistras massés régulièrement, ou des tulipes sauvages naturalisées de Grèce et de Turquie, ou encore des narcisses nains des Alpilles. Tout cela est peut-être « décoratif », mais avec quel effet ! Le Clos Fiorentina, avec la lumière qui joue sur les arbustes taillés, ses glycines aux formes retombantes et son feuillage argenté, opposés aux fortes lignes des murs et des parterres, demeure l'un des plus beaux jardins de la Côte d'Azur.

UN JARDIN ROMANTIQUE EN MONTAGNE

Quelle différence avec le jardin romantique qui s'étend sur un site montagneux sauvage, à quelques kilomètres de l'un des villages perchés les plus attachants de l'arrière-pays, et où les vagues de fleurs – arbustes, bulbes et vivaces – déferlent dans une profusion que peu de jardiniers oseraient imaginer ! Ce jardin est pour l'essentiel l'œuvre d'une seule femme, et le vicomte de Noailles, qui lui donna quelques conseils, trouvait que c'était un endroit « où tout pousse mieux qu'ailleurs ».

Au début des années 60, on fit construire une maison basse toute en longueur sous la crête de la colline, avec des fenêtres du côté sud, donnant sur les plans bleutés successifs de la montagne. Le mari de la propriétaire ne voulait pas, au départ, de jardin autour de la maison, à l'exception d'une rocaille au sud-ouest et d'une discrète bordure d'arbustes en face des baies vitrées de la salle à manger. Le paysage sauvage était en soi spectaculaire, avec sa superbe végétation de maquis. Russell Page avait néanmoins été chargé de placer dix pins parasols à l'est de la maison.

Puis, en 1969, un incendie ravagea l'essentiel des bois environnants. Il reste aujourd'hui quelques bosquets – quelques chênes-lièges abritant des arbousiers et des cistes (*C. salvifolia* et *C. monspeliensis*). Ce désastre se révéla une bénédiction. Les arbres plantés par Page avaient résisté aux flammes (tous sauf un sont devenus des spécimens majestueux). Puis la propriétaire commença patiemment à agrandir ses plantations pour en faire de véritables torrents de fleurs.

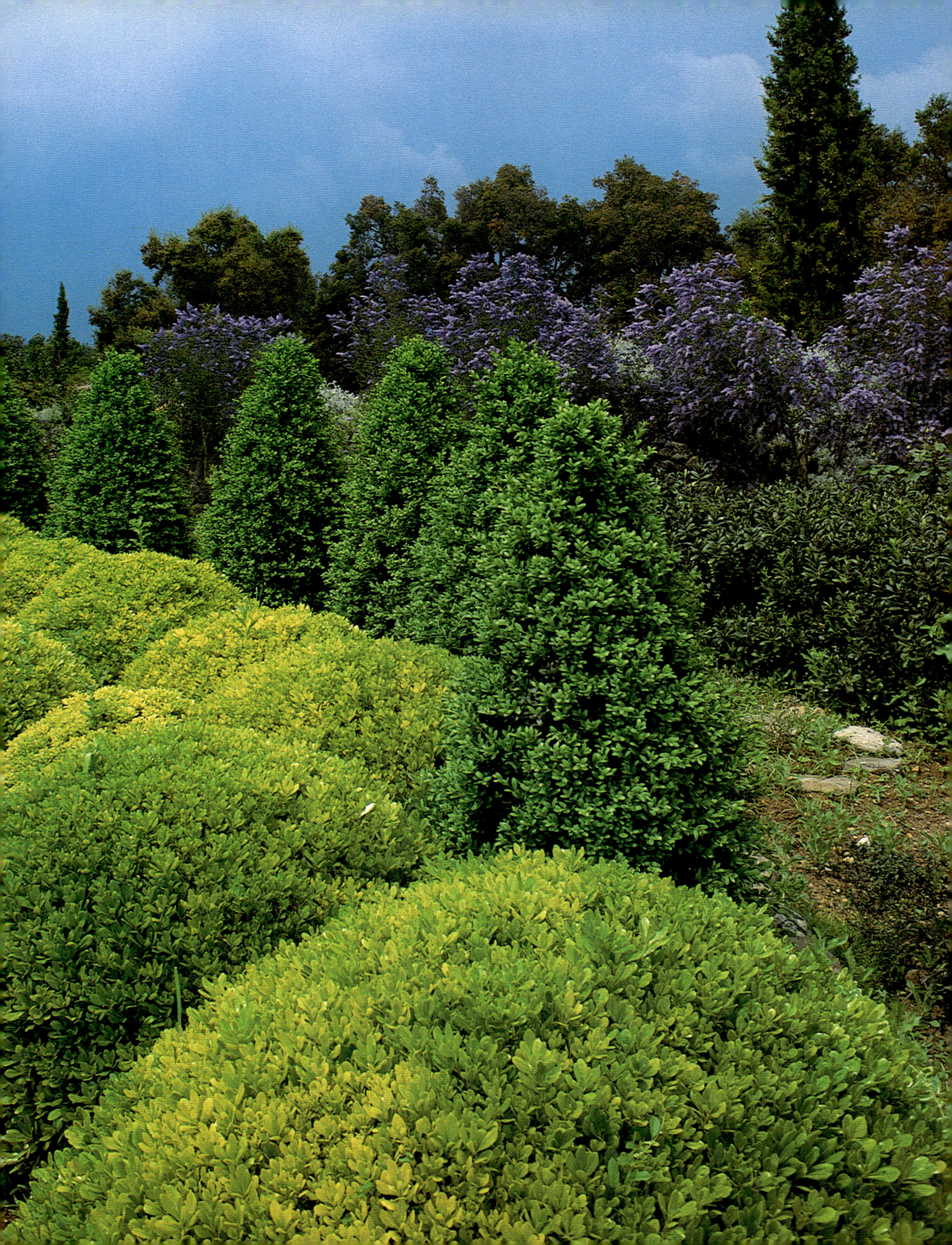

Son terrain était un plateau rocheux en pente douce vers le sud-est, à quelque 180 mètres au-dessus du niveau de la mer, sur un sol granitique mêlé par endroits de calcaire, et qui dépassait rarement soixante centimètres de profondeur. Elle se laissa guider par le maquis et fit grand usage d'arbustes à feuilles persistantes et résistant à la sécheresse, dont elle aimait particulièrement le parfum, notamment, parmi les plantes régionales, les bruyères arbustives, les filarias (*Phillyrea* 'Calycotome', des bulbes sauvages tels l'orchis 'Serapias', les asperges et térébinthes sauvages (*Pistachia lentisca*). Elle regrette d'avoir perdu l'une des plantes les plus caractéristiques du maquis, le chêne kermès (*Quercus coccifera*), excellente variété truffière.

Eu égard au climat méditerranéen, elle décida de concevoir son jardin pour les mois d'avril à juin, encore qu'il y ait maintenant des secteurs séparés pour d'autres saisons ; elle a considérablement enrichi la végétation régionale, adaptant certaines conceptions septentrionales aux conditions locales avec goût et imagination.

Elle a emprunté plusieurs concepts à l'horticultrice anglaise Gertrude Jekyll : l'idée d'organiser les couleurs en compartiments et de graduer leur progression dans une longue bordure ; l'importance des surprises réservées au promeneur, dont la curiosité doit toujours être stimulée ; l'impression de jardin « sauvage », que cette propriétaire juge indispensable dans ce site où le maquis est omniprésent et où les vues sont si vastes.

Mien Ruys, des pépinières Moerheim aux Pays-Bas, lui apprit à découvrir les textures des feuilles, les effets de lumière, l'espace, les proportions et certaines combinaisons de couleurs. Aujourd'hui, elle ne mélange jamais les teintes pastel et les couleurs primaires, et voit les couleurs des fleurs en termes de « yin » – violet, orange, écarlate, corail, pourpre et carmin – et de « yang » – pastel et gris. Elle préfère également utiliser le blanc séparément, entouré de verts ; il n'apparaît qu'occasionnellement avec des jaunes pâles et de vrais bleus. Ce n'est cependant pas un jardin de plantes rares, mais plutôt un dévoilement constant d'alliances magistrales, car tout doit se fondre ici dans le maquis environnant.

Ses premières plantations avaient déjà révélé ses talents de paysagiste. Pour encadrer la vue de la maison, sans lui faire concurrence, elle souligna une étendue de gazon d'une simple bordure à feuillage gris à mi-distance, avec, au-dessous, un groupe de couleurs florales d'un bleu doux : echiums, buddleias et céanothes, sur un tapis d'iris, d'agathea et un lantana de couleur lavande.

La construction de la rocaille débuta en 1963, avec d'immenses dalles de granit. Elle descend vers un bassin, situé dans l'une des anciennes carrières au-dessous, dans une spectaculaire cascade de céanothes, cistes (dont *C. villosus creticus*), arbres de Judée, tamaris, sauge rampante à feuilles rouges et arbres à perruque, véroniques arbustives à fleurs bleu pâle – toutes plantes dans les jaunes pâles, les rouges profonds, les roses et les bleus. Quelques-uns des rares pins maritimes qui subsistent dans la région ponctuent les vues au-dessous. La propriétaire reçut ici les conseils d'Edouard Rosset, ancien assistant d'Henri Correvon, spécialiste des rocailles de renommée internationale. M. Rosset passa une semaine dans son jardin à chaque printemps, apportant chaque fois de nombreuses boutures.

L'itinéraire qui conduit maintenant sous la bordure de la salle à manger serpente à flanc de colline d'ouest en est, avant de revenir en arc de cercle derrière la maison. Chaque secteur a son caractère : un jardin de mai, par exemple, est planté de cistes, de pivoines de Chine, d'*Iris germanica*, de lin à fleurs bleues, de saponaire, de *Scilla peruviana*, de tulipes et de nepeta autour d'un arbre de Judée soigneusement taillé. La toile de fond est formée de berberis pourpre, de lilas et de rosiers rugosa.

Vient ensuite toute une haie de céanothes 'Delight', des rosiers anciens et des abelias groupés autour d'une vieille roue de moulin, le massif circulaire étant souligné de pierres dressées. Plus loin, un demi-cercle de cônes de buis ferme un jardin de la fin de l'été, avec des lantanas s'étalant autour d'un banc, et d'autres rosiers sur un tapis de perovskia. Un jardin d'iris s'appuie contre un cyprès mutilé par la foudre et les imposants troncs de chênes. Encore plus loin, c'est un véritable torrent de bruyères, contenu par des cistes rares. Des abelias se détachent de coti-

Près de la maison, au cœur de ce jardin dans la montagne, les troncs noueux de chênes-lièges, qui ont survécu au grand incendie d'autrefois, s'étendent au-dessus d'un jardin d'azalées planté dans des poches de tourbe spéciales. Ailleurs, sur cette colline, le sol est fortement alcalin (au centre et ci-contre).

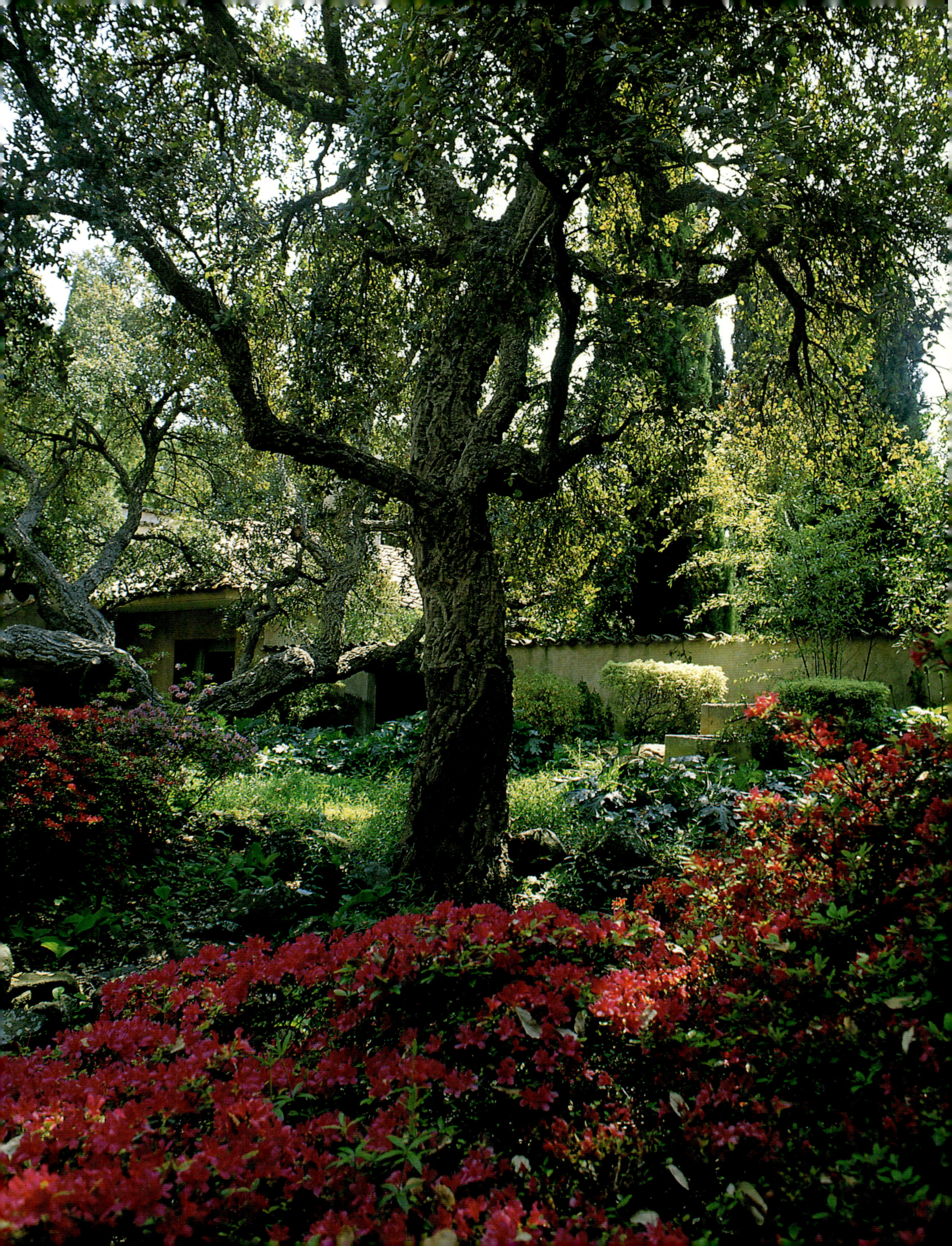

Dans ce jardin de montagne, Roderick Cameron admirait les subtils tourbillons de couleur sur les rochers gris-blanc, les vastes étendues de plantes mi-sauvages, tel Senecio cineraria *argenté sur fond de céanothe.*

nus, dans le fond, et d'un tapis d'*Amaryllis belladona*. Un carré d'herbes médicinales utilise les lignes régulières d'un cadre en pierre autour d'un grand cyprès. Des géraniums, des chrysanthèmes, des œillets et des eriocephalus en pots mettent en valeur le feuillage persistant des herbes, auxquels s'ajoute l'accent architectural d'un eucalyptus rabattu tous les ans.

Dans l'espace abrité devant la maison d'amis, un octogone pavé de pierre, ombragé par deux pins parasols, est entouré de tout un mélange de fleurs et d'arbustes de teinte pastel, avec de saisissants massifs de *Sedum spectabile*.

Le versant entier, tout en gardant ses vastes proportions et ses lignes ouvertes, est donc formé d'espaces séparés. Roderick Cameron admirait « les subtils tourbillons de couleur qui s'enroulent autour des rochers gris-blanc. Des gerbes de cistes blancs et roses et des rivières entières de thym sauvage s'intègrent aux plantes raffinées commandées dans les pépinières anglaises. Le résultat est aussi impressionnant que plaisant ».

Dans l'angle sud-est, une allée bordée de *Pittosporum tenuifolium* conduit à travers un bois jusqu'à un nouveau jardin, une sorte de « maquis artificiel » n'utilisant que des plantes basses originaires de la région, encore que les cultivars soient souvent rares : romarins rampants, myrtes, germandrées, bruyères arbustives, cistes et lauriers-tins, thym et sariette hivernale, lierre nain panaché, bergenias, santolines, nepetas,

genévriers et genêts, hysope, centranthus, lauriers-roses, lavatères, echiums, artichauts, phlomis, coronilles, euphorbes et mimosas. Ces plantations sont organisées en trois îlots, placés de manière à ne pas masquer la vue. La spectaculaire scille, *Urginea maritima*, y est entourée de nombreux cousins plus modestes : muscaris, aliums, narcisses, etc.

Plus bas sur ce versant, dans une autre ancienne carrière, se trouve la piscine, placée ici sur les conseils de Russell Page, et protégée par un bosquet de pins et de chênes-lièges taillés de manière à révéler toute la beauté de leurs troncs.

Plus près de la maison, mais du côté nord-est, on découvre avec surprise un jardin japonais conçu par un jeune parent – des effets de feuillage intéressants autour d'un petit bassin. Et dans un coin, à l'abri de quelques-uns des chênes d'origine, un jardin d'azalées, qui poussent grâce à des poches de terre de bruyère dans des filets en nylon.

Même le paradis a ses inconvénients, et la propriétaire se plaint des sangliers, des lapins et des pies qui rendent irréalisable son rêve d'un sanctuaire d'oiseaux.

Si attachée qu'elle soit aux arbustes à feuilles persistantes qui conviennent au maquis environnant, elle a le sentiment que tout jardin du Midi doit comporter des rosiers, des iris et des pivoines arbustives. Mais comme toutes ces plantes ont des périodes moins fastes, elles demandent à être situées de manière à être bien en vue en sai-

Les feuilles d'acanthe s'étalent confortablement sous les chênes-lièges naturalisés, mises en valeur par un Pittosporum tenuifolium *panaché (ci-contre).*

— 172 —

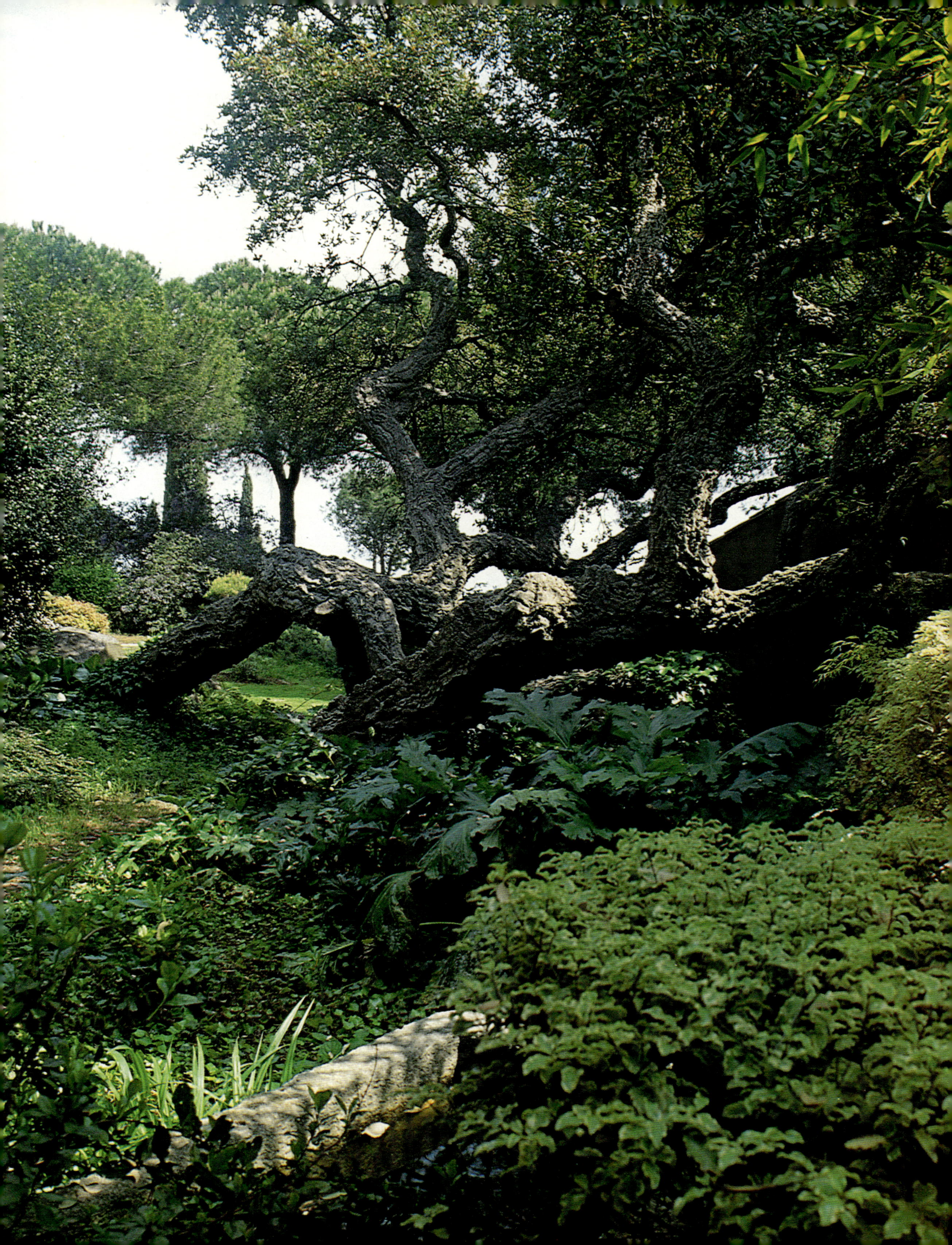

La pelouse qui s'étend sous les imposants bâtiments du Domaine du Vignal est encerclée d'oliviers et de chênes, dont les troncs s'élèvent au-dessus de massifs de vivaces (ici des agapanthes). Près de la maison, des plantations plus régulières entourent de larges marches séparées par des rangées de pots, qui conduisent à la terrasse du jardin à l'italienne.

son et discrètes le reste de l'année. Pour cela, il faut un grand jardin. Celui-ci l'est, et le paraît d'autant plus du fait de la diversité des différents secteurs que l'on traverse. Chacun se fond dans le suivant avec grâce et aisance, et on souhaiterait n'en jamais voir la fin.

PERSPECTIVES ET FEUILLES DE VIGNE

Tous les jardins qui précèdent ont mûri pendant des dizaines d'années. Mais on continue d'en créer aujourd'hui de nouveaux sur la Côte d'Azur, et, de nos jours, comme autrefois, ceux qui ont les moyens de créer de grandioses jardins sollicitent souvent les conseils d'un professionnel, et notamment de Jean Mus. Deux de ses créations, le Domaine du Vignal et la Villa Stérenal, toutes deux dans l'arrière-pays niçois, sont très admirées pour leur subtilité et leur variété, encore que chacune d'elle ait son caractère propre.

Les propriétaires néerlandais du Domaine du Vignal s'intéressent beaucoup à l'histoire locale, fiers de posséder cette propriété qui date de l'époque romaine et qui contient même un fragment de route romaine. On sait qu'elle était une auberge aux alentours de 1650, avant d'être le centre d'un domaine agricole et d'être détruite au moment de la Révolution. Restaurée au XIXe siècle, elle fut à nouveau rénovée il y a une quinzaine d'années avec l'aide de Jean Mus. Ses racines rurales ont été préservées et renforcées d'un commun accord, au point que Jean Mus et le propriétaire se sont soudain retrouvés en correctionnelle pour avoir construit un poulailler sans permis de construire !

Cette propriété couvre environ un hectare et demi. La maison, une solide bastide de teinte ocre, est située au centre du jardin, sur une éminence.

Une avenue de platanes – trait qui rappelle les grands manoirs de la région aixoise et qui est assez peu courant sur la Côte d'Azur – conduit du portail en fer forgé jusqu'à une espèce de « cour d'honneur » devant la maison, avec des massifs de santoline grise et verte de part et d'autre d'un bassin circulaire et d'une fontaine.

Ce chemin d'accès au sud, ombragé et quelque peu fermé, s'oppose aux perspectives ouvertes des versants nord. Ici le tracé du jardin encadre soigneusement deux vues stupéfiantes : un pittoresque village perché sur la droite, et Grasse s'élevant à gauche avec, en même temps, une série de plans intermédiaires intéressants.

La longue étendue de pelouse qui s'écoule vers le bas, au nord-est, en direction du village, est des plus impressionnantes. Son mouvement est ralenti et arrêté à l'horizon par une série d'oliviers alternant avec des cyprès, qui s'élèvent au-dessus d'arbustes bas, les courbes étant ponctuées par les couronnes de deux grands chênes. L'inclinaison de la pelouse évite à cette élégante bordure de masquer la vue. Les célèbres couvre-sol de Jean Mus jouent pleinement leur rôle dans cette composition, avec des touffes d'asters, de romarin et de phlomis, des îlots d'agapanthes, de térébinthes et de germandrées (*Teucrium fruticans*), soigneusement disposés, mais sans trop de régularité, pour produire des contrastes de texture et de ton. Les différentes saisons apportent des taches de couleur : phlomis à la fin de mai, ombelles bleues des agapanthes en été.

Lorsqu'on regarde vers la maison de l'extrémité la plus basse de la pelouse, on est frappé par la large terrasse qui longe toute la façade du bâtiment et par l'impressionnant escalier qui en descend. Ici, comme à La Fiorentina, une ligne irrégulière de pots en terre cuite, le long des marches, atténue leur austérité. La façade au-dessus n'est pas symétrique, mais se termine à l'est par un grand arc. Cette courbe, bien visible de loin, se répète dans les formes des arbustes sous la maison, à l'est de l'escalier, où des cyprès, taillés ou non, reprennent également les lignes verticales des cheminées du toit.

La balustrade de la terrasse longeant la maison est ponctuée de cônes d'ifs – mais il faut vraiment être sur la terrasse elle-même pour comprendre que ceux-ci font partie d'un rectangle à l'italienne dominé par une statue du dieu de l'amour ! Il se dresse devant un rideau de cyprès, au-dessus des formes ondoyantes de raphiolepis, avec les motifs et les tons doux de vieux carreaux en terre cuite de couleur rouille au premier plan.

La piscine se trouve sous la maison, à son angle nord-ouest, entourée de grandes gerbes de phormiums, avec leurs teintes jaunes, vert-jaune et rouille, sans rien de vif. Les tons foncés de *Grevillea romarinifolia*, le feuillage vineux de berberis, les éventails d'aloès et, bien entendu, les palmiers forment ici une île exotique où prédominent les nuances jaune-vert, mises en valeur par les carreaux en terre cuite autour de la piscine. Il n'y a pas de transition abrupte avec la pelouse qui s'étend à l'est : le lien est assuré par un grand parterre de perovskias veloutés à fleurs bleues, mélangés aux formes quelque peu exotiques de nandinas, sous un grand olivier, faisant écho à ceux qui bordent la pente engazonnée plus loin.

Une petite terrasse au premier étage de la maison, également à l'angle nord-est, regarde vers Grasse. Cette vue a été magnifiquement encadrée par des plans successifs de végétation, l'une des plantations les plus réussies de toute la Côte d'Azur. Au premier plan, de part et d'autre des marches qui conduisent de cette terrasse à la piscine, deux grandes jarres en terre cuite, à des niveaux légèrement différents, contiennent des boules de buis. Juste à l'extérieur, deux palmiers nains jumeaux, l'un plus haut que l'autre, emmènent le regard plus loin. Au-delà, une série de céanothes, de pittosporums nains et de romarins corses se mêle au phlomis à fleurs jaunes pour remplir la partie médiane du tableau. Au-dessous, les couronnes plumeuses d'un sumac, qui brandit ses chandelles rouges veloutées pendant une grande partie de l'année, sont ponctuées par les formes argentées un peu plus grandes d'un olivier de Bohême (*Eleagnus angustifolia*). Cette subtile alliance de textures contribue à créer une série de plans de végétation de plus en plus hauts à mesure que le versant descend. Ils forment un premier plan riche mais discret pour l'architecture géométrique de la ville médiévale au loin.

De l'autre côté du Domaine du Vignal, une avenue de platanes (rares dans les jardins de la Côte d'Azur) relie le portail d'entrée à la cour d'honneur. Les cônes de buis arrondis sont un accent typique de Jean Mus.

La création la plus célèbre du Vignal se trouve néanmoins le long du côté ouest de la maison : c'est le jardin provençal, une série de vagues de lavande, chacune léchant le pied d'un vieil olivier. Les rythmes de cette plantation simple et tout à fait méditerranéenne sont vraiment spectaculaires lorsque la lavande est en fleur (*Lavandula vera*) ; mais même le reste de l'année, les formes et les proportions créent un tableau des plus plaisants, qui apparut du reste pendant quelque temps sur la carte du célèbre restaurant de Roger Vergé, le Moulin de Mougins.

Beaucoup d'autres éléments composent ce jardin : des fossés de drainage, habilement cachés, bordant des versants soigneusement dégradés ; un court de tennis discret, un potager et même une petite vigne ; une charmante maison de gardien près d'une vieille cave à vin ; une fontaine du XVIIe siècle, souvent photographiée, avec une tête de satyre, dominant le passage qui remonte vers la cour au nord. Ici sont préservées les coutumes des propriétaires terriens méridionaux, respectant la vocation agricole d'origine de la terre. Des feuilles de vigne ont été intégrées aux motifs du portail d'entrée en fer forgé, rappelant le nom et l'ancienne raison d'être du domaine.

EXPLORATIONS EXOTIQUES

Une propriété beaucoup plus grande, conçue par Jean Mus, la Villa Stérenal, est isolée dans les collines boisées près de Saint-Paul-de-Vence. Ici les propriétaires et le paysagiste ont ensemble créé sur quatre hectares et demi un parc composé de jardins différents.

Une maison moderne est au centre d'un terrain en forme d'éventail et divisé en trois secteurs, chacun ayant un caractère différent, mais tous visibles de la terrasse de la maison.

A l'ouest, c'est le « jardin italien » : une allée régulière sous une série de pergolas soutenant des glycines et des jasmins drapés au-dessus d'un élégant bassin. Des marches en marbre flanquées de cyprès, d'oliviers et d'agrumes montent vers un imposant pavillon de jardin en marbre rose, tel un décor de théâtre italien.

Au sud, le « jardin anglais » : deux lions en marbre gardent l'entrée d'un océan de bruyères (quelque 5 000 plants d'*Erica darleyensis*), mélangées à des nandinas et à d'autres couvre-sol, d'où émergent des troncs rougeâtres de washingtonias et de dattiers, et des formes comparables de pins parasols. Ceux-ci encadrent un buffet d'eau au loin, avec un bassin bordé de pierre à ses pieds.

A l'est, la piscine est entourée d'un jardin exotique avec des plantes à floraison estivale – agapanthes, hibiscus, lantanas et mandevillas parfumés. Derrière, une série de petites allées et de pergolas conduit à d'autres jardins de conception plus récente, avec tout un village de maisons d'amis et de dépendances.

Les transitions entre ces trois secteurs ne sont pas immédiatement visibles, et recèlent d'autres jardins plus secrets. Le plus imposant d'entre eux est un cercle vert ombragé de pins et de pittosporums, sorte de théâtre

Les couronnes d'oliviers et les troncs noirs au contour précis s'élevant au-dessus de massifs de lavande sont presque devenus une signature de Jean Mus, ici à la Villa Stérenal.

A la Villa Stérenal, outre de tels mélanges classiques, Jean Mus a également osé placer des palmiers au milieu de bruyère pourpre (Erica darleyensis) et de nandina.

de verdure où se donnent des concerts de plein air. D'impressionnantes urnes sculptées en gardent l'entrée.

Vers l'extérieur du jardin, de nouvelles promenades se développent sans cesse : on accède ainsi à une serre, située en haut à gauche, par une haie de pyracanthas à baies rouges et jaunes, à moitié ombragée par des cascades de glycine. Ailleurs, le sol d'un autre petit bois a été dégagé pour servir de terrain de croquet. Le sommet de la colline au loin était du reste un ancien campement ligurien, et de grandes parties de mur ont été dégagées et restaurées, avant qu'on y laisse se déployer un tapis naturel d'aiguilles de pin. Une fausse tour en ruines, de construction récente, est cachée au milieu d'un labyrinthe d'ifs.

connotations traditionnelles, les bruyères avec les palmiers forment une alliance choquante. Mais en février, des tapis pourpres mettent magnifiquement en valeur les troncs teintés de rouge d'une rangée de palmiers soigneusement espacés, avec à mi-distance les touffes plumeuses de nandinas, dont les baies rouges, à cette époque de l'année, reprennent et renforcent le schéma des couleurs. On n'oublie pas pour autant les autres saisons, et chacune d'elles aura ses propres tonalités – notamment des lavandes sous les palmiers pour le début de l'été. C'est une région où le Nord rencontre le Sud, où l'arrière-pays provençal côtoie le méditerranéen, et où la végétation tempérée prospère à côté de la subtropicale. Jean Mus tire le plus grand parti de ces possibilités

Le calcaire blanc de la région permet à la fois de restaurer les vieux murs et de créer de nouvelles « antiquités » sans que les uns ne jurent avec les autres. Enfin, le jardin le plus récent est un parterre de lavande conçu autour de globes d'agrumes sur plusieurs terrasses peu profondes, reliées par une pergola centrale qui sera bientôt recouverte de variétés anciennes de rosiers sarmenteux.

Cette stupéfiante complexité a été réalisée en moins de six ans, sur ce qui était au départ des bois impénétrables.

Jean Mus a pu pleinement exploiter ici ses types de jardin préférés : d'infinies variations dans différentes parties du jardin sur le thème de couvre-sol contrastants, massés au pied d'arbres, et il s'est permis quelques juxtapositions audacieuses : si l'on s'en tient aux

uniques, au lieu d'enfermer chaque type de plante dans sa catégorie ; il pense en termes de volumes, de textures et de couleurs plutôt qu'en termes d'associations conventionnelles. Cette mise en scène relève du grand spectacle.

Dans un jardin de telles dimensions, Jean Mus peut également jouer sur les doubles perspectives qu'il aime tant : le buffet d'eau est un point focal vu de la maison, mais on peut aussi traverser une série de tableaux pour y parvenir, et regarder en arrière vers la maison. Les plantations sont conçues pour encadrer les vues dans les deux directions.

Créer un tel jardin en si peu de temps nécessite non seulement de l'imagination, mais aussi beaucoup d'organisation. Dégager la forêt, redessiner le terrain, installer un système d'arrosage automatique et une pro-

Les pergolas du jardin à l'italienne de Stérenal sont couvertes de jasmin parfumé, de glycine et de chèvrefeuille (double page suivante).

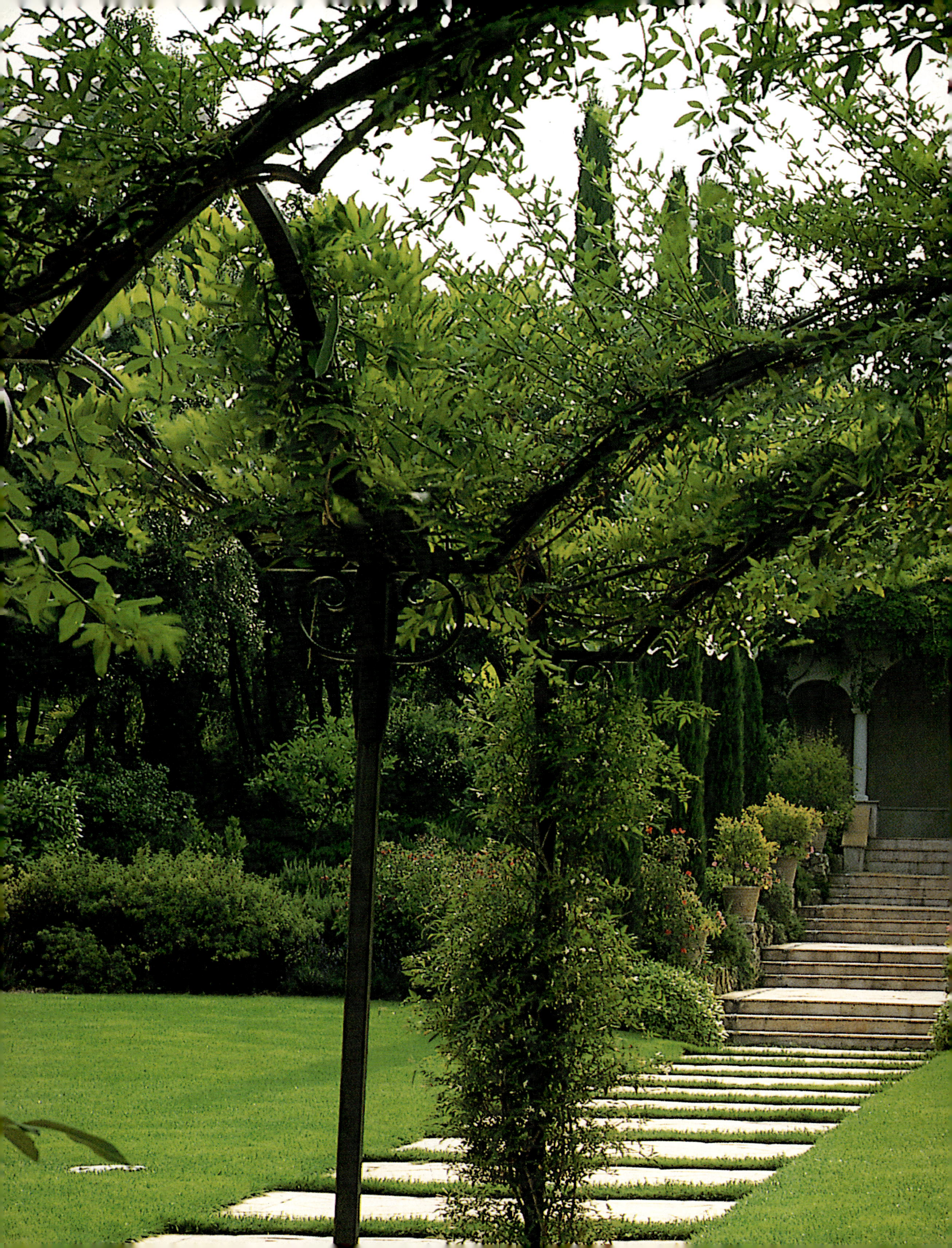

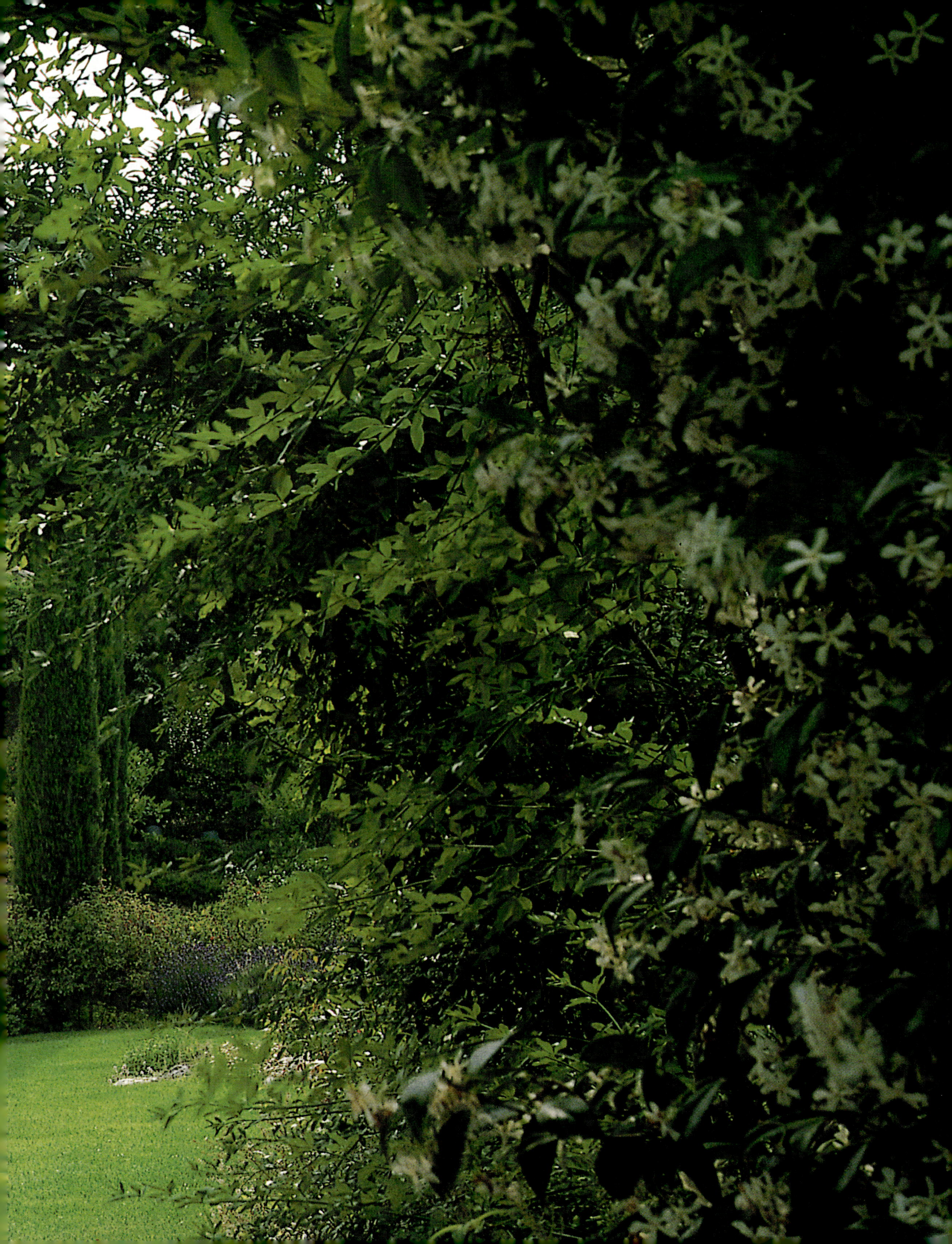

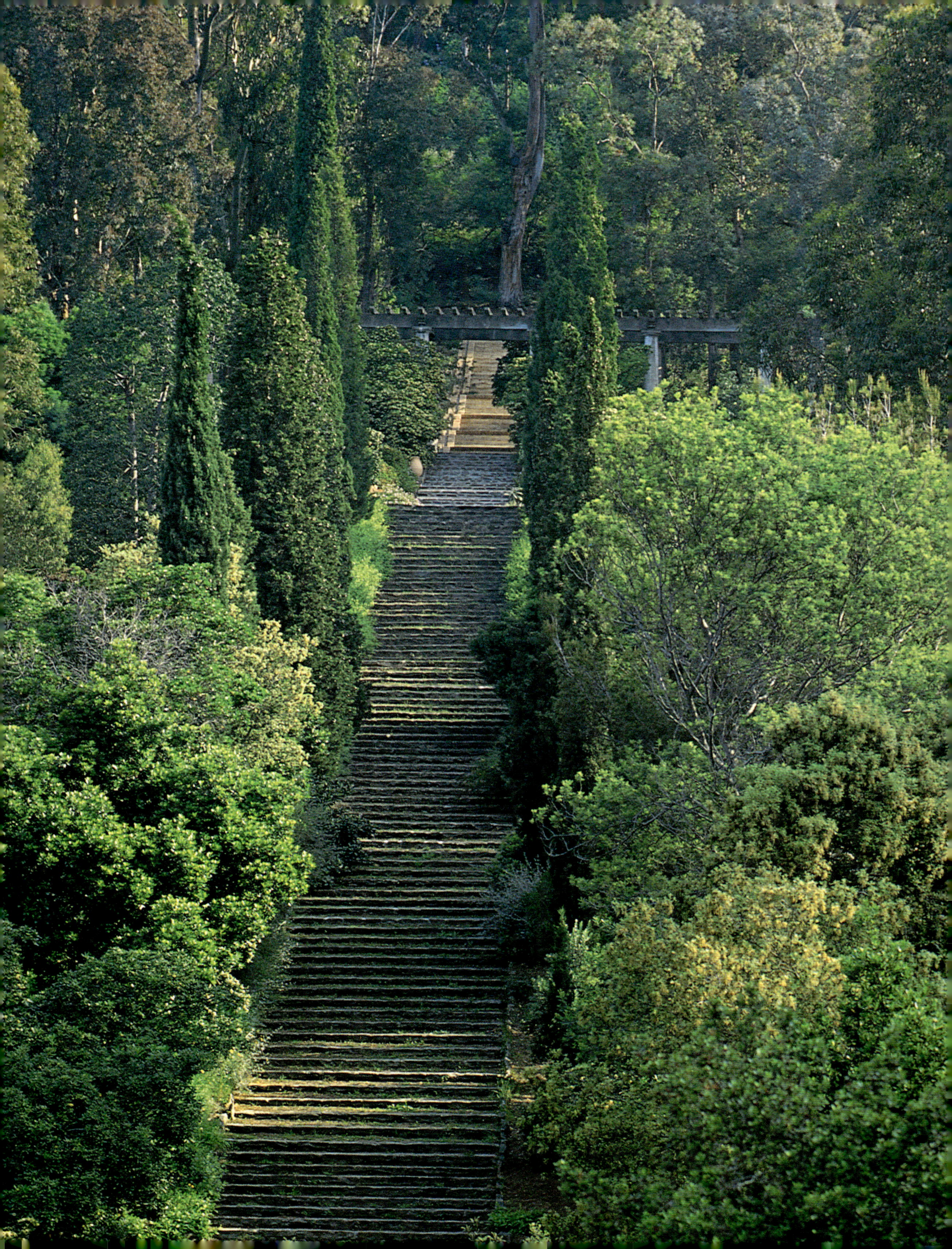

Cette triomphale descente bordée de cyprès se trouve au cœur du Domaine du Rayol, près du Lavandou. L'eucalyptus au sommet a été soigneusement placé pour attirer les regards de l'autre versant de la vallée (ci-contre).

tection contre l'incendie, construire de nouveaux murs de jardin et dépendances ou intégrer ceux qui existent – toutes ces activités supposent un travail de coordination entre différents corps de métier avant même que les plantations ne puissent commencer. De plus, une fois le jardin en place, le travail n'est pas fini pour autant. Les saisissantes masses de plantes à feuilles persistantes requièrent une technique de taille « douce » que peu de jardiniers possèdent, si bien que la formation de personnel pour l'entretien ultérieur est une partie non négligeable de la tâche du paysagiste.

Le spectacle offert par un tel jardin, depuis le premier coup d'œil sur les trois parties différentes visibles de la terrasse de la maison, jusqu'au déploiement progressif que l'on découvre dans les secteurs plus éloignés, doit d'abord exister dans l'esprit du metteur en scène qui le conçoit. Le résultat est alors vraiment grandiose.

LE DOMAINE DU RAYOL

La création ou la restauration d'un jardin ambitieux est déjà difficile lorsqu'une personne unique – propriétaire ou paysagiste – en a la responsabilité. Que dire alors de ces propriétés fabuleuses qui appartiennent à l'Etat ou à des associations, et où chaque décision doit être ratifiée par plusieurs organismes différents ? Et pourtant, l'avenir des jardins de prestige sur la Côte d'Azur tient de plus en plus à la qualité du spectacle qu'ils offrent à un public de plus en plus large. Les municipalités de Menton et d'Hyères ont beaucoup fait pour les propriétés dont elles ont la charge. Certains jardins spectaculaires furent bien entendu conçus pour le public dès le départ : les Jardins exotiques de Monaco, fondés par le prince Albert Ier en 1897, déclarent maintenant recevoir plus d'un demi-million de visiteurs par an. Le beau jardin de cactées au sommet du village d'Eze, quoique beaucoup plus petit, en est un digne concurrent.

La côte pittoresque près d'Hyères, entre Le Lavandou et Saint-Tropez, est le site d'un certain nombre de splendides propriétés, malgré le développement précipité de l'immobilier au cours des années récentes. Trois d'entre elles, dont le Domaine du Rayol, qui est en passe de devenir l'un des jardins les plus pittoresques de la Côte d'Azur, ont eu la chance de tomber sous la protection d'une association baptisée le Conservatoire du littoral. Le célèbre paysagiste Gilles Clément a été engagé pour redessiner cette vallée sauvage s'ouvrant sur une plage de sable entre deux promontoires rocheux.

L'histoire du domaine du Rayol est riche, et caractéristique de la Côte d'Azur. Avant la Première Guerre mondiale, le banquier Alfred Théodore Courmes créa un refuge pour son épouse sur vingt hectares de terre. On y construisit une maison Art nouveau en 1910, avec des sylphes qui jouent de la flûte sur sa façade crème. En 1925, les propriétaires s'installèrent dans une villa Art déco, ailleurs sur le domaine.

En 1934, écrasé par ses dettes de jeu à Monaco, Courmes se jeta dans la mer. En 1940, Henri Potez, pionnier de l'aviation, s'établit au Domaine, engagea vingt jardiniers, conçut un verger, planta les terrasses d'arbres exotiques – caroubiers, orangers amers, palmiers. Son jardin crût en même temps que sa passion, et il y ajouta quatre cents espèces, originaires de l'hémisphère Sud pour la plupart.

Vint ensuite une période de déclin, pendant laquelle le gardien actuel, Henri Robinia, et Etienne Gola, maire de Rayol et ancien surveillant du domaine, n'ont pas ménagé leurs efforts pour essayer de le préserver. Il est désormais destiné à devenir non seulement l'un des jardins les plus originaux de la région, mais également un centre pour l'étude des jardins.

Le Conservatoire du littoral acheta la propriété en 1989, et Clément y crée maintenant un parc des plus imaginatifs, avec l'aide du botaniste François Macquart-Moulin et du fidèle Henri Robinia. Cinq hectares seront entretenus en jardin, où le public, accompagné de botanistes, pourra découvrir à la fois la flore sauvage du maquis et les superbes collections.

Gilles Clément est célèbre pour son concept de « jardin en mouvement », dans lequel l'intervention humaine reste guidée par les tendances spontanées de la végétation. Son travail respecte les plantes, l'esprit du lieu et l'histoire, mais introduit en même temps une idée dynamique de flux et d'évolution. Ce jardin est à vocation botanique et pédagogique aussi bien qu'horticole, si bien que les familles

Le Domaine du Rayol mêle des spécimens rares des cinq continents à des plantes plus communes, comme ce dattier (au centre), dans un paysage imaginatif conçu par Gilles Clément.

Au Domaine du Rayol, la pergola d'inspiration romaine, avec ses poutres carrées posées sur des piliers de pierre, date des années 1920. Elle recouvre une mosaïque à trois tons que Gilles Clément a lui-même réalisée à partir de galets et de fragments de verre polis par les flots.

de plantes resteront groupées – ce qui est un véritable défi pour le paysagiste.

La restauration de chaque espèce progresse lentement, car il faut tenir compte non seulement de la répartition du jardin en zones géographiques, mais aussi de la qualité des sols, des possibilités d'arrosage, des axes de perspective, des contrastes de texture – de tout ce qui concourt à la réussite d'un beau jardin conçu à une grande échelle.

Partant de la loge de garde à l'angle sud-ouest de l'immense amphithéâtre, on monte le long d'une haie de pittosporum, assez haute pour masquer la vue, en passant devant un immense eucalyptus (dont les bandes d'écorce tombées sont soigneusement disposées à ses pieds), pour émerger soudain dans l'éclatant jardin sud-africain. Celui-ci s'étend au pied de la longue et haute pergola. Des agaves se mêlent à un polygala à fleurs violettes, des leonotis orange, des bananiers et d'autres plantes encore, dans un grand éclat de couleur. Des galtonias s'étaient autrefois resemés dans ce secteur, mais un jardinier inexpérimenté les a tous arrachés par erreur – petit exemple des mésaventures d'une propriété administrée par des groupes, des sociétés et des organismes publics.

La pergola qui se dresse au-dessus du jardin sud-africain domine toute la vallée, permettant au spectateur d'embrasser d'un regard toute l'étendue du jardin jusqu'à la mer. De larges marches, partant d'encore plus haut, descendent sous les poutres de la pergola, bordées ensuite par de grands cyprès, l'un des plus grands axes verticaux de tous les jardins de la Côte d'Azur. Clément a soigneusement groupé les arbres et arbustes sur la pente d'en face, légèrement plus basse, afin de guider le regard vers le haut. Si l'on fait le tour de la vallée jusqu'à ce versant éloigné, on découvre un merveilleux point de vue sur la pergola et son long escalier. Le regard est ensuite attiré vers le sommet de la colline, au-dessus de la pergola, par un autre magnifique eucalyptus.

Les espaces de part et d'autre de cette allée supérieure, au-dessus de la pergola, à la limite nord du jardin, ont été plantés d'une pelouse de zoysia, et entourés de plantes australiennes, en particulier des callistemons et des grevilleas. D'ici, une discrète allée latérale conduit vers l'est, suivant la courbe de la colline, jusqu'à une rocaille géante, où l'on a rapporté d'immenses dalles de pierre dorée des carrières de Bormes-les-Mimosas, pour faire des parterres surélevés destinés à divers yuccas et cactées. On trouve ici d'autres raretés provenant de l'hémisphère Sud : deux variétés de *Xanthorrhoea*, dont les troncs trapus sont régulièrement brûlés et noircis par les feux de brousse dans leur Australie natale.

Des murs de soutènement marquent le versant au-dessus de la route de leur rythme simple et beau – espace qui sera laissé ouvert, dans ce jardin si plein par ailleurs de grands arbres et de bosquets.

Sous la route, un ravin a été tapissé de pervenches à fleurs blanches et de massifs d'acanthes. Gilles Clément ajoutera ici une rivière d'arums et d'autres bulbes, le tout sur fond de chênes-lièges adultes à troncs multiples. C'est le site choisi pour des expériences de « jardin en mouvement », mêlant l'évolution naturelle et spontanée à un contrôle discret.

Dans le creux au-dessous, on aperçoit un petit pont et une cascade, le cœur du jardin oriental que l'on atteint après plusieurs autres virages. Au-dessus de l'allée s'étend une végétation de maquis. L'allée remonte ensuite jusqu'au point de vue sur la pergola en face et, au-delà, vers la maison Potez (la villa des années 1930), avec son parterre Art déco bordé de briques.

Au-delà s'offrent d'étonnantes vues sur la mer de part et d'autre : des pins pliés par le vent au-dessus de cascades de rochers, abritant des quantités de belles plantes sauvages, telles que la barbe de Jupiter, espèce protégée, aux couleurs argentées (*Anthyllis barba-jovis*) et des asphodèles. Ce site abritera par la suite un jardin maritime, en partie sous-marin.

En revenant vers le centre du jardin, on arrive au bas des marches qui sont au cœur de la vallée. A l'est, tout un versant a été planté d'herbes panachées (*Carex*), bleu argenté et rouges, dans un magnifique effet de tapisserie. Un ravin abrite le jardin néo-zélandais, qui mêle d'immenses fontaines de phormiums à feuilles épaisses à des fougères arbustives géantes. Le jardin oriental se trouve au-delà de ces plantations exotiques.

La pente à l'ouest de l'escalier aux cyprès, qui sera consacrée aux plantes provenant des Amériques, porte déjà de hautes touffes de palmiers washingtonia, diverses sauges tendres et des nolinas. Les marches en pierre seront prolongées par une avenue de callistemons. Ailleurs on a prévu un bassin de lotus, un point de vue entouré de cistes, la terrasse au planisphère, avec son jardin d'armoises (il existe des exemples de cette espèce sur les cinq continents). On pourra également admirer une collection asiatique de cycas et de plaqueminiers, un pré de fleurs sauvages méditerranéennes (annuelles et vivaces), une section réservée aux plantes côtières, une allée de pélargoniums alternant avec des agapanthes et des eucalyptus, une allée de nasturtium parmi les feijoas, et d'autres promenades ornées de daturas et de phormiums.

Les plantes de l'hémisphère Sud formeront le thème principal du domaine, avec les collections de toutes les régions méditerranéennes et le jardin sous-marin. Une librairie est prévue dans un nouveau bâtiment à l'entrée. La maison Art nouveau, qui sert maintenant de loge de garde, abritera le Centre de formation des jardins du monde méditerranéen.

Ces projets ambitieux demandent à la fois du courage et de la patience, et le Domaine du Rayol n'en est qu'à ses débuts. On a sollicité l'aide de botanistes de la Villa Thuret et de conférenciers du centre de La Napoule. Mais le domaine est d'ores et déjà un lieu magique, même pour le profane, et une mine de découvertes pour l'initié.

TORRE CLEMENTINA

Certaines folies de la Belle Epoque appartiennent aujourd'hui à des particuliers qui ont, outre le goût de l'aventure, les moyens de créer de nouveaux jardins sur les ruines du passé avec autant de panache que leurs aînés. Tel fut le destin de la Torre Clementi-

Le corps de ferme au Rayol abritera, par la suite, une pépinière où seront vendus des plants et des graines provenant des collections de la fondation. Au-delà sera aménagé un terrain de boules.

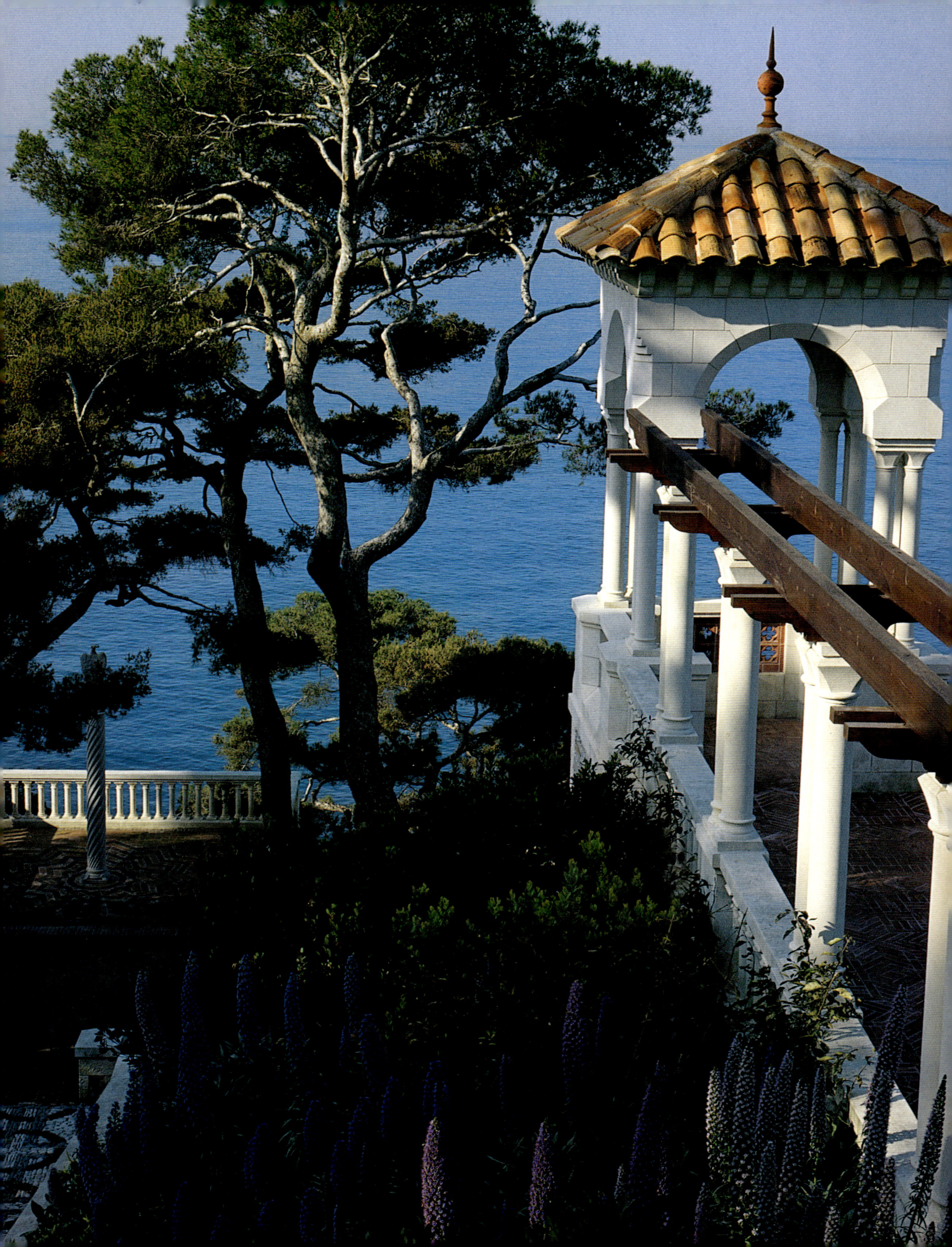

Echiums et felicias à ce niveau (en haut), anthemis blancs au-dessous (au centre) bordent les allées sinueuses qui conduisent d'un fragment architectural à l'autre.

Torre Clementina, sur le cap Martin, fut à l'origine construite dans des styles qui vont du byzantin au purement imaginaire, en passant par le roman. Pour la restauration actuelle, on a conçu de complexes motifs de mosaïque sous la maison (ci-contre).

na, située sur une colline sauvage du cap Martin, où les princes de Monaco organisaient autrefois leurs parties de chasse et où, par la suite, les promoteurs immobiliers ont créé une enclave si élégante que la princesse Eugénie décida d'y avoir une résidence. La Torre Clementina fut au départ conçue après 1900 pour Ernesta Stern, femme de lettres et hôtesse de renom, qui reçut l'élite à la fois sociale et artistique de son temps. Non contente des célébrités contemporaines, elle y attira également, à l'aide de tables tournantes, Napoléon, qui n'aurait pas dédaigné, dit-on, le rendez-vous. Les historiens Racine et Boursier-Mougenot citent le portrait haut en couleur brossé par Ferdinand Bac de cette dame excentrique, qui « aimait la grandeur, la puissance à travers les âges », et dont la « silhouette blême et massive s'ornait de pendentifs mérovingiens ».

Ernesta Stern demanda à l'architecte Lucien Hesse de lui construire une forteresse romantique, avec des tourelles et une loggia, laquelle subsiste pratiquement dans sa forme d'origine aujourd'hui. La contribution de Raffael Maïnella, qui conçut à la fois les intérieurs et le jardin, fut encore plus importante. Peintre et, dit-on, ancien coiffeur, il prit plaisir à mêler autant de styles d'époque et de matériaux de construction que possible – brique, pierre, onyx pour les panneaux translucides et mosaïques de galets. « La Chine et le Japon, écrit Bac, Syracuse et Trébisonde, les marbres translucides de San Miniato rivalisent de zèle pour décorer et rendre mystérieuse la demeure, dans une accumulation d'effets à laquelle il ne manque que la mesure chrétienne. »

Autrement dit, la Torre Clementina était une de ces mosaïques surréalistes, collections de souvenirs de voyage et de fragments de culture, si caractéristiques de la Côte d'Azur dans les toutes premières années du siècle. Le parc, situé sur le versant pentu séparant la route en haut de la mer au-dessous, fut conçu dans le même esprit, tandis qu'une cour au-dessus de la route contenait un jardin japonais et un théâtre grec miniature. A droite de la maison, un axe puissant, entre des cyprès géants, descendait la colline, imposant et impressionnant dans sa majesté quelque peu gratuite. Il est actuellement en cours de replantation.

La Torre Clementina est en pleine restauration depuis 1985, les travaux étant confiés à la firme de Charles T. Young, de Boston (sous la responsabilité de l'architecte John Bolt). Le paysagiste Robert Truskowski, de

La piscine récemment installée à Torre Clementina a été conçue avec des fenêtres sous l'eau, qui donnent sur les allées sous la maison (double page suivante).

— 185 —

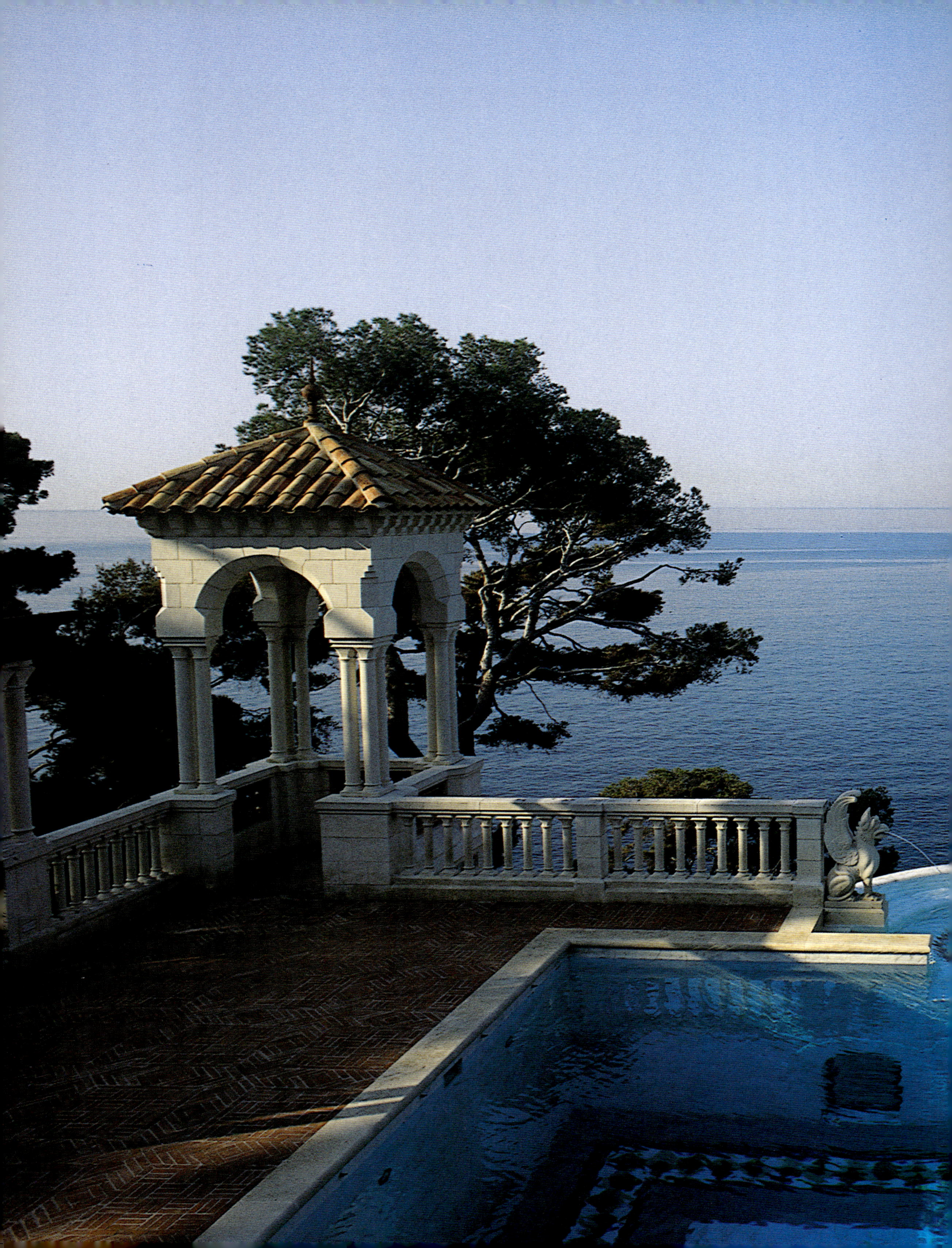

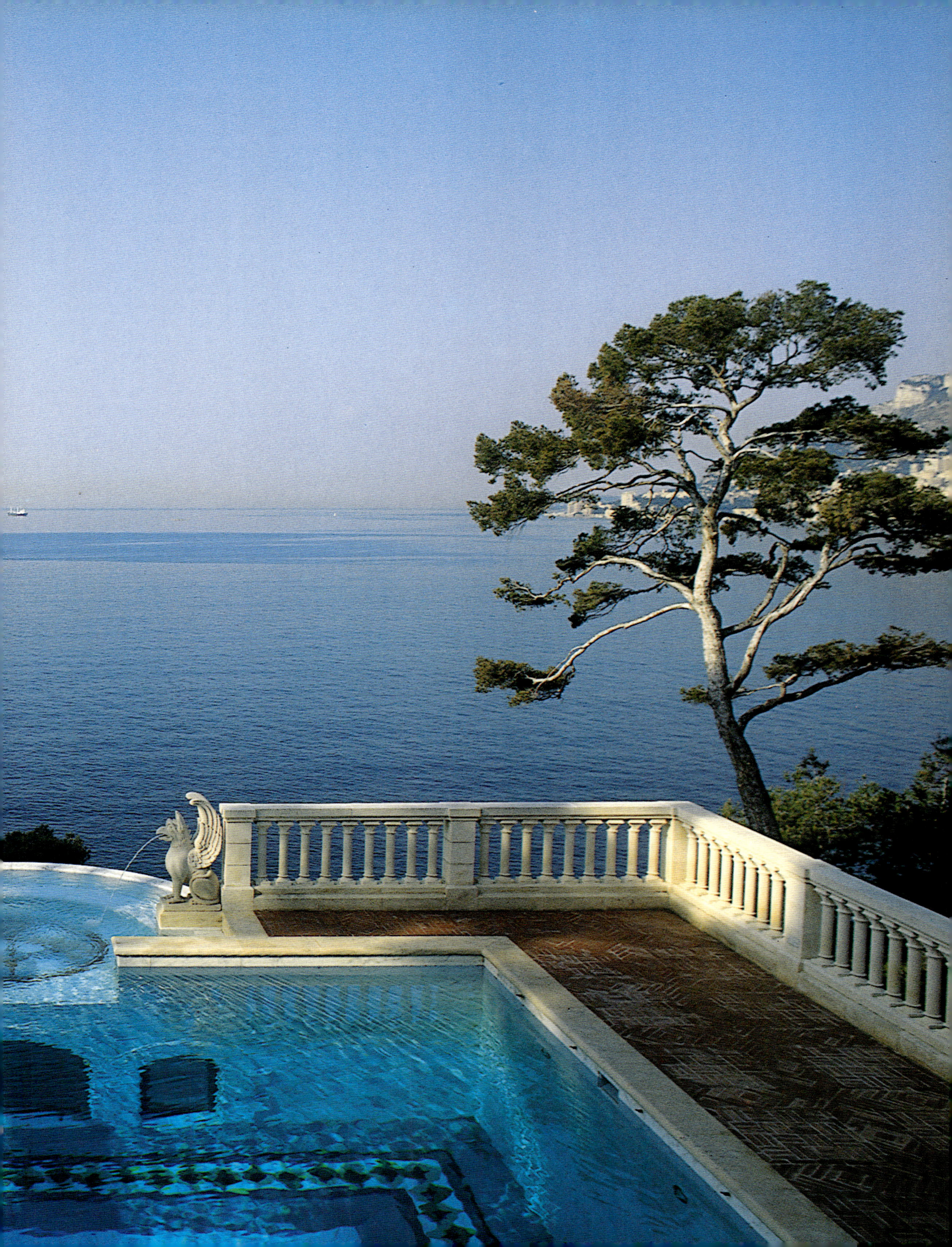

A Torre Clementina, des pins parasols et des chandelles d'echium dessinent des silhouettes dramatiques sur le versant rocheux.

Laguna Beach, en Californie, commença à redessiner les jardins en 1987 – ressuscitant le grandiose esprit cosmopolite d'autrefois (l'un de ses clients n'est autre que Mick Jagger). Truskowski travaille sur des propriétés disséminées dans le monde entier, d'Autriche jusqu'aux Antilles, mais il a le sentiment que le climat du cap Martin est très proche de celui de sa Californie d'origine.

L'élément essentiel du jardin, dont les lignes sont toujours apparentes, est une allée courbe qui serpente d'un point de vue à l'autre, descendant jusqu'aux rochers qui abritent la plage au-dessous. A intervalles réguliers sont placés des kiosques, des sculptures et des fontaines médiévales et byzantines, dans le même style que la maison – ici une colonne romane, là une série d'arcs en brique et en pierre, ailleurs une grotte baroque. Tous ces éléments apparaissent comme une succession de révélations romantiques.

La falaise elle-même et une série de pins parasols particulièrement magnifiques dominent l'architecture et encadrent puissamment la vue sur Monaco.

Le long du côté est du bâtiment, une série de paliers carrés, pavés, ont été plantés de masses de polygala et d'autres arbustes couvre-sol, reliant la maison aux méandres de la promenade. Avant d'atteindre celle-ci, on repasse toutefois au pied de la maison, en traversant une autre colonnade demi-circulaire qui encadre la vue sur la mer à l'extérieur. En regardant vers l'intérieur, on découvre à travers un épais panneau en verre les profondeurs de la piscine, telle un immense aquarium dont les occupants sont les baigneurs. Ceux-ci, s'ils plongent en profondeur, se trouvent face au jardin et à la vue sur Monaco à travers la colonnade. Un petit canal longe le pied des colonnes – amusante transition aquatique.

Sur tout le versant, les constructions en pierre, brique, marbre et galets prolongent la maison dans le jardin. Chaque détail a été soigneusement pensé, et ces différents matériaux s'entremêlent avec la plus grande ingéniosité : dans un cas, John Bolt a conçu un nouveau sol en mosaïque de pierres de trois couleurs différentes, parfaitement calibrées pour produire l'effet voulu. Des balustrades sculptées, comme celles qui sont près de la maison, soulignent l'allée de jardin et entourent les points de vue là où, par chance, certaines des structures d'origine subsistent, avec leur belle patine vieillie. Elles ont été découvertes dans une jungle de pittosporum, retournée à l'état sauvage, au point que, lorsque les paysagistes commencèrent à travailler, la vue sur la mer était complètement masquée.

Les jardins ont déjà pris forme. Truskowski les a imaginés comme une vaste tapisserie, avec de grands traits de couleur et de texture, contenant une série de salles de jardin autour d'un point focal. Les plantations ont été étagées pour créer une certaine intimité. Une collection de camélias rares a ainsi sa propre atmosphère lorsqu'on est à proximité, mais, vue de loin, elle est un élément marquant de la composition d'ensemble.

Dans tout le jardin, les plantations sont faites à la fois pour être examinées en détail, mais également pour être vues comme une partie d'un vaste ensemble.

Ici, un versant entier d'echium à éperons bleus et de raphiolepis rose tendre met en valeur les troncs des pins de la plus belle manière au printemps. Là, de grands lauriers-roses et pittosporums ont été taillés en arbres à plusieurs troncs, au milieu de tapis d'agapanthes et d'ophiopogon. Des yuccas et des palmiers nains servent d'accents, et, à un tournant de l'allée, une petite étendue de gazon, sous les cimes de pins, est bordée au fond de cycas et de palmiers de plus en plus hauts. Dans le jardin inférieur, on découvre soudain une autre merveille : une imitation de la pergola mauresque en ruine que Maïnella a construite pour la Villa Cypris voisine, et que le propriétaire de Torre Clementina voulait voir dans son propre jardin.

L'esprit grandiose de la Côte d'Azur est donc encore en vie dans le domaine privé du cap Martin. L'extravagance et l'audace s'allient une fois de plus dans une aventure qui suppose encore plus d'innovations que de restaurations.

LA CASELLA

La Casella est sans doute le jardin des années récentes qui a suscité le plus d'enthousiasme – il ne fut commencé qu'en 1985 ! En quelques années, Klaus Scheinert et Tom Parr ont réalisé une synthèse élégante et raffinée des meilleurs éléments de la Médi-

Un fragment de faux cloître mauresque vient d'être copié sur celui qui se trouve à la Villa Cypris voisine, conçue à l'origine par le même architecte (ci-contre).

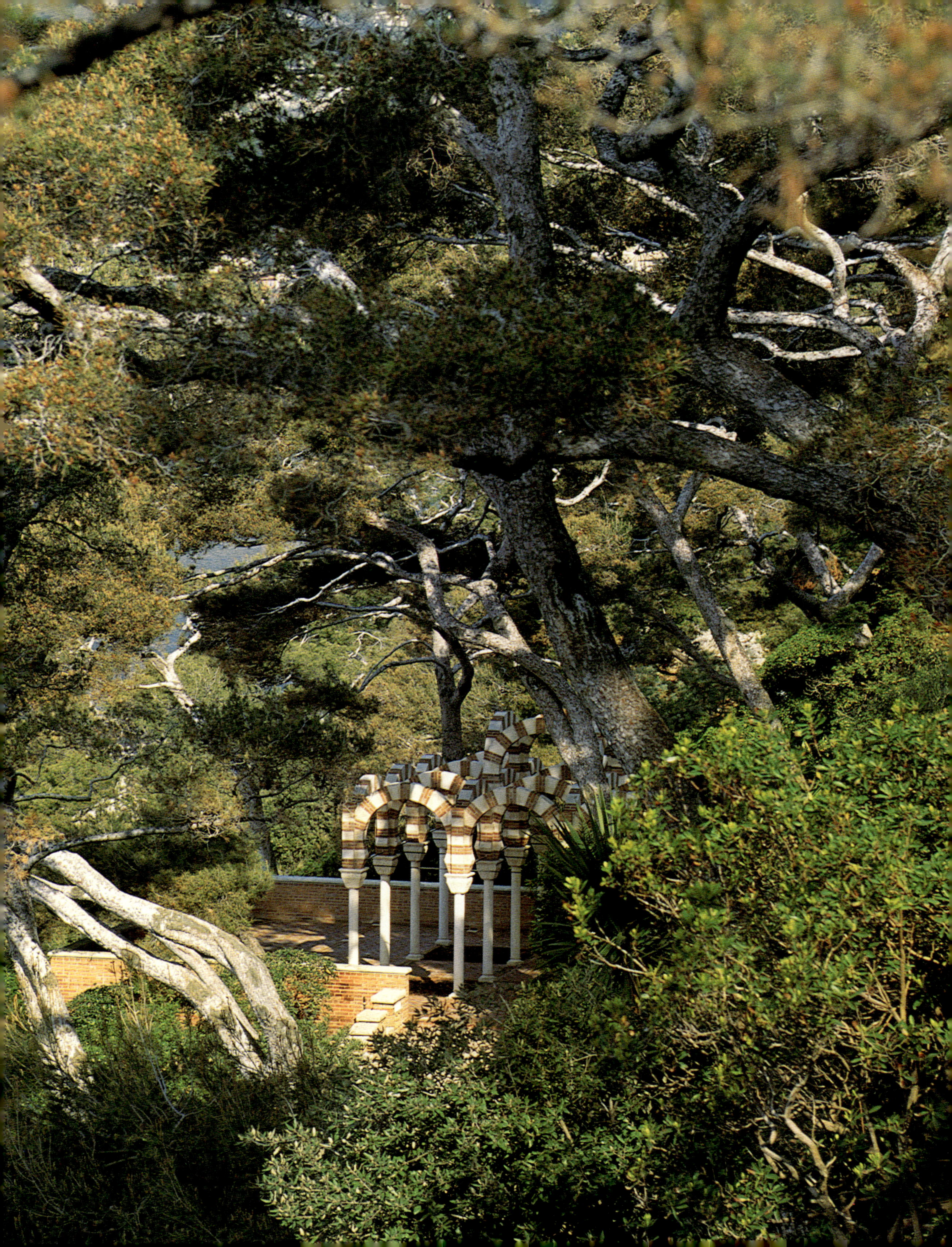

terranée – provençaux, italiens, anglais – et de choix personnels.

La maison donne déjà le ton : conçue en 1960 par Robert Streitz, disciple d'Emilio Terry, elle s'inspire du pavillon de Mme de Pompadour à Fontainebleau pour le plan, et de modèles napolitains pour les couleurs douces et chaudes. Tom Parr l'a rénovée et décorée, puis se mit à travailler au jardin, créant la cour abritée à l'est. Ensuite Klaus Scheinert, qui n'avait jamais jardiné, commença à s'y intéresser, et c'est dans une large mesure grâce à ses efforts que La Casella est devenue l'un des grands jardins de prestige de la Côte d'Azur.

Klaus Scheinert commença par visiter des propriétés célèbres, pour savoir ce qui pousserait bien sur de tels sites, et s'inspira tout particulièrement de La Mortola, de la Villa Noailles et de la Chèvre d'or. Il a le sentiment que ce fut peut-être un avantage de partir sans idées préconçues. Ce fut du reste pour lui un baptême de glace : 1985 fut une année de gelées meurtrières. Les terrasses à l'ouest, plantées autrefois de jasmin et d'orangers amers, avaient déjà presque tout perdu lors du désastre comparable de 1956.

La décision de n'utiliser que des plantes qui poussent bien dans le pays fut certainement sage, et non une restriction dans une région qui offre une telle diversité. La conception de La Casella mêle les perspectives italiennes, au milieu d'arbres et d'arbustes taillés, à une richesse florale anglaise. Les deux propriétaires sont attachés aux teintes pastel et ont le sentiment qu'en été les jardins du Midi doivent être avant tout verts. Le mélange typiquement méditerranéen de cyprès, buis, lauriers et oliviers s'enrichit sur la Côte d'Azur des feuillages d'agrumes, vibrants et frais à longueur d'année. Les fleurs de couleur vive sont admises à l'intérieur, dans de gais bouquets champêtres, mais celles-ci poussent dans le jardin des fleurs à couper (tulipes en début de saison, tournesols, zinnias verts, cosmos et œillets par la suite).

Si le jardin est à son apogée au printemps et à l'automne, l'été n'est cependant pas sans fleurs : au-dessus de la maison se trouve un magnifique rectangle d'agapanthes bleus, avec des piliers d'agrumes et des obélisques en pierre au centre.

Des pélargoniums parfumés en pots étagés sont du reste les premiers à accueillir le visiteur près de la façade est de la maison, sous l'ombre de vieux oliviers. A partir d'ici, le jardin se déploie, acte après acte, scène après scène :

A La Casella, Plumbago capensis jaillit d'une jarre d'Anduze (au centre). Des boules de citronnier s'élèvent de carrés de buis, près de pots d'agapanthes, de rangées de lavande et de rosiers 'Iceberg' (en bas).

On aperçoit de la maison, au-delà d'une touffe de Convolvulus cneorum, l'allée de myrte de La Casella et la pergola du niveau supérieur (ci-contre).

De lourds éperons d'echium mettent en valeur les douces teintes ocrées de la villa à La Casella (double page suivante).

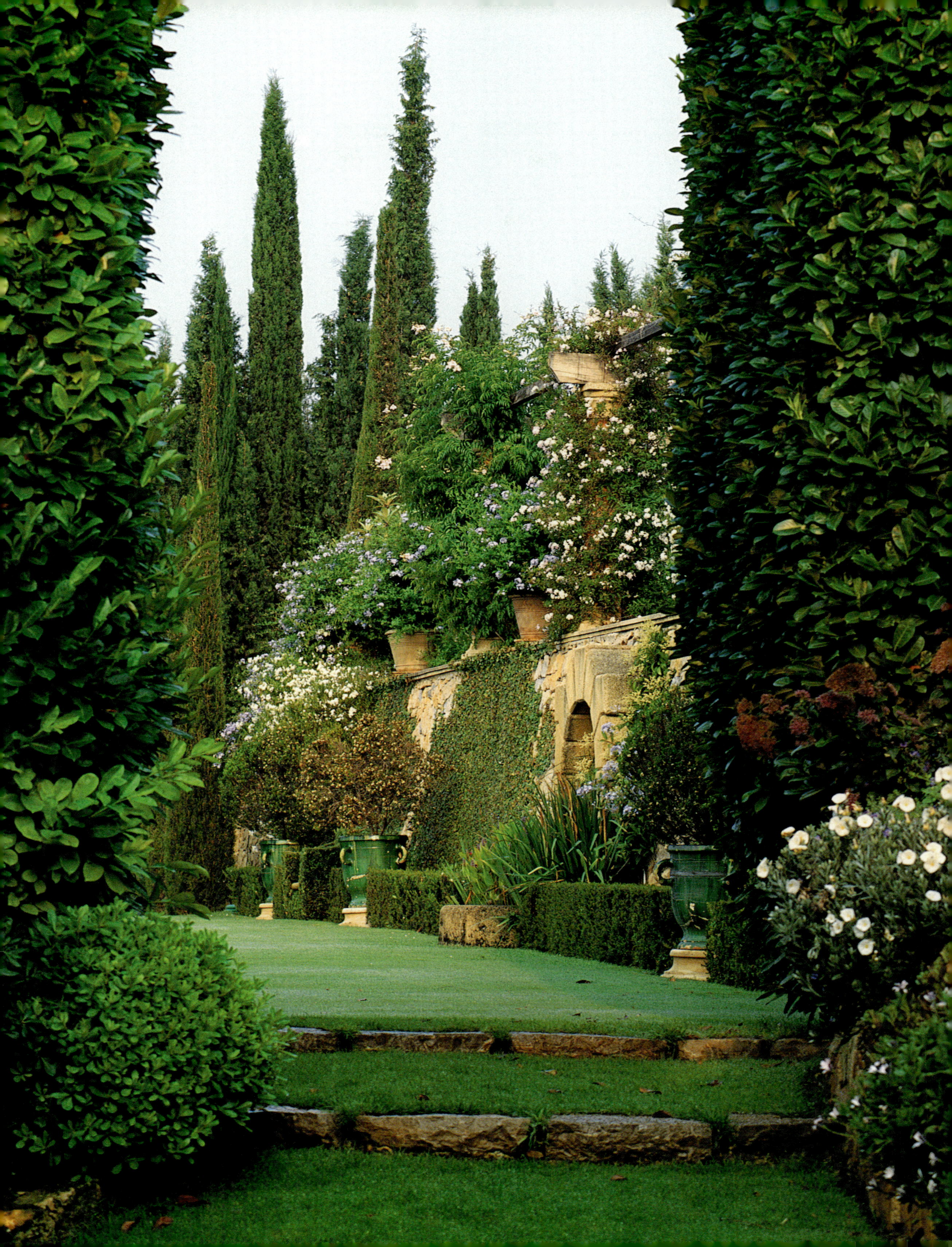

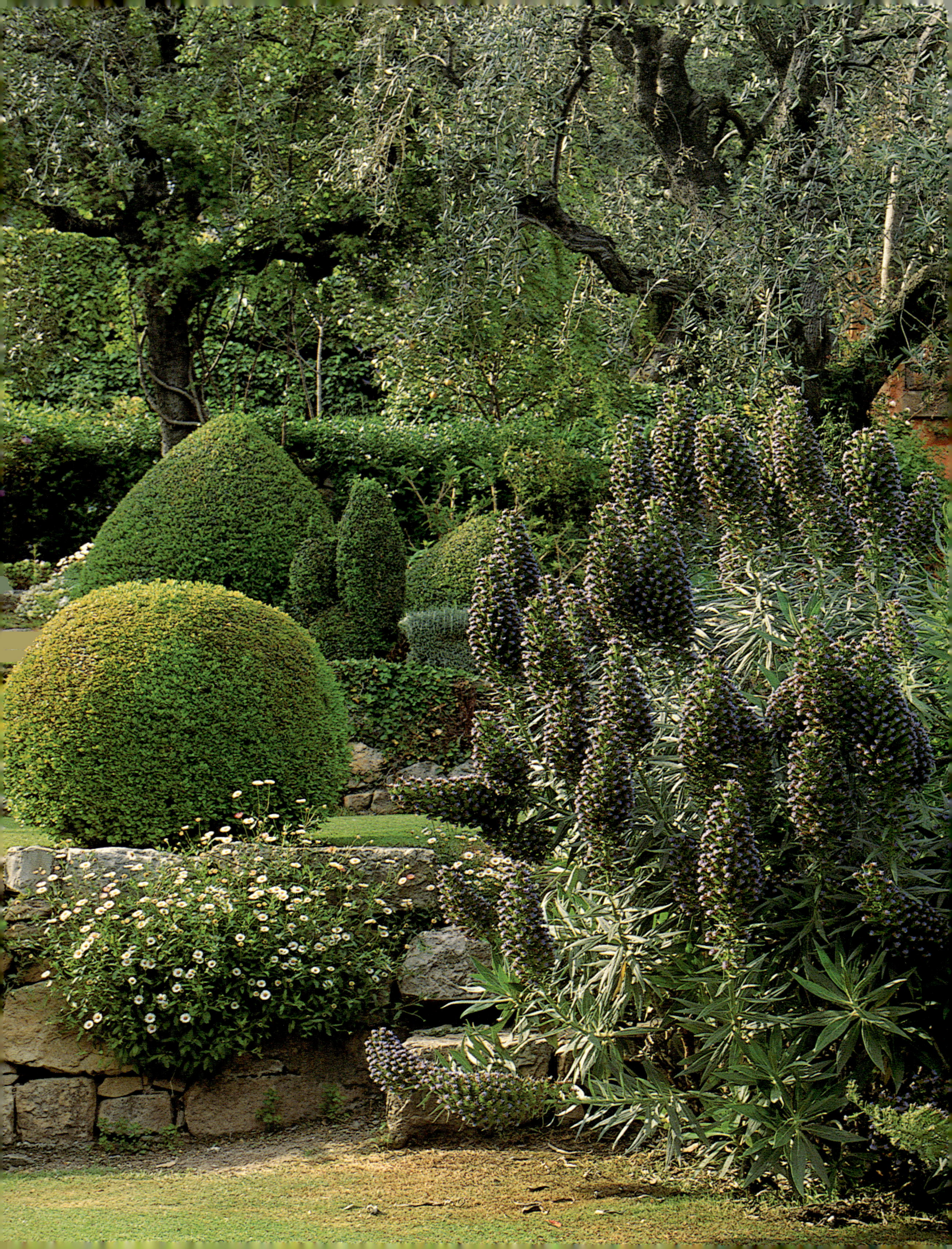

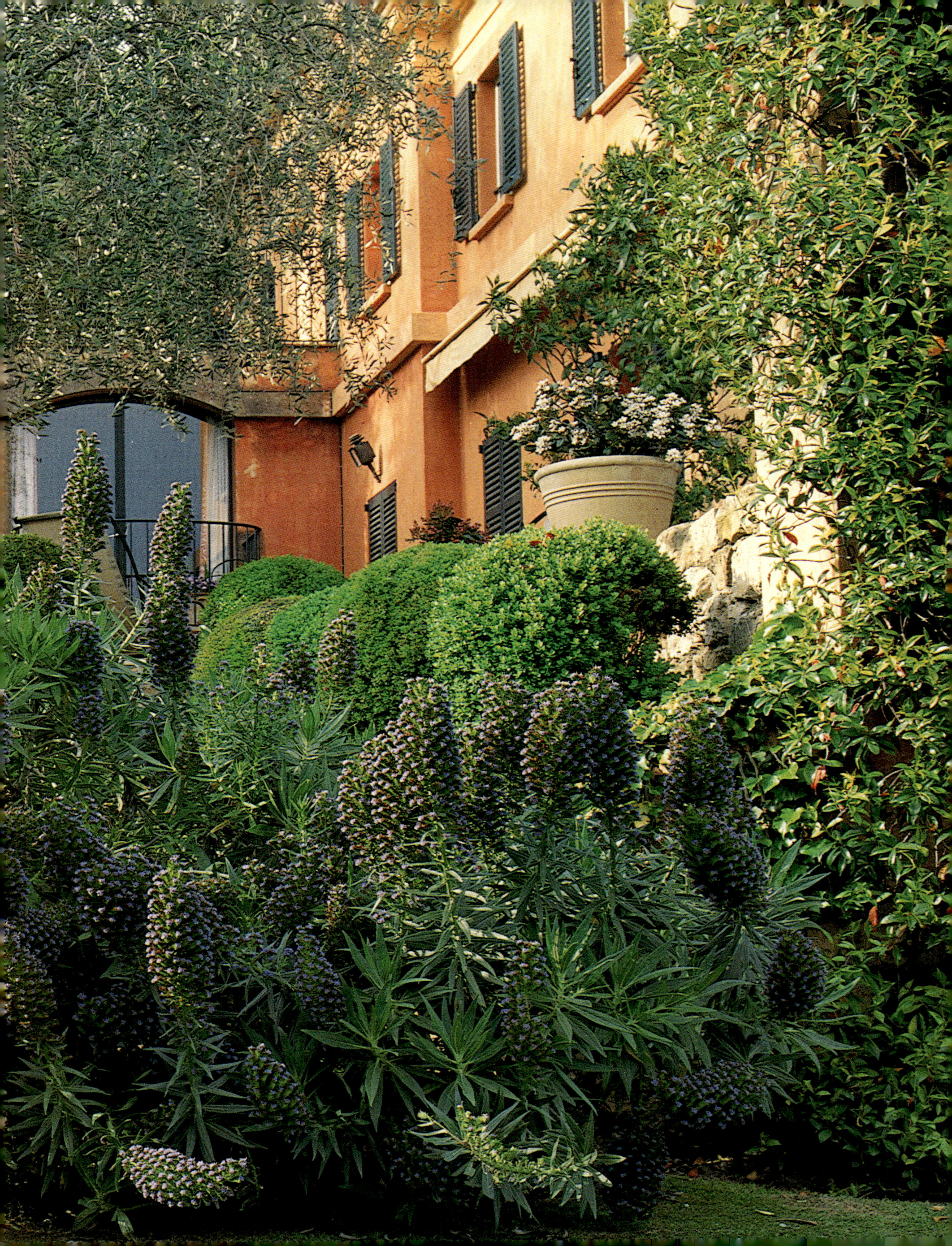

La Casella a plusieurs salons et salles à manger de plein air, pour profiter au mieux des différentes saisons et heures de la journée. La maison de gardien elle-même invite au repos sous les longues fleurs parfumées d'un Wisteria floribunda 'Alba' (ci-contre).

comme tous les grands jardins, La Casella réunit de nombreux jardins en un.

La cour sud-est conçue par Tom Parr, abritée par des haies, est ornée d'un élégant pavage géométrique, tels des rayons autour d'un soleil, en hommage à un esprit familier surprenant : un éléphant sculpté d'où jaillissent des gerbes d'eau. De grands pots en terre cuite contiennent des plumbagos bleus palissés sur des supports cintrés ; d'exotiques *Duranta*, dont les fleurs bleues et les fruits orange apparaissent en même temps ; des *Murraya* au feuillage parfumé et à floraison répétée, des *Sparmannia africana*, des *Iochroma* et des tubéreuses au puissant parfum.

Au sud de la maison se trouve un salon de plein air abrité, tandis que la partie essentielle du jardin, une série de terrasses étroites, sur la colline pentue, s'étend à l'ouest. Des cyprès et des oliviers encadrent et masquent à la fois les transitions, si bien que l'on est toujours attiré vers de nouvelles perspectives.

Le jardin bleu et blanc, d'une beauté saisissante, le premier à avoir été planté, est visible de la terrasse sud. Il mélange les dimorphothecas, les véroniques arbustives à fleurs blanches, les eryngiums, les violettes, les allogynes, les plumbagos et les ceratostigmas, les sauges 'Victoria', les convolvulus et même les aubriettes dans une tapisserie qui garde son intérêt tout au long de l'année. On a également laissé s'infiltrer des anémones du Japon rose pâle.

On aperçoit aussi de la terrasse de la maison l'allée de myrte, extrêmement élégante, pelouse de texture fine sous un haut mur couvert de toute une succession de différentes plantes grimpantes taillées en éventail près du mur : mandevilla et *Holboellia latifolia* aux senteurs célestes, bignones roses et solanums blancs. A un endroit, elles entourent une fontaine en pierre sculptée et, plus loin, un banc en pierre bordé de buis taillé. Des urnes émaillées sur des piédestaux ponctuent le long mur.

En regardant en arrière vers la maison, on la découvre encadrée par de hautes tours de laurier qui s'élèvent telle une porte fortifiée et forment un contraste marqué avec les pics et les dômes des cyprès et des oliviers. Des éperons d'echium bleu complètent cette composition.

Ces espaces, avec leurs lignes fortes et leur texture riche, sont déjà spectaculaires. Mais la partie la plus impressionnante du jardin demeure la descente ouest, où une succession ingénieuse de dessins et de couleurs témoigne d'une expérimentation incessante sur les cadrages et les points focaux. Les terrasses sont ici plus petites et plus étroites que celles qui se trouvent près de la maison, et on y accède par un escalier en pierre. Vues de cette descente, chacune est en soi une véritable scène de théâtre. Toutes ont été plantées de manière que leur longueur soit accentuée, ou découpées en compartiments plus petits. Et comme ces niveaux sont discrètement reliés à leur extrémité la plus éloignée, on peut les parcourir en zigzag, sans manquer aucun point de vue. Les plantations au bord extérieur de chaque terrasse servent de toile de fond à celle d'au-dessous, et les vues vers le haut et vers le bas sont aussi soigneusement conçues que les perspectives sur un même niveau.

Les jarres d'Anduze, d'où le plumbago bleu pâle tombera en cascade, dominent des parterres jumeaux à deux tons de santoline, entre lesquels s'étend la grande pergola (double page suivante).

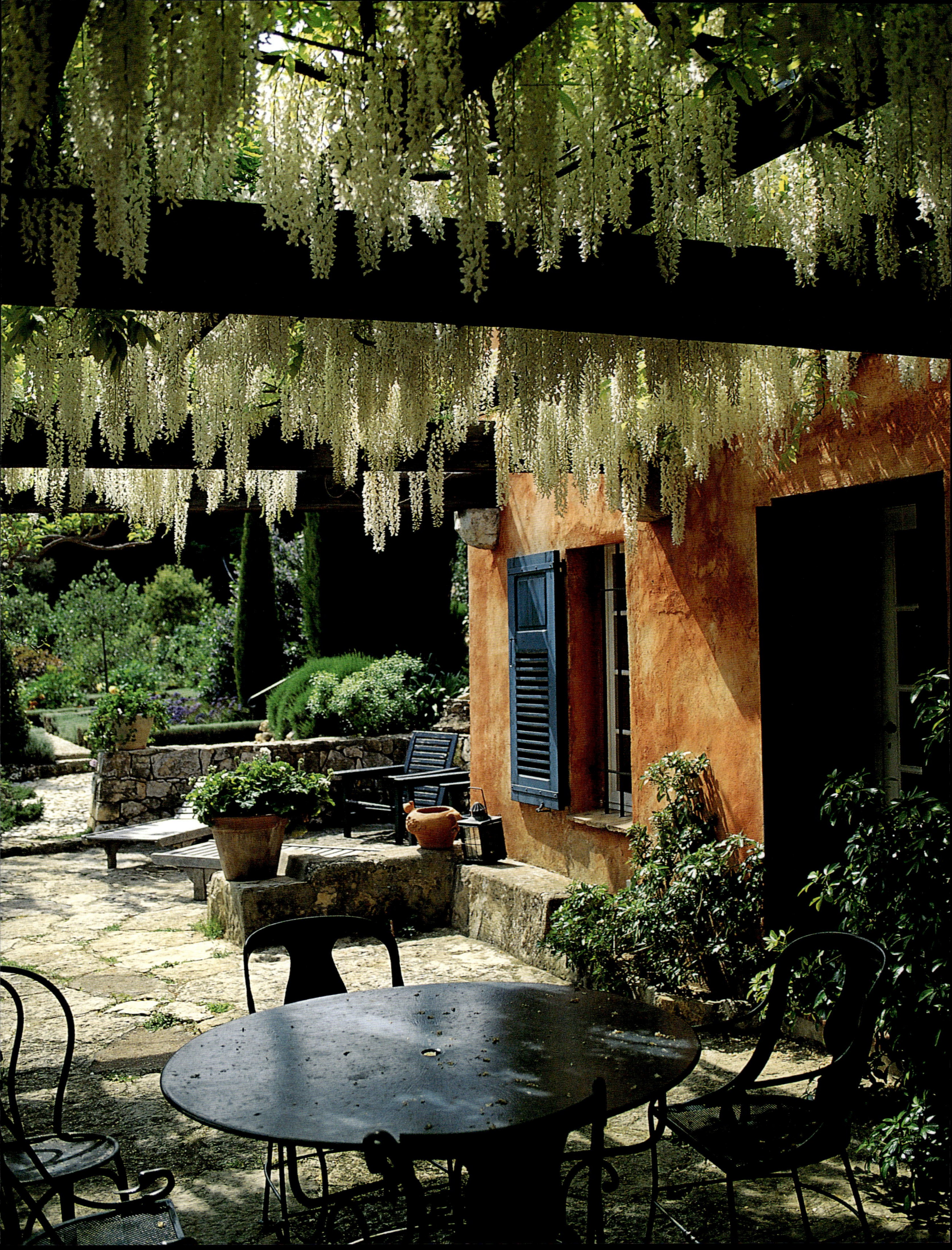

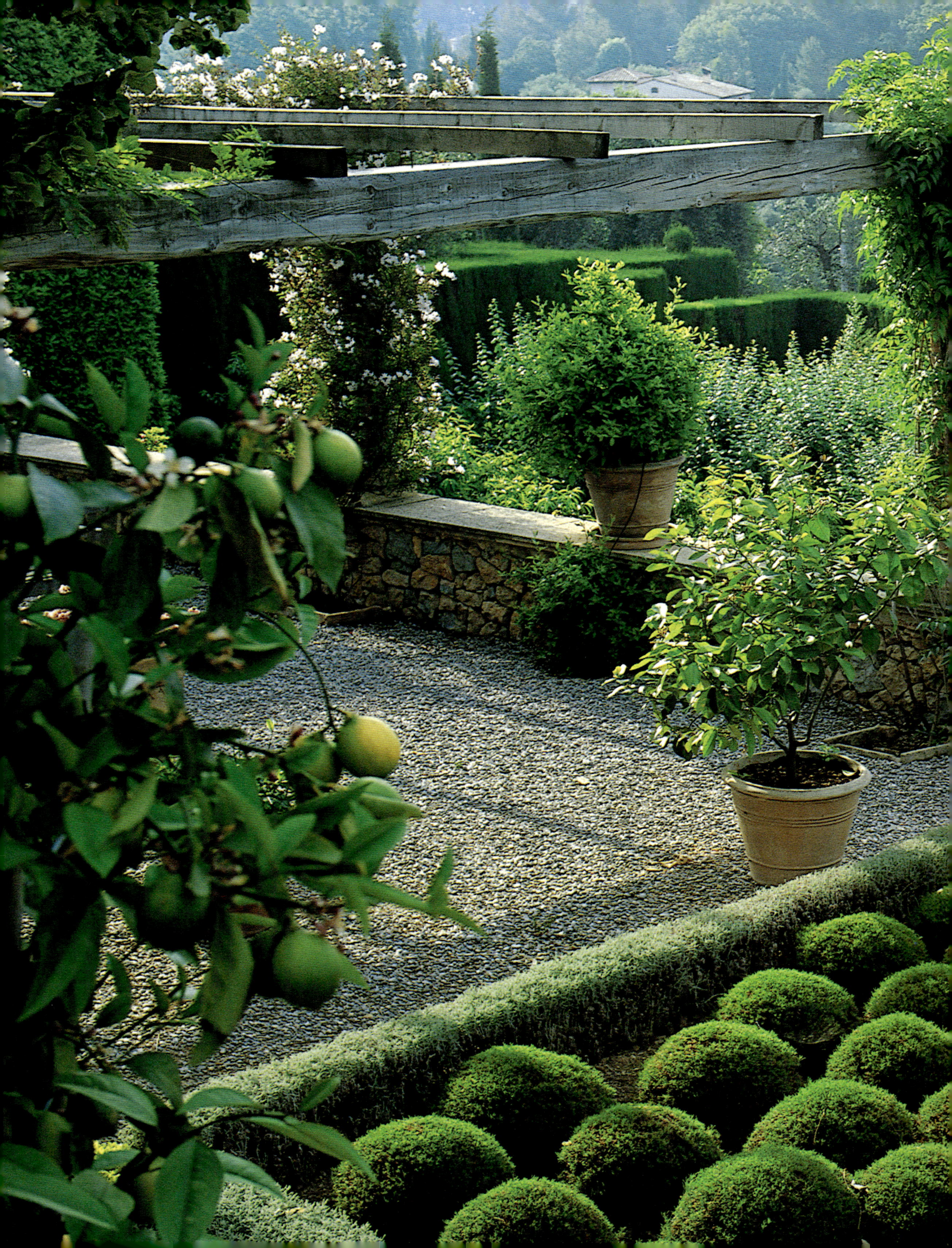

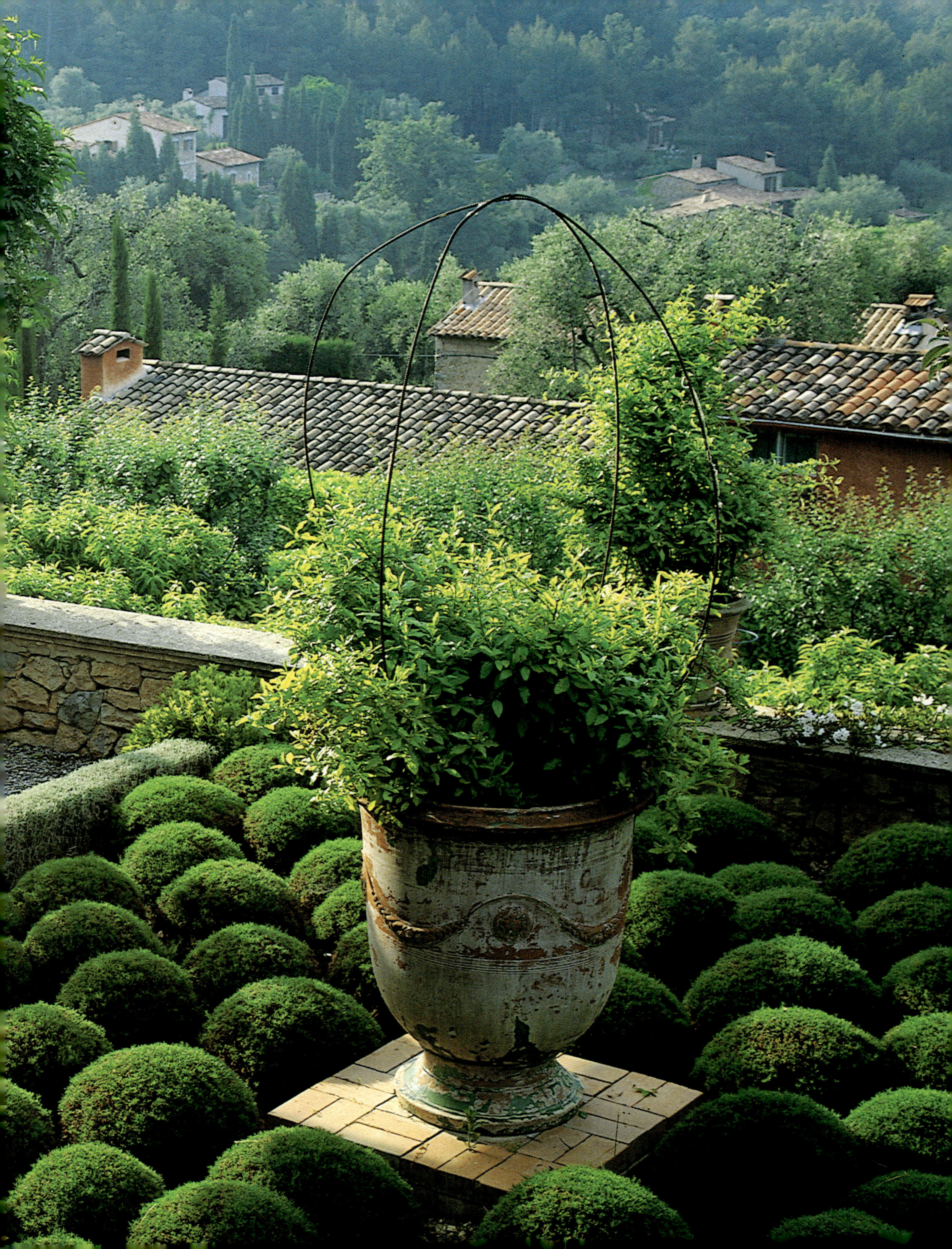

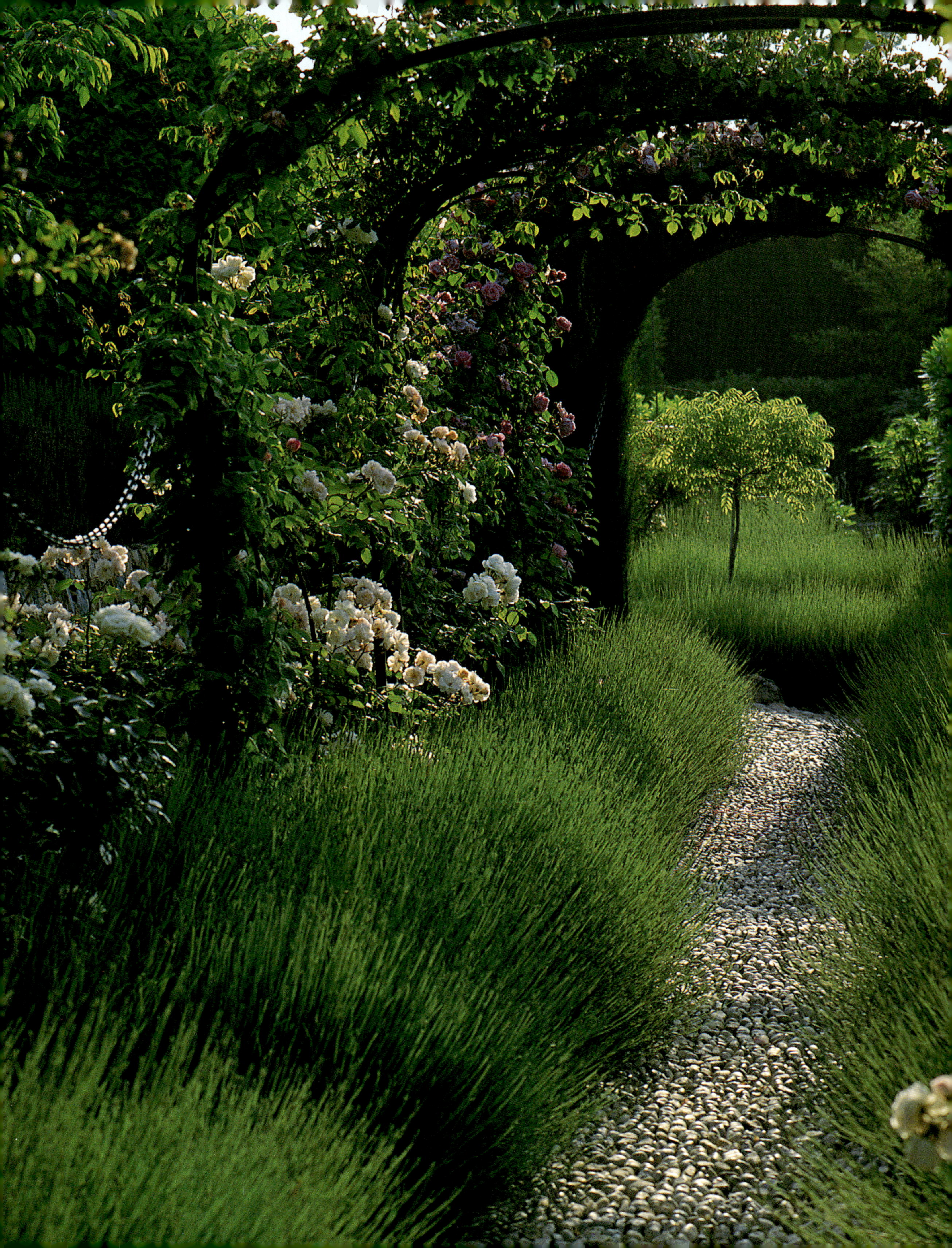

Cachée sous la maison à La Casella, une discrète pelouse se détache sur une haie sculptée (au centre). Chacune des terrasses occidentales a sa propre composition, son alternance de points de vue et d'espaces clos (ci-contre).

Sur l'une de ces terrasses, le point focal est un ensemble de boules de chêne taillées autour d'un banc, faisant écho aux deux boules en pierre qui marquent l'entrée de la terrasse. Sa longueur est accentuée par des rangs de lavande au bord extérieur (laquelle se déverse pour former une partie du décor d'au-dessous). Sur le mur du fond, d'autres lavandes se mêlent au bleu velouté de perovskias et aux éperons d'echium.

Plus bas, de jeunes cyprès orientent le regard vers une statue à l'extrémité la plus éloignée. Un peu plus bas encore, une tonnelle de rosiers faite d'arceaux noirs en métal couvre une allée en pierre, avec des haies basses de lavande sur les côtés.

Par opposition à ces longues lignes, une autre terrasse a été décomposée en un damier mélangeant les arbustes et les vivaces, avec des allées bordées de santoline : un céanothe (on en trouve dix variétés différentes à La Casella), un *Solanum rantonnetii*, un *Bupleurum*, un pavot blanc (*Romneya coulteri*) et d'autres arbustes n'excédant pas trois mètres de haut sont mis en valeur par de grands cônes de laurier.

Enfin, au bas de la propriété, près de l'allée qui remonte en cercle sur la colline, on arrive au jardin « anglais », fait d'arbustes dans les tons jaunes, blancs et bleus, avec des solanums, des abutilons, des phlomis, des acanthes, *Reinwardtia indica* à fleurs de lin, des fremontodendrons, des senecios, des daturas sauvages, des melianthus, des lavatères, des pivoines arbustives, des anémones du Japon et des polygonums, au milieu de rosiers musqués et grimpants, d'iris bleus et blancs, de colombines et d'hémérocalles dites « birmanes ». Une massive haie vert foncé s'élève dans le fond, sculptée en un linteau en bas relief. Le long de l'allée en face, une rangée de jarres en terre cuite présente des agapanthes blancs flanqués de boules de santoline verte.

Derrière et au-dessus de ce rideau vert du jardin « anglais », et sous le mur de soutènement de la terrasse près de la maison, s'étend une seconde pelouse. Invisible d'en haut et d'en bas, ce tapis d'émeraude permet des promenades secrètes. La Casella possède aujourd'hui, dit-on, les meilleures pelouses anglaises de la Côte d'Azur.

Ce jardin est en constante évolution, mais en quelques années d'existence il a atteint une renommée véritable et acquis plusieurs centaines d'espèces et de variétés de plantes. Par-dessus tout, le domaine est le reflet d'un style personnel, d'un goût du dessin à grande échelle, mais également d'une sensibilité au détail et à la texture. L'abondance de plantes est mise en valeur par un choix non moins riche d'éléments minéraux dans les pavages et le décor sculptural.

Au nord-ouest de Nice, parmi ces douces collines où les champs de roses en terrasses destinés à l'industrie du parfum dominent encore de sauvages vallées boisées, de nombreux jardiniers contemporains viennent chercher leur inspiration à La Casella. C'est un jardin déjà splendide, dont il sera fascinant de suivre les progrès.

Le paysagiste Jean Mus estime qu'il y a actuellement deux principales tendances dans les jardins de la Côte d'Azur. La première est l'expression de folies personnelles, dont les seules limites sont la fantaisie de leurs propriétaires. De nombreux collectionneurs, grands et petits, ont cherché l'exotisme par amour du rêve, tout autant que par curiosité scientifique. Les extravagances les plus connues ont vu le jour sur la côte elle-même, par dizaines, pendant à peu près un siècle. Le château gothique d'un Ecossais baptisé Smith's Folly et le jardin d'agrément de l'écrivain fin de siècle Maurice Maeterlinck sont encore proches voisins sur la route à l'est de Nice. De telles créations représentent un héritage incomparable pour une région et un phénomène unique en Europe, voire dans le monde.

La seconde tendance que relève Mus dans les jardins de la Côte d'Azur est la conscience des racines méditerranéennes et du paysage traditionnel (tant sauvage qu'agricole). Elle s'est développée pour l'essentiel dans l'arrière-pays. Les lignes sont fortes, la conception est sobre, mais souvent grandiose à la manière italienne. Les grands paysagistes de la région, de Harold Peto à Russell Page, et Jean Mus lui-même, du reste, ont souvent eu une préférence pour ce style.

Aujourd'hui, on pourrait dire que les propriétaires de grands jardins combinent souvent les deux tendances. Si le raffinement rustique est devenu le thème à la mode, les réalisations, dans leur infinie diversité, plantent le décor pour des rêves sans cesse plus fantaisistes.

La reine Victoria considérait la Côte d'Azur comme un « paradis de la nature ». Les jardins sauvages en bord de mer de la célèbre couturière Mme Carven montrent que cela reste vrai aujourd'hui encore (page suivante).

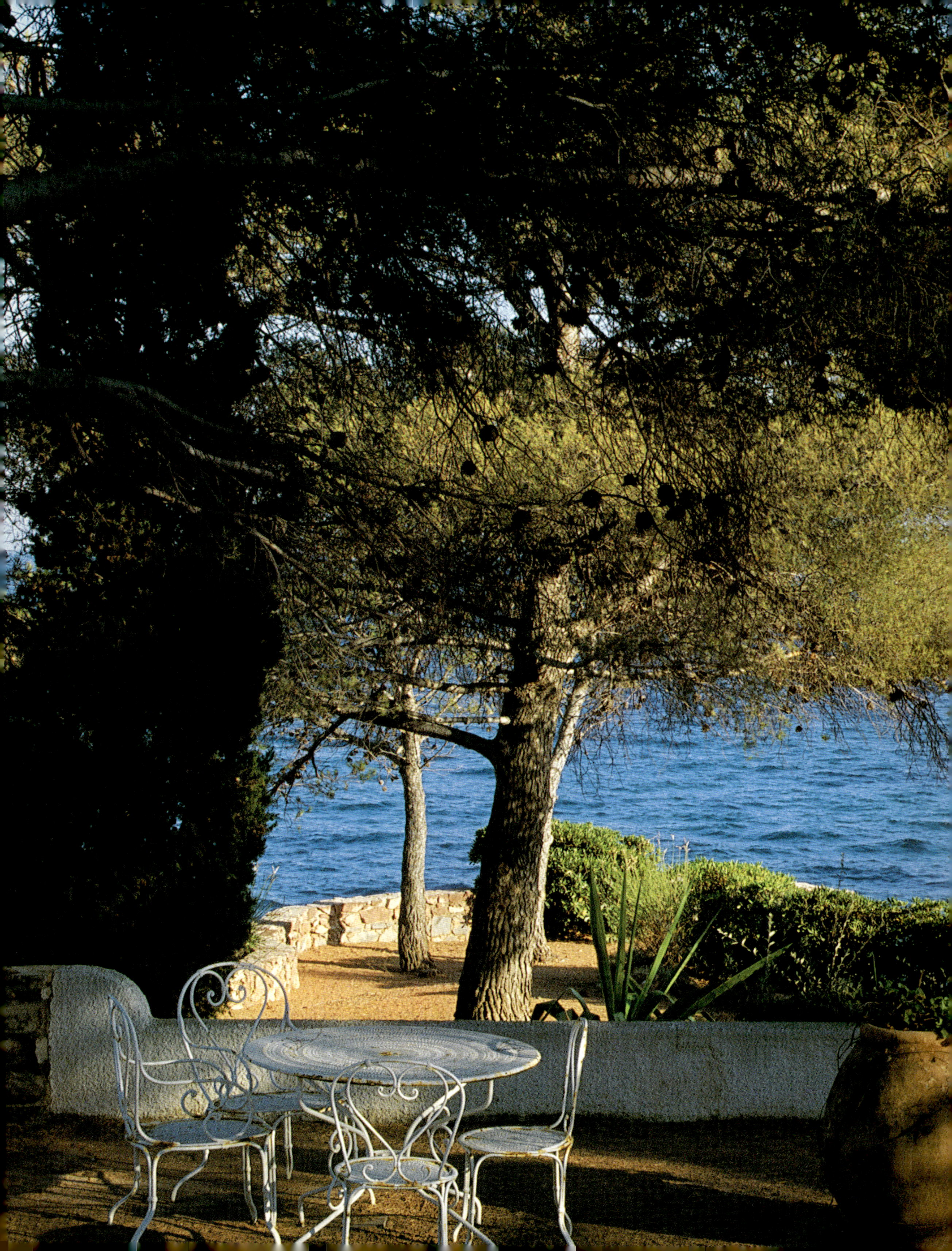

Guide du Promeneur

BONNES ADRESSES DE LA CÔTE D'AZUR

La Côte d'Azur est extrêmement riche en parcs et jardins, tant historiques que contemporains, pour chacune des saisons du spectacle permanent qu'elle déploie. Beaucoup d'entre eux sont ouverts au public. Ne figurent ici que les jardins décrits dans ce livre. La bibliographie fournira au promeneur désireux de découvrir les autres jardins publics les références des meilleurs ouvrages. Les heures et conditions d'ouverture variant d'une saison à l'autre et d'une année sur l'autre, il vaut mieux téléphoner pour obtenir des renseignements exacts.

Les grands jardins servent de modèles et d'inspiration, à la fois pour les pépiniéristes de plus en plus nombreux, qui fournissent une gamme de plantes sans cesse plus vaste, et pour les centaines de paysagistes qui travaillent aujourd'hui sur la Côte d'Azur, qu'ils aient une formation professionnelle ou qu'ils se soient improvisés tels. Dans le même temps, les jardiniers de la Côte sont de plus en plus à la recherche d'objets décoratifs, notamment de poteries. L'univers des jardins est en constante expansion sur la Côte d'Azur. (Les numéros de pages entre parenthèses renvoient aux photographies de l'ouvrage.)

JARDINS OUVERTS AU PUBLIC

CHÂTEAU DE GOURDON
(Propriétaire : Association du Château de Gourdon), Gourdon 06620.
Tél. 93 09 68 02.
Propriété privée de M. et Mme Glachon. Mais jardin ouvert au public, selon les saisons. Un saisissant château médiéval dans les montagnes, avec une série de cours et jardins suspendus, remontant au XVIIe siècle, et un jardin d'herbes aromatiques conçu par le paysagiste Tobie Loup de Viane en 1972.

CHÂTEAU DE LA NAPOULE
(Directeur : M. A. Janet)
Avenue Henry-Clews, Mandelieu-La Napoule 06210.
Tél. 93 49 95 05.
Fax : 92 97 62 41.
Propriétaire : Fondation du sculpteur américain Henry Clews, sculpteur, et de sa femme Mary, qui firent reconstruire au début du siècle le château médiéval.
Cette série de cloîtres de style 1900 comporte des plantations nombreuses et variées, parsemées des sculptures de Henry Clew. John Brooks organise, au sein de cette propriété tout près de la mer, des ateliers de jardinage.

DOMAINE DE RAYOL
(Propriétaire : Le Conservatoire du littoral)
Avenue du Commandant-Rigaud,
Rayol-Canadel 84820.
Tél. 94 05 50 06 ou 94 05 60 30.
Sur la corniche des Maures, deux propriétés des styles Belle Epoque et Arts-Déco trônent dans un vaste parc à la flore extravagante, récemment restaurées avec l'aide du paysagiste Gilles Clément (p. 180, 181, 182, 183). Gilles Clément va en faire un laboratoire de végétation méditerranéenne. Visites guidées avec demande préalable, mais bientôt également des visites libres seront possibles.

FONDATION MARGUERITE ET AIMÉ MAEGHT
(Directeur : M. Jean-Louis Prat)
Musée d'Art moderne et contemporain,
Saint-Paul-de-Vence 06570.
Tél. 93 32 81 63.
L'un des plus beaux jardins de sculpture contemporaine qui soit, avec des sculptures de Miró et Giacometti, des mosaïques de Braque au milieu des pins pliés par le vent (p. 89-90, 91).

GALERIE (BEAUBOURG)
(Directeur M. Martin Guesnet)
Château Notre-Dame-des-Fleurs, 2618,
route de Grasse, Vence 06140.
Tél. 93 24 52 00 (accueil) ou 93 24 52 08.
Au pied du château médiéval, le jardin en terrasses de Marianne et Pierre Nahon expose devant leur galerie méditerranéenne d'art contemporain des sculptures de Niki de Saint-Phalle, Tinguely, Arman et César...

GIARDINO BOTANICO HANBURY
(Propriétaire : Université de Gênes)
La Mortola, 18030 Latte, Italie.
Tél. (39) 184 229852.
Sur une colline escarpée à 3 km de la frontière franco-italienne, ce doyen des jardins de la Riviera est le plus grand parc d'acclimatation italien de plantes exotiques. Le temps et la concentration que sa visite requiert valent largement la peine (p. 9, 21, 29, 30-31, 32, 33).

"JARDIN DES ROMANCIERS" ou FONTANA ROSA
(Propriétaire : municipalité de Menton)
Avenue Blasco-Ibanez, Menton 06500.
Tél. 92 10 33 66, service du Patrimoine de la ville de Menton.
Encore en ruine, ce jardin d'inspiration espagnole qui se composait essentiellement de céramiques, de roses, d'agrumes et d'eau possède de nombreuses et intéressantes pièces de céramique, qui évoquent de grandes figures littéraires comme Cervantès et Victor Hugo. Il est aussi construit de fabriques au décor de faïence polychrome, d'hémicycles, de fontaines et de statues à l'antique.
La rénovation de ce jardin devrait durer environ trois ans. Les visites ne sont autorisées qu'exceptionnellement avec l'accord de la C.N.M.H.S. tous les troisièmes samedis du mois.

JARDIN DU PALAIS CARNOLÈS
(Propriétaire : ville de Menton)
Avenue du Général-de-Gaulle, Menton 06500.
Tél. 93 35 49 71.
Parc public départemental dans lequel une collection d'agrumes d'une cinquantaine de variétés délimitent, par leur disposition régulière, un espace de jardins et de deux magnifiques bassins asymétriques, devant le musée d'art de la ville construit par Gabriel.

JARDIN EXOTIQUE
Eze-Village 06360.
Tél. 93 41 10 30.
Ce jardin public, au sommet d'un pittoresque village perché, et couronné par les vestiges d'un ancien château, propose avec beaucoup de diversité et de couleurs des vues vertigineuses sur les caps Ferrat, de Nice et d'Antibes. C'est un jardin de plantes grasses et de plantes succulentes.

JARDIN EXOTIQUE DE MONACO
(Propriétaire : Principauté de Monaco)
Boulevard du Jardin-Exotique, BP 105,
Monaco 98000.
Tél. 93 30 33 65.
Sur une colline escarpée, en traversant des grottes et en franchissant des ponts, on découvre un jardin admirablement conçu et exclusivement planté de cactées, dites "succulentes", originaires du Mexique ou d'Afrique australe. Totalement dépaysant, ce jardin est, avec un demi-million de visiteurs par an, le plus fréquenté de la Côte d'Azur (p.12).

LE "JARDIN PROVENÇAL".
Montée de Noailles, Hyères 83400.
Tél. 94 65 18 55 (Office du Tourisme d'Hyères).
Parc municipal dominant la vieille ville, réunissant deux propriétés fort différentes : le jardin des Noailles, célèbre pour son triangle cubiste, conçu par Gabriel Guévrékian près de la villa Mallet-Stevens ; et le Castel Sainte-Claire restauré par Edith Wharton. Ces parcs publics sont reliés entre eux par un jardin planté d'essences méditerranéennes.

"LES COLLETTES" – MAISON DE RENOIR
(Conservateur : M. Dussaule)
19, chemin des Collettes, Cagnes-sur-Mer 06800.
Tél. 93 20 61 07.
Propriété : La maison est la possession de la fondation privée Renoir, mais le jardin est géré par la commune de Cagnes-sur-Mer et est en accès libre.
Les terrasses situées sous le charmant musée conservent certains des oliviers les plus spectaculaires de la Côte d'Azur. L'atmosphère imprégnée par le souvenir du peintre attire encore bon nombre d'artistes et de visiteurs.

LES COLOMBIÈRES
Avenue Ferdinand-Bac, Menton 06500.
Tél. 92 10 33 66 (Service du Patrimoine de la ville).
Visites uniquement sur rendez-vous avec la municipalité de Menton. D'une grande majesté, c'est le jardin le plus connu du peintre et paysagiste Ferdinand Bac. Dans un endroit remarquablement protégé, la végétation méditerranéenne, mais non exotique, est ponctuée selon un ordonnancement classique, par d'étonnantes fabriques et sculptures. En cours de restauration.

MONASTÈRE DE CIMIEZ – PARC DES ARÈNES
164, avenue des Arènes, Nice 06000.

Tél. 93 18 03 33 (Service des espaces verts, au Parc Phénix, Mme Brisy).
Ce parc municipal, un vestige du Moyen Age, est le plus vieux jardin de la Côte d'Azur.

PARC AURÉLIEN
(Propriétaire : Ville de Fréjus)
Rue du Général-Caillès, Fréjus 83600.
Tél. 94 17 19 19 (Office du tourisme : 325 rue Jean-Jaurès, Fréjus).
Le parc et la villa sont en cours de restauration. On ne peut visiter librement que le parc. Des visites guidées sont proposées à l'office du tourisme, en prenant rendez-vous avec Mme Nicole Arboireau. Mme Arboireau anime également une importante foire aux plantes, les Floralies, qui se tient dans le Parc Aurélien tous les ans, en avril.

VAL RAHMEH
(Propriétaire : Ce jardin a été acquis par l'Etat qui en a confié la gestion au Museum national d'histoire naturelle)
Avenue Saint-Jacques, Menton 06500.
Tél. 93 35 86 72 (Tél. 92 10 33 66, service du Patrimoine de la ville de Menton).
Cette collection de plantes constitue la branche méridionale du Muséum national d'histoire naturelle et forme un jardin botanique public de petites dimensions, mais dense et extrêmement coloré. Il rassemble plus de sept cents espèces végétales, ligneuses ou herbacées, locales mais aussi originaires d'Australie, d'Amérique ou d'Asie tropicale (p. 64). On y trouve des spécimens de grimpantes rares en cultures, et on peut agréablement se promener dans le jardin en s'arrêtant près des tonnelles, des bassins à nénuphars et fontaines.

VILLA FIESOLE
(Propriétaire : Municipalité)
Avenue Fiesole, Cannes 06400.
Tél. 93 68 91 92 (demander Mme Zanette au 92 98 29 71).
Jardin non ouvert au public. Il est en projet de faire un jardin de plantes aromatiques, qui sera alors visitable en même temps que le reste. Mais pour l'instant il est juste accessible lors des manifestations publiques organisées par la municipalité. Exceptionnellement, visites sur rendez-vous avec le service Protocole (Hôtel de Ville, B.P. 140, 06406 Cannes Cedex).
Le peintre Jean Gabriel Domergue et le sculpteur Odette Maugendre-Villiers ont créé cet élégant domaine, dans le goût de la Renaissance italienne, pour y organiser des expositions, réceptions et bals... Il est renommé pour sa spectaculaire cascade qui dévale la colline et sert aujourd'hui pour des cérémonies officielles de la ville de Cannes (p. 22).

VILLA "ILE DE FRANCE" - MUSÉE EPHRUSSI DE ROTHSCHILD
Avenue Ephrussi-de-Rothschild,
Saint-Jean-Cap-Ferrat 06230.
Tél. 93 01 33 09.
Une série de jardins de style différent, abritant de très nombreuses espèces acclimatées, servent de cadre à une villa rose italianisante qui abrite les fabuleuses collections que la baronne de Rothschild a léguées à l'Institut de France pour l'Académie des Beaux-Arts (p. 40, 41, 42, 43).

VILLA MARIA SERENA
21, avenue de la Reine-Astrid, Menton 06500.
Tél. 92 10 33 66 (service du Patrimoine de la ville).
Visite de groupes après avoir fait une demande écrite auprès de la municipalité de Menton. Une villa de la Belle Epoque, qui sert à des réceptions, avec une colline plantée de spécimens rares de palmiers et de plantes subtropicales aux couleurs vives (p. 13, 25, 65).

VILLA NOAILLES
59, avenue Guy-de-Maupassant, Grasse 06130.
Tél. 93 36 07 77.
Faire une demande écrite préalable. Reçoit sur rendez-vous les visites de groupes uniquement. Une colline arcadienne, peuplée de plantes rares en harmonies heureuses avec les créations et acquisitions du vicomte de Noailles (p. 10, 66, 68, 69-70, 72, 73, 77). On admirera la collection impressionnante de camélias, au milieu des oliviers.

VILLA THURET
Chemin G.-Raymond, boulevard du Cap, Antibes 06600.
Tél. 93 67 88 00.
Ces célèbres jardins botaniques appartiennent à l'Institut national de recherche agronomique et évoluent tous les ans (p. 34).
G. Thuret y introduisit des plantes subtropicales qui firent de ce jardin une des plus anciennes collections de la Côte d'Azur.

PÉPINIÈRES SPÉCIALISÉES DANS LES PLANTES MÉDITERRANÉENNES

Nous remercions Nicole Arboireau et Bruno Goris qui ont aidé à établir cette liste spécialement sélectionnée. Bien que certaines de ces pépinières publient des catalogues, les ventes se font uniquement sur place.

Spécialistes en vivaces et arbustes méditerranéens

AYMES, Alain et Marie
Roc d'Allons-Naron, La Cadière-d'Azur 83740.
Tél. 94 32 22 02.
Superbe exposition de plantes, qui présente plus de trois mille variétés adaptées aux jardins méridonaux.

BONAUT HORTICULTURE
566, chemin des Maures, Antibes 06600.
Tél. 93 33 51 24.
Elie Bonaut et sa famille reçoivent la clientèle en plein air et dans leurs serres richement pourvues de plantes annuelles, vivaces et de collection. Cette petite entreprise familiale produit avec soin des vivaces de bonne qualité.

PÉPINIÈRES ALAIN DAUBAS
Domaine du Berange, Saint-Drézery 34160.
Tél. 67 86 92 36.
Cette pépinière offre un large choix de bougainvillées, d'hibiscus et de plantes subtropicales ou exotiques.

PÉPINIÈRES MICHÈLE DENTAL
1569, route de la Mer, Biot 06470.
Tél. 93 65 63 32.
Collection d'arbustes de choix, tous produits sur place. Plantes grimpantes et de rocaille.

PÉPINIÈRES GAUDISSART
261, chemin des Colles, Vence 06140.
Tél. 45 65 02 61.
Le directeur, Pierre Gortina, travaille en étroite relation avec le paysagiste Jean Mus, proposant un beau choix d'arbustes et de couvre-sol.

IRIS EN PROVENCE
BP 53, 83402 Hyères cedex.
Tél. 94 65 98 30.
Pierre Anfusso et son épouse sont réputés avoir la meilleure collection d'iris en Europe.

PÉPINIÈRES DE LA FOUX
Chemin de La Foux, Le Pradet 83220.
Tél. 94 75 35 44.
Yves Hervé a créé ici la plus grande collection de sauges du pays, entre autres spécialités. Il conçoit et restaure également les jardins.

ETABLISSEMENTS HORTICOLES CORINNE MASSARD
381, chemin de la Tour, Vence 06140.
Tél. 93 24 23 56.
Cette pépinière est célèbre pour sa collection de fuchsias et de pélargoniums, outre d'autres vivaces et de petits arbustes.

PELLIZZARO, Dino
290, chemin de Léouse, Vallauris 06220.
Tél. 93 64 18 43.
Dino Pellizzaro, qui vend des arbustes rares et des vivaces, en particulier des variétés résistant à la sécheresse, offre également ses services de paysagiste et conseiller. Il fait paraître un fascinant catalogue (p. 17, 139, 140).

PÉPINIÈRES REY, Jean-Marie
Jardinerie de Fréjus. Avenue de Provence, Fréjus 83600.
Tél. 94 52 10 44.
Route de La Londe-les-Plages, La Londe-les-Maures 83250. Tél. 94 66 22 99.
Un véritable empire, qui passe pour la plus grande pépinière privée de France et qui fournit beaucoup d'autres pépinières de la région. Elle propose notamment un choix de fruitiers pour le Midi et des cyprès résistant aux maladies.

SOLDANELLE (LA)
1, Le Cours, Rougiers 83170.
Tél. 94 80 43 83.
Sylvie Portalier et Christian Mistre sont spécialisés dans les vivaces, les collections de pivoines, les hémérocalles, les hélianthèmes, etc.

PÉPINIÈRES DE L'ESTÉREL
Route de Bagnols, Fréjus 83600.
Tél. 94 51 27 59.
Philippe Miclotte propose, outre ses services de paysagiste, des collections d'agrumes, de cycas et de mimosas, dont quelques très grands sujets.

PÉPINIÈRES DES PINS
Route départementale 1085, Roquefort-les-Pins 06330.
Tél. 93 77 03 01.
Eugène Sergi vend une bonne sélection d'arbustes et de vivaces.

GUIDE DU PROMENEUR

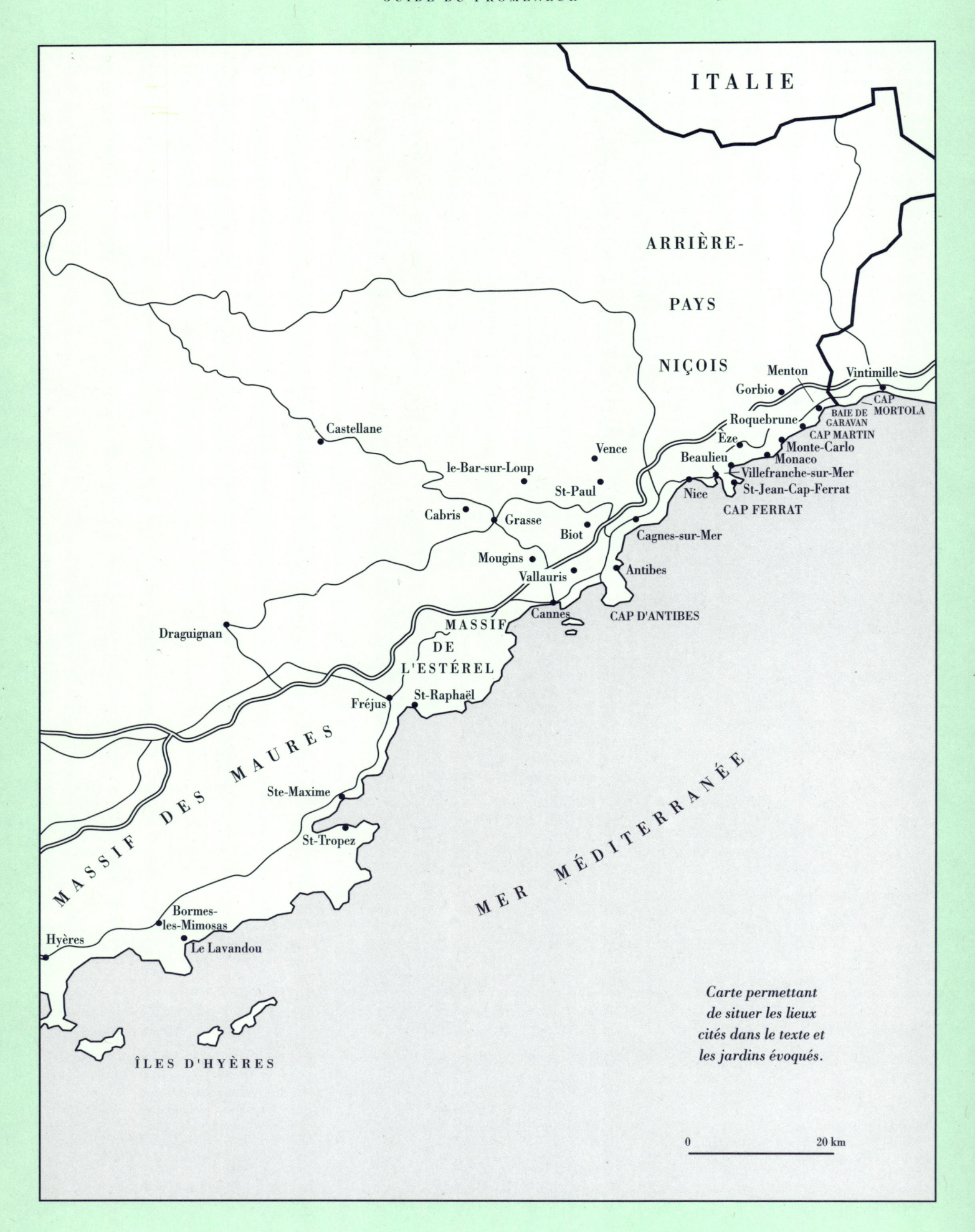

ITALIE

ARRIÈRE-
PAYS
NIÇOIS

Menton Vintimille
Gorbio
CAP
Roquebrune BAIE DE MORTOLA
Castellane GARAVAN
Éze CAP MARTIN
Vence Monte-Carlo
le-Bar-sur-Loup Beaulieu Monaco
St-Paul Villefranche-sur-Mer
Cabris Nice St-Jean-Cap-Ferrat
Grasse Biot CAP FERRAT
Mougins Cagnes-sur-Mer
Vallauris Antibes
Cannes CAP D'ANTIBES
Draguignan MASSIF
DE
L'ESTÉREL
Fréjus St-Raphaël

MASSIF DES MAURES

Ste-Maxime

St-Tropez

MER MÉDITERRANÉE

Bormes-
les-Mimosas
Hyères
Le Lavandou

*Carte permettant
de situer les lieux
cités dans le texte et
les jardins évoqués.*

ÎLES D'HYÈRES

0   20 km

Pépinières du Littoral
Route de Roquebrune, Saint-Aygulf 83379.
Tél. 94 81 17 17.
Jacques Chupin cultive à peine huit hectares de pépinière, consacrés essentiellement aux plantes méditerranéennes, dont des plantes pour haies.

Sun Plantes
Chemin des Couradours, Fréjus 83600.
Tél. 94 44 28 67.
Jacques Depiesse vend essentiellement aux professionnels, mais également au détail. Ses plantes en conteneur sont élevées avec soin, et il propose un beau choix de plantes grimpantes.

Cactées

Jean Arneodo Cactées
603, chemin du Belvédère, Mougins 06250.
Tél. 93 45 05 87.
Jean Arneodo possède l'une des collections de cactées les plus estimées.

Cactus en Provence
Quartier Saint-Jean, RN 7. Les Arcs 83460.
Tél. 94 47 52 24.
Didier Pocreau présente une exposition intéressante de plantes adultes.

Cactus Estérel
Chemin de Maupas, Bagnols-en-Forêt, Fréjus 83600.
Tél. 94 40 66 73.
Autre spécialiste, qui offre un vaste choix pour les jardiniers du Midi.

Établissements Kuentz
327, avenue du Général-Brosset, Fréjus 83600.
Tél. 94 51 48 66.
Fondée en 1907, cette pépinière est aussi un parc où l'on peut découvrir des plantes grasses de tout âge.

Paradis des Cactus
40, avenue Pasteur, Plan-de-Cuques 13380.
Tél. 91 68 29 10.
Robert Cerulli veille ici sur 1 500 mètres carrés de serres et plus de quatre cents variétés.

Palmiers et autres plantes exotiques

Les Bambous de l'Hubac
Pont de Siagne, Montauroux 83440.
Tél. 93 66 12 94.
Benoît Béraud propose à la vente une douzaine de sortes de bambous.

Palmiers Plantes Exotiques
766, chemin des Pertuades, Golfe-Juan 06220.
Tél. 93 63 68 70.
René Sensi propose une belle sélection, bien présentée, de palmiers, cycadacées et autres plantes exotiques.

Pépinières Palmazur
799, chemin Saint-Lazare, Notre-Dame-du-Plan, Hyères 83400.
Tél. 94 38 91 33.
Le grand spécialiste des palmiers, avec de nombreux grands sujets.

Plantes et Poteries Exotiques
6, boulevard Chancel, Antibes 06600.
Tél. 93 65 62 61 (ou 33 63 04).
Jacques Attard vend non seulement des plantes exotiques, mais aussi un beau choix de poteries.

PAYSAGISTES

On trouvera ici les adresses des paysagistes de la région cités dans cet ouvrage, ou dont l'aide nous a été très précieuse.

Cécile Chaltin et Olivier Chardin
853, avenue Jules-Grec, Antibes 06600.
Tél. 93 74 62 67.
Un jeune couple enthousiaste, paysagistes l'un et l'autre.

Bruno Goris-Poirée
Chemin du Paradis, Le Bar-sur-Loup 06620.
Tél. 93 42 55 17.
Ce spécialiste des plantes est avant tout un excellent conseiller pratique (p. 116, 118, 119, 120).

Michel Karas
Le Grand Large, Le Canebas, Beau Rouge, Carqueiranne 83320.
Tél. 94 58 43 85.
Michel Karas est spécialisé dans les jardins secs des climats chauds.

Jean Mus
Rue Frédéric-Mistral, Cabris 06530.
Tél. 93 60 54 50.
Le plus célèbre paysagiste de la région, Jean Mus, travaille dans son pays d'origine, qu'il connaît parfaitement (p. 105, 106, 107, 176, 177).

ASSOCIATIONS D'AMATEURS

Les Amis des Parcs et Jardins Méditerranéens
La Pomme d'Ambre, Via Aurélia, La Tour de Mare, Fréjus 83600.
Tél. 94 53 25 47.
Association qui a pour but de mieux faire connaître les plantes des parcs et jardins méditerranéens. Dans cette perspective, elle dispense des cours théoriques et propose chaque mois une visite botanique dans un jardin privé ou public de la région. Dans son cadre, s'effectuent beaucoup de trocs de graines et de boutures de plantes – parfois peu courantes – toujours adaptées à la région.

Les Amis des Plantes
Antérieurement : **Les Amis des Arbres**.
(M. Chalamelle)
Héliomarin de Vallauris, Vallauris 06220.
Tél. 93 64 12 12.

Association "Fous de Palmiers"
BP 88, Hyères 83400.
Tél. 94 65 85 08 ou 94 57 67 78.
Association d'amateurs et de professionnels réunis par la même passion pour cet arbre exotique introduit en France à la fin du siècle dernier. Elle s'intéresse à tout ce qui le concerne de près ou de loin, que ce soit l'art pictural qui le représente, ou les vins qu'on en fait. Très active, l'association "Fous de palmiers" organise la visite de nombreux jardins de la Côte d'Azur, ainsi que des jardins possédant des palmiers en Italie, au Portugal et même en Angleterre. Les membres de cette association échangent des graines, participent à des journées de plantes méditerranéennes, en proposant des palmiers rares, organisent des expositions... Ils diffusent leurs connaissances dans des bulletins d'information et mettent à la disposition des personnes intéressées des bibliothèques et librairies spécialisées.

Société Centrale d'Agriculture, d'Horticulture et d'Acclimatation de Nice et des Alpes-Maritimes
Palais de l'Agriculture, 113, promenade des Anglais, Nice 06000.
Tél. 93 86 58 44.
Cette association plus que centenaire accomplit une œuvre d'utilité publique puisqu'elle éduque et forme des milliers de jardiniers dans le domaine des cultures spécifiques à la région Provence-Côte d'Azur. Elle propose des conférences, complétées par des cours pratiques de jardinage, lors des démonstrations sur le terrain ; ainsi que des cours d'art floral. Elle organise des visites guidées de jardins célèbres dans la région.

Société des Gens de Jardin
141, chemin des Maures, Antibes 06600.
Tél. 93 95 26 82.
L'objectif de la Société des gens de jardin est d'inciter les amateurs à mettre dans leurs jardins des plantes adaptées au climat local. Elle entend favoriser l'introduction, l'acclimatation, la multiplication et la vulgarisation, en France et dans les autres pays européens, d'espèces végétales mal connues, tant d'ornement qu'utilitaires, destinées aux jardins privés. Elle a également pour objet de sensibiliser ses membres à la conservation du patrimoine végétal existant, et à l'amélioration des techniques culturales et paysagères. Elle organise des visites de jardins privés, et ouverts au public. Elle propose des ateliers de botanique ou de technique de cultures, et des journées portes ouvertes chez des horticulteurs. C'est à son initiative que nous devons la fête des plantes de Sofia Antipolis.

QUELQUES BONNES TABLES DANS UN JARDIN

Bastide de Saint-Tropez
Route des Carles, Saint-Tropez 83990.
Tél. 94 97 58 16.
Cet hôtel caché derrière la ville possède un ravissant jardin exotique, avec un restaurant en terrasses, sous la direction du chef Francis Cardillac.

Bastide Saint-Antoine
Rue Henri-Dunant, Quartier Saint-Antoine, Grasse 06130.
Le propriétaire et chef, Jacques Chibois, ouvrira en juin 1994 un nouvel hôtel-restaurant dans l'une des anciennes propriétés les plus élégantes et les mieux préservées, près de Grasse, avec une superbe cour et un jardin en

terrasses dont on retrouvera sur la carte les fruits, herbes aromatiques et légumes.

HÔTEL BEL AIR CAP FERRAT
71, avenue du Général-de-Gaulle, Saint-Jean-Cap-Ferrat 06230.
Tél. 93 76 50 50.
De superbes vieux pins parasols ombragent une terrasse qui domine une colline plantée d'arbustes méditerranéens aux couleurs vives. Un immense jardin de rocaille, d'un éclat exceptionnel, s'étend au-dessus de la piscine d'eau de mer.

HÔTEL DU CAP-EDEN ROC
Boulevard du Cap, Antibes-Juan-les-Pins 06600.
Tél. 93 61 39 01.
Un parc immense, en partie boisé, descend jusqu'à l'illustre restaurant, l'Eden-Roc, qui domine la mer. Ce domaine, rendu célèbre dans les années 1920 par Scott Fitzgerald, est devenu l'un des hôtels de luxe les plus connus de la Côte d'Azur.

MOULIN DE MOUGINS
(Propriétaire-chef : Roger Vergé)
Route de Valbonne, Mougins 06250.
Tél. 93 75 78 24.
Une série de petites cours intimes nichées autour d'un vieux moulin emplissent de charme ce restaurant dans lequel on pourra voir des œuvres d'artistes aussi célèbres que Folon, Arman, César, Fabri, etc.

HÔTEL LES ROCHES
(Propriétaire-chef : Laurent Tarridec)
1, avenue des Trois-Dauphins, Aiguebelle, Le Lavandou 83980.
Tél. 94 71 05 06.
Jardins de poche exotiques et hauts en couleur, qui descendent jusqu'à la mer.

VISITES GUIDÉES DES JARDINS DE LA CÔTE D'AZUR

Ici encore les possibilités sont innombrables. Ne figurent ici que les organismes dont l'auteur est consultante.

BOXWOOD TOURS
(Directrice : Sue Macdonald)
50 Spring Road, Abingdon OX 14 1AN, Grande-Bretagne.
Tél. 235 532 701.
Visites en anglais.

BROOKLYN BOTANIC GARDEN
(Organisatrices : Lucille Plotz et Betty Schulz)
1000 Washington Avenue, Brooklyn, New York, 11225-1099, Etats-Unis.
Tél. (718) 941 4044.

KUONI NICE
(Organisatrice : Christiane Suder)
2, rue du Maréchal-Joffre, 06000 Nice.
Tél. 93 16 08 02. Fax : 93 17 15 45.

LA FAYETTE-TRAVEL
(Organisateur : Gilles Rambaud)
37 rue La Fayette, 75009 Paris.
Tél. 48 74 05 44. Fax : 42 82 14 89.

RUPERTI-REISEN
(Directeur : Dr. Ivan Ruperti)
Casa Maria, CH-6974 Aldesago/Lugano, Suisse.
Tél. 91 52 22 54.
Visites en anglais et en allemand.

THE ENGLISH GARDENING SCHOOL
(Principale : Rosemary Alexander)
Chelsea Physic Garden, 66 Royal Hospital Road, London SW3 4HS, Grande-Bretagne.
Tél. 71 352 4347.
Visites en anglais.

DÉCOR DU JARDIN

AUTOUR DE LA TERRE
82, avenue du Maréchal-Juin, Cannes 06400.
Tél. 93 43 25 40.
Beaucoup de choses : toutes sortes de jarres, émaillées ou non, des vases italiens, de la poterie d'Anduse, beaucoup de poteries anciennes.

AUX JARRES DE PROVENCE
M. Pradelli (fabricant)
Route de la Mer, Biot 06410.
Tél. 93 65 61 26.
Vaste choix de cuviers à guirlandes, à têtes de lion ou à fleurons, et de vases florentins en terre cuite brute ou à col verni, émaillé. Jarres à anses, amphores, colonnes. Coupes et paniers tressés, jardinières. Coupes et vasques.

LE CÈDRE ROUGE
4, place du commandant-Lamy, Cannes 06400.
Tél. 92 99 10 11.
Boutique proposant des jarres Lutèce en terre réfractaire, ou émaillées. Vases Médicis, coupes à pied carrré, décor de cannelures (poterie florentine). Pots florentins ronds, décorés d'angelots. Pots à tête de bélier, décorés de guirlandes (poterie florentine).

HENRI CHABAUD
Z.I. route de Gargas, Apt 84400.
Tél. 90 74 59 94.
Brocanteur chez qui on pourra chiner pour trouver des vasques et des bassins en pierre, de nombreux objets du siècle dernier : vases en fonte et jarres de Provence ou d'Espagne.

CRÉATION D. ET J.J. PLOTTIER
Le Mas de Ville Bruc, 1163, route de Roquefort, Valbonne 06560.
Tél. 93 12 04 19.
Création de vases de jardin. Vaste choix de terres cuites, de vases florentins, de sculptures et colonnes : vases à têtes de lion et guirlandes de fruits, vases aux motifs d'armoiries et de fleurs de lys, vases mazarins, corbeilles et paniers de fruits, jardinières, putti, bustes à l'antique...

DEMICHELIS
Chemin des Plaines, Mouans-Sartoux 06370.
Tél. 93 75 73 73.
Cette boutique fera le bonheur des amateurs de matériaux régionaux anciens, pouvant remonter jusqu'au XVIIIe siècle : auges, fontaines, tables et bancs...

A contacter pour avoir des informations plus précises.

ESPACE JARDIN
7, avenue de Verdun, Saint-Laurent-du-Var 06700.
Tél. 93 31 64 37.
Meubles de jardin de haute gamme, en fonte ou résine, pour les vérandas, les jardins d'hiver...

FERRONNERIE CHRISTIAN HOOGEWYS
Zone Artisanale, Route de Collobrières, Cogolin 83310.
Tél. 94 54 13 19.
Ce maître artisan crée ou réalise, à la demande, des meubles de jardin en métal, en y apportant tout son savoir-faire de maître artisan ferronnier. Le visiteur aura le choix entre toutes sortes de lignes de fauteuils, consoles, tables et canapés. Christian Hoogewys réalise des balancelles, mais également des pergolas, des kiosques et gloriettes.

PATRICE HENRY-BIABAUD, POTIER DU JARDIN
Les Vergers, La Garde-Freinet 83680.
Tél. 94 43 62 18.
Pots et poteries décoratives en forme de citrouilles, etc.

MAISON JARDIN
2347, avenue du Maréchal-Alphonse-Juin, Mougins 06250. Tél. 93 46 29 13.
Ce fabricant réputé pour son goût de la tradition et de l'authenticité, en même temps que pour sa créativité sans cesse renouvelée, propose des réalisations en pierre, plâtre ou terre cuite, allant des réalisations monumentales qui font la transition entre maisons et jardins – telles que colonnes et ballustrades – aux poteries de jardin.
Maison Jardin offre une large gamme de vases, de jardinières, de statues et de personnages de jardins, ainsi que de fontaines de styles variés, disponibles en magasin, mais aussi sur commande. La remarquable maîtrise des techniques au service d'une inspiration antique et classique.

MOSAÏQUES POUR JARDINS ET INTÉRIEURS
254, chemin du Refuge, Mougins 06250.
Tél. 93 69 33 96.
Liz More-Gordon est une Anglaise de talent, qui s'est installée récemment sur la Côte d'Azur.

OBJETS TROUVÉS
1, place des Lices, Saint-Tropez 83990.
Tél. 94 97 73 04.
Espace de décoration consacré à la Nature, avec une collection de meubles en fer de couleur rouille, et de meubles de rotin, ainsi que des chaises de formes originales.

PÉPINIÈRES CLÉMENT
(Brigitte ou Danièle Clément)
95, avenue de la Buge, Sanary-sur-Mer 83110.
Tél. 94 74 15 86.
Vaste choix. Poteries classiques, provençales en terre cuite, émaillées et vietnamiennes. Statues, auges, pierre reconstituée. Poterie en terre cuite d'origine, française, espagnole et italienne, en style pur ou très décoré. Tables décorées Opus-Incertum de toutes tailles, fabriquées à la demande.

POTERIE DES 3 TERRES
Florence et Christian Ploix, B.P. n°6,
Grimaud 83310.
Tél. 94 43 21 62.
A Grimaud-Village, au cœur de Saint-Tropez, la poterie des 3 Terres s'est fait, depuis bientôt trente ans, une réputation internationale grâce à la qualité de ses réalisations. L'atelier d'exposition de Christian et Florence Ploix offre un vaste choix de carreaux peints à la main, mais aussi des créations sur mesure de poteries de jardin émaillées où le blanc s'associe à des couleurs acidulées, ainsi que des enseignes de maison.

LA POTERIE PROVENÇALE
M. Augé Laribé (fabricant), 1689, route de la Mer, Biot 06410.
Tél. 93 65 63 30.
Les Augé-Laribé sont une famille de potiers respectée depuis les années 1920, dans un village renommé pour son argile depuis les temps préhistoriques. Tous les grands jardins ont des pots d'Augé-Laribé. Jarres modernes ton naturel, jarres traditionnelles à col vert.

R. C. B. CARRELAGES
Quartier de la Chaux, Grimaud 83310.
Tél. 94 43 22 82.
Ce vaste espace de la terre cuite et du carrelage ne laisse place qu'à l'authentique, pour renforcer le caractère des maisons traditionnelles. Reprenant des matériaux anciens, il propose à la fois des créations anciennes, qui remontent au XVIIIe siècle (portails, fontaines, lavoirs, bassins, jarres anciennes, vases d'Anduze...), mais également des créations récentes, fabriquées selon les méthodes d'autrefois.

SUN FURNITURE
"Galeries de Beaumon", Chez Pépinière Sergui, RD 2085, Roquefort-Les-Pins 06330.
Tél. 93 77 15 56.
Hans Wagener, représentant d'une grande société thaïlandaise de meubles en teck, d'une grande résistance aux intempéries et aux années, propose un grand nombre de modèles de meubles de jardin et de véranda, allant du style anglais le plus traditionnel de la fin du siècle dernier, à des modèles contemporains.

TERRE À TERRE
58, avenue Georges-Clemenceau,
Vallauris 06220.
Tél. 93 63 16 80.
Jarres en terre cuite émaillée, de différents coloris.

LA TREILLE MUSCADE
1, place Pellegrini, Nice 06000.
Tél. 93 89 57 53.
Anciens vases d'Anduse, au jaspé traditionnel du pays. Vrais vases d'Anduze jaspés vert et marron sur fond jaune.

UN JARDIN EN PLUS
Boutique, 19-21, rue des Serbes.
Cannes 06400.
Tél. 93 38 41 94.
Vend les poteries du fabricant d'Aubagne : "Les Poteries de Méditerranée".

ALAIN VAGH
Route d'Entrecastreaux,
Salernes 83690.
Tél. 94 70 61 85.
Dans ce célèbre atelier de Salernes, on peut trouver, outre tous les revêtements de sols en terre cuite naturelle, et en carreaux émaillés, des créations de mobilier pour l'extérieur en lave émaillée.

LA VÉRANDAH DÉCORATION
32, quai Sanbarbani, Port-de-Fontvielle,
Monaco 98000.
Tél. 92 05 24 01.
M. Jean-Louis Favre vend toutes sortes de mobiliers : artisanal, classique, en fer forgé... Il propose également des poteries toscanes, des poteries d'Anduze...

PLANTES DES JARDINS DE LA CÔTE D'AZUR

Cette liste ne comprend pas les plantes communes dans toute l'Europe, à moins qu'elles ne soient particulièrement caractéristiques du Midi, non plus que les plantes de collection, bien que les chasseurs de plantes soient aujourd'hui nombreux dans la région. Nous y avons fait figurer les plantes que l'on trouve fréquemment dans bon nombre de jardins de la Côte d'Azur. Nous remercions ici Pierre et Monique Cuche, qui ont aidé à établir cette liste. Elle s'appuie sur le New Royal Horticultural Society Dictionary of Gardening (1992) pour les noms scientifiques. La plupart des noms français sont tirés du tome second du *Bon Jardinier* (1964).

Abutilon megapotamicum, *A. striatum* syn. *A. pictum*

Acacia baileyana, *A. dealbata* : mimosa ; *A. farnesiana* : cassie ; *A. floribunda*

Acanthus mollis : acanthe à feuilles molles, branc-ursine, *A. spinosa*

Aeonium, esp.

Agapanthus umbellatus syn. *A. africanus* et cultivars : agapanthe

Agave, esp.

Aloe, esp. : aloes

Aloysia triphylla syn. *Lippia citrodoria*

Amaryllis belladonna : amaryllis belladonna

Ampelopsis, esp. : vigne vierge

Anemone coronaria : anémone des fleuristes

Anthemis frutescens syn. *Argyranthemum frutescens* syn. *Chrysanthemum frutescens* : anthémis frutescente

Arbutus unedo : arbre aux fraises, arbousier

Arctotis, esp. et hybrides

Artemesia, esp. : armoise

Asphodelus microcarpus syn. *A. aestivus*

Bambusa, esp. : bambou

Beschorneria yuccoides

Bignonia capreolata

Bougainvillea glabra : bougainvillée ; *B. spectabilis*

Brahaea : palmier

Broussonetia papyrifera : mûrier à papier, mûrier de Chine

Buddleja davidii, *B. madagascariensis*, *B. oficinalis* : arbre à papillons, arbuste aux papillons, lilas d'été

Butia capitata

Buxus : buis ; *B. balearica* : buis de Mahon ; *B. sempervirens* : buis commun

Cactaceae genres et esp. : cactacées, famille des cactées

Callistemon, esp. : callistémon

Camellia, esp. et cultivars

Campsis radicans : jasmin de Virginie, trompette de Jéricho

Carpobrotus edulis : figue des Hottentots

Caryopteris, esp. et cultivars ; *C. incana* : barbe bleue

Cassia, esp. : séné

Catalpa bignonioidies : catalpa commun

Ceanothus, esp. : céanothe

Cedrus deodora : cèdre de l'Himalaya ; *C. libani*, cèdre du Liban ; *C. libani sp.* Atlantica, cèdre de l'Atlas

Celtis australis : micocoulier

Ceratostigma larpentae : dentelaire, *C. wilmottianum*

Cercis siliquastrum : arbre de Judée

Cestrum aurantiacum, *C. nocturnum*, *C. purpureum*

Chamaerops humilis : palmier nain

Choisya ternara : oranger du Mexique

Cistus albidus, *C. crispus*, *C. ladanifer*, *C. laurifolius*, *C. parviflorus*, *C. monspeliensis*, *C. salviifolus* et hybrides : ciste

Citrus aurantium : bigaradier, oranger amer ; *C. limon* : citronnier ; *C. medica* : cédratier ; *C. nobilis* ; *C. x paradisi* : pomelo ; *C. reticulata* : clémentinier ; *C. sinensis* : oranger

Clematis armandii et cultivars : clématite

Clerodendron bungei, *C. fragrans* syn. *C. philippinum* : clérondendron

Convolvulus cneorum, *C. mauritanicus* syn. *sabatius* : convolvulus

Cordyline australis, *C. indivisa*

Coronilla emerus : coronille des jardins, séné bâtard, *C. valentina ssp. glauca*

Crinum, esp.

Crocus sativus et autres esp.

Cupressus : cyprès, *C. lusitanica* : cyprès de Goa, de Busaco ; *C. macrocarpa* : cyprès de Monterey ; *C. sempervirens*

Cycas revoluta

Cyclamen, esp.

Cydonia : cognassier

Cytisus, esp., *C. scoparius* syn. *Genista scoparius* : genêt commun, genêt à balai

Datura arborea syn. *Brugmansia arborea* : stramoine en arbre ; *D. candida, D. chlorantha* syn. *D. metel, D. sanguinea, D. suaveolens, D. versicolor*, et cultivars

Dimorphotheca aurantiaca syn. *D. sinuata, D. ecklonis* syn. *Osteospermum ecklonis*

Diospyros, esp. : plaqueminier

Distictis buccinatoria syn. *Phaedranthus buccinatorius*

Dracaena, esp.

Echeveria, esp.

Echium fastuosum

Eleagnus, esp. : chalef

Erica arborea, E. lusitanica : bruyère du Portugal

Eriobotrya japonica : bibacier, néflier du Japon

Erysimum bicolor 'Bowles Mauve', *E. cheiri* syn. *Cheiranthus cheiri* : giroflée jaune, violier, ravenelle, rameau d'or

Eucalyptus, esp.

Euphorbia candelabrum, E. myrsinites, E. resinifera : euphorbe

Euryops pectinatus

Exochorda grandiflora syn. *E. racemosa*

Feijoa sellowiana

Felicia amelloides : paquerette bleue, aster du Cap

Ficus carica : figuier ; *F. pumila*

Freesia, esp. et cultivars

Fremontodendron californicum

Gazania longiscapa syn. *G. linearis, G. rigens*

Genista monosperma syn. *Retama monosperma* : genêt

Grevillea, esp.

Hebe, esp. et cultivars : hèbe

Helleborus corsicus, H. foetidis, H. oriental, H. niger : hellébore

Hibiscus rosa-sinensis, H. syriacus : hibiscus

Hypericum 'Hidcote' : millepertuis

Ipomoea leari syn. *I. indica, I. purpura* : volubilis

Iris germanica, I. japonica, I. unguicularis syn. *Iris stylosa*

Jasminum humile : jasmin d'Italie ; *J. officinale, J. grandiflorum* : jasmin d'Espagne, *J. polyanthum*

Jubaea chilensis

Juniperus, esp. : genévrier

Koelreuteria paniculata : savonnier

Lagerstroemia indica : lilas des Indes

Lampranthus, esp.

Lantana camara, L. montevidensis syn. *sellowiana*

Laurus nobilis : laurier d'Apollon, laurier franc, laurier noble, laurier-sauce

Lavandula : lavande ; *L. angustifolia* syn. *officinalis* syn. *spica* syn. *vera, L. dentata, L. latifolia, L. stoechas*

Lavatera : lavatère ; *L. arborea* : mauve en arbre ; *L. maritima, L. olbia* : lavatère d'Hyères ; *L. thuringiaca*

Leonotis leonurus

Leptospermum lanigerum syn. *pubescens*

Lonicera, esp.

Lotus berthelotii

Magnolia grandiflora : magnolia à grandes fleurs

Mahonia aquifolium, M. japonica, M. lomariifolia

Mandevilla laxa syn. *suaveolens*

Melia azederach : lilas des Indes

Melianthus major

Mesembryanthemum, esp.

Muelhenbeckia complexa

Musa basjoo, M. x paradisiaca : bananier du paradis

Muscari, esp.

Myrsine africana

Myrtus communis : myrte

Narcissus, esp.

Nerium oleader et cultivars : laurier-rose

Nolina, esp.

Olea europea var. *europea* : olivier

Ornithogalum, esp.

Osteospermum, esp.

Paeonia suffruticosa syn. *arborea* : pivoine en arbre

Pandorea jasminoides, P. pandorana

Papyrus, esp.

Parthenocissus, esp.

Passiflora caerulea, P. granadilla syn. *edulis, P. quadrangularis* : passiflore

Pelargonium, esp. et cultivars

Perovskia atriplicifolia : perovskia à feuilles d'arroche

Phillyrea, esp. : phyllyrea

Phlomis fruticosa, P. samia : phlomis

Phoenix canariensis : dattier des Canaries

Pinus halepensis : pin d'Alep, pin de Jérusalem ; *P. pinea* : pin pinier, pin pignon, pin parasol

Pittosporum tenuifolium, P. tobira, P. tobira 'Nana', *P. undulatum*

Plumbago auriculata syn. *capensis* : plumbago du Cap

Podranea ricasoliana

Polygala myrtifolia

Prunus dulcis : amandier

Punica granatum : grenadier

Quercus coccifera : chêne kermäs ; *Q. ilex* : chêne vert, yeuse ; *Q. suber* : chêne-liège

Rhamnus, esp.

Rhaphiolepis x *delacourii, R. indica, R. umbellata*

Rhus, esp. : sumac

Robinia, esp. : robinier

Rosa x *anemonoides*, R. *banksiae* 'Lutea', *R. chinensis odorata* 'Sanguinea', *R. chinensis* 'General Schablikine', *R. indica major*, *R. laevigata* 'La Follette'

Rosmarinus, esp. : romarin

Russelia equisetiformis syn. *juncea*

Ruta graveolens : rue

Salvia azurea, S. buchananii, S. elegans, S. greggii, S. guaranitica, S. involucrata, S. leucantha, S. x *superba* : sauge

Santolina, esp. : santoline

Satureia montana : sarriette vivace

Sedum, esp.

Sempervivum, esp. : joubarbe

Schinus molle : faux poivrier

Scilla peruviana : scille ou jacinthe du Pérou, et autres esp.

Senecio : séneçon ; *S. cineraria* syn. *Cineraria maritima* : cinéraire maritime ; *S. grandifolius* syn. *Telanthophora grandifolia, S. greyi* syn. *Brachyglottis greyi, S. petasites*

Solandra maxima syn. *hartwegii, S. grandiflora*

Solanum aviculare, S. jasminoides, S. rantonettii, S. wendlandii : solanum

Stachys byzantina syn. *lanata*

Sternbergia lutea

Strelitzia regina

Streptosolen jamesonii

Syringa, esp. lilas

Tamarix : tamaris ; *T. africana, T. gallica, T. parviflora, T. pentandra*

Tecomaria capensis

Tecoma stans

Teucrium fruticans : germandrée

Thunbergia : thunbergie ; *T. alata, T. grandiflora*

Thymus, esp. : thym

Trachelospermum jasminoides syn. *Rhynchospermum jasminoides* : jasmin étoilé

Tropaeolum, esp.

Tulipa, esp. : tulipe

Urginea maritima : scille maritime

Verbena, esp. et hybrides : verveine

Veronica, esp. : véronique

Viburnum tinus : laurier-tin

Vitis, esp. et hybrides : vigne

Vittidinia triloba syn. *Erigeron karvinskianus* syn. *E. mucronatus*

Vitex agnus castus : gattilier commun, agneau chaste, arbre au poivre, arbre à poivre

Washingtonia filifera : palmier

Wisteria : glycine ; *W. floribunda, W. japonica, W. sinenis*

Zantedeschia aethiopia : arum d'Ethiopie

Zizyphus jujuba : jujubier

BIBLIOGRAPHIE

HISTOIRE DES JARDINS

Boursier-Mougenot, Ernest J.-P. et Racine, Michel, *Jardins de la Côte d'Azur*, Edisud Arpej, Aix-en-Provence, 1987.

Byk, Christian, *Guide des jardins de Provence et de Côte d'Azur*, Editions Berger Levrault-Nice Matin, Paris, 1988.

Cameron, Roderick, *The Golden Riviera*, Editions Limited, Honolulu, 1975.

Dejean-Arrecgros, J., *Les Itinéraires fleuris de la Côte d'Azur*, Delachaux et Niestlé, Neuchâtel, 1980.

Castries, duc de, *Merveilles des châteaux de Provence*, Hachette, Paris, 1965.

Fortescue, Winifred, *Perfume from Provence*, William Blackwood and Sons, Edimbourg, 1950.

Mosser, Monique et Teyssot, Georges, *Histoire des jardins de la Renaissance à nos jours*, Flammarion, Paris, 1991.

Quest-Ritson, Charles, *The English Garden Abroad*, Viking, Londres, 1992.

Rose, Rosa, Rosae, catalogue d'exposition, Musée international de la parfumerie, Grasse, 1991.

Russell, Vivian, *Gardens of the Riviera*, Little Brown and Co., Londres, 1993.

Valéry, Marie-Françoise et Léveque, Georges, *French Garden Style*, Francis Lincoln, Londres, 1991.

Zuylen, Gabrielle van et Pereire, Anita, *Jardins privés en France*, Arthaud, Paris, 1983.

Zuylen, Gabrielle van et Schinz, Marina, *The Gardens of Russell Page*, Stewart, Tabori and Chang, New York, 1992.

OUVRAGES PRATIQUES

Becker, M., Picard, J.F., Timbal, J. *Je reconnais les arbres, arbustes et abrisseaux : région méditerranéenne*, André Leson, Paris, s.d.

Dejean-Arrecgros, J., *Comment aménager son jardin en Provence et sur la Côte d'Azur*, Solar, Paris, 1982.

Delange, Yves, *Les Fleurs des jardins méditerranéens*, Larousse, Paris, 1991.

Delange, Yves, *Le Jardin familial méridional*, Paris, La Maison Rustique, 1980.

Delange, Yves, *Les Végétaux des milieux arides*, Editions du Rocher, Paris, 1992.

Giuglaris, August Louis, *De l'acclimatation des végétaux dans le Midi de la France*, Société générale de l'imprimerie, Nice, 1940.

Harant, H., et Jarry, D., *Guide du naturaliste dans le Midi de la France*, Delachaux et Niestlé, Neuchâtel, 1967, 2 volumes.

Huxley, Anthony, sous la direction de, *The New Royal Horticultural Society Dictionary of Gardening*, Macmillan, Londres, 1992, 4 volumes.

Latymer, Hugo, *The Mediterranean Gardener*, Frances Lincoln, Londres, 1990.

Menzies, Yves, *Mediterranean Gardening : a Practical Handbook*, John Murray, Londres, 1991.

Noailles, vicomte de et Lancaster, Roy, *Plantes de jardins méditerranéens*, Larousse, Paris, 1977.

Phillips, Roger, *Fleurs de Méditerranée*, Bordas, Paris, s.d.

Polunin, Oleg et Huxley, Anthony, *Flowers of the Mediterranean*, The Hogarth Press, Londres, 1987.

Productions végétales à l'INRA : aspects méditerranéens, INRA, Paris, 1983.

ART ET LITTÉRATURE

Bine-Muller, Noëlle et Allary, Daniel, *Rêveuse Riviera*, Herscher, Paris, 1983.

Blume, Mary, *Côte d'Azur : Inventing the French Riviera*, Thames and Hudson, Londres, 1992.

Boyle, Kate, *Year before Last*, Virago, Londres, 1986.

Colette, *La Naissance du Jour*, Garnier-Flammarion, Paris, 1969.

Colette, *Prisons et paradis*, Fayard, Paris, 1986.

Delbanco, Nicolas, *Running in Place : Scenes from the South of France*, The Atlantic Monthly Press, New York, 1989.

Durrell, Lawrence, *Caesar's Vast Ghost*, Faber and Faber, Londres, 1990.

Durrell, Lawrence, *L'Esprit des lieux : lettres et essais de voyage*, Gallimard, Paris, 1976.

Fitzgerald, F. Scott, *Tendre est la nuit*, Belfond, Paris, 1985.

Fitzgerald, F. Scott, *Letters*, éd. Andrew Turnbull, Bantam, New York, s.d.

Flaubert, Gustave, *Voyage dans les Pyrénées et en Corse*, Editions Entente, Paris, 1983.

Forbes, Leslie, *A Taste of Provence*, Little Brown and Co., Boston et Toronto, 1988.

Ford, Ford Madox, *Provence*, Ecco Press, New York, 1979.

Gostling, Frances M., *The Lure of the Riviera*, Robert M. McBride and Co., New York, 1927.

Howarth, Patrick, *When the Riviera Was Ours*, Century, Londres, 1977.

Jacobs, Michael, *A Guide to Provence*, Viking Penguin, Londres, 1988.

James, Henry, *A Little Tour in France*, Oxford University Press, Oxford, 1984.

Maupassant, Guy de, *Sur l'Eau*, Minerve, Paris, 1989.

Nabokov, Vladimir, *A Russian Beauty and Other Stories*, Penguin, Londres, 1973.

Rezvani, *Divagation sentimentale dans les Maures*, Chêne, Paris, 1979.

Sontag, Susan, *On Photography*, Dell, New York, 1977.

Stendhal, *Mémoires d'un touriste : Voyage dans le Midi*, Maspéro, Paris, 1981.

Tomkins, Calvin, *Living Well is the Best Revenge*, Dutton, New York, 1982.

Wickes, George, éd. "Readings for Innocents Abroad", anthologie de fragments littéraires, Avignon, 1985.

Yapp, Peter, éd. The Travellers' Dictionary of Quotation, Routledge, Kegan Paul, Londres, 1983.

I N D E X

Aberconway, lady, 46
Aix-en-Provence, 79
Albert 1er de Monaco, 13, 181
Aldobrandini, villa, 68
America, villa, 46
Andon, villa d', 17
Antibes, 9, 46, 76, 146
Arboireau, Nicole, 144, 145
Arcadie, villa, 140
Arnulfi, docteur, 16
Arson, villa, 16
Aurelia, via, 33
Aurelia, villa, 145
Auric, Georges, 67

Bac, Ferdinand, 22, 60, 61, 98, 159, 160, 165, 185
Bar-sur-Loup, 138
Beauchamp, comtesse, 156
Beaulieu-sur-Mer, 40, 43, 160
Beethoven, Ludwig van, 93
Ben, 95
Bennett, James Gordon, 13
Berlioz, Hector, 13
Biot, 68, 79
Bogarde, Dirk, 76
Bolt, John, 185, 188
Bonaparte, prince, 34
Bonaut, famille, 135
Bormes-les-Mimosas, 13, 182
Boursier-Mougenot, Ernest, 13, 17, 165, 185
Boyle, Kay, 38, 40
Brewster, miss, 16
Brougham, lord, 10, 13, 104, 151
Burton, Richard, 159

Cabris, 76, 105
Cagnes-sur-Mer, 76
Cameron, Roderick, 10, 40, 68, 156, 159, 160, 165, 166, 172
Campadonico, docteur, 32
Campbell, miss, 64
Cannes, 10, 13, 17, 22, 77, 79, 104, 120, 146, 151
Cap, hôtel du, 46
Cap-d'Antibes, 34, 43, 46
Cap-Ferrat, 117, 156, 159
Cap-Martin, 52, 185, 188
Carnolès, palais, 20, 64
Carol, Martine, 98
Carpaccio, Vittore, 61
Carrier-Belleuse, 73
Carven, Mme, 199
Casella, La, 188, 190, 194, 199
Castellane, 107
Castel Mougins, Le, 85, 88
Castel Sainte-Claire, Le, 66, 67
Cèdres, jardin botanique privé des, 25, 38, 40
César, 16
Cézanne, Paul, 61
Champin, M. et Mme, 68
Châteauneuf, villa, 16
Château-Notre-Dame-des-Fleurs, abbaye, 88
Cherkassky, prince, 151
Chèvre d'Or, La, 68, 190
Chibois, Jacques, 80
Churchill, Winston, 43
Cimiez, 16

Clément, Gilles, 181, 182
Clos du Peyronnet, Le, 55, 56, 60, 68
Colette, 147
Colettes, ferme des, 76
Colombières, jardin des, 22, 60, 61
Correvon, Henri, 170
Corse, 52
Courmes, Alfred Théodore, 181
Courtright, Robert, 92, 95
Croisset, villa, 98
Cypris, villa, 188

Diffring, J., 96
Domergue, Jean Gabriel, 22
Dos Passos, John Roderigo, 46
Draguignan, 105, 140, 142
Duchêne, Achille, 22
Dumas Fils, Alexandre, 13

Eilen Roc, villa, 46
Eléonore, villa, 10
Eugénie, impératrice, 52
Eugénie, princesse, 185
Eze, 181

Fiesole, villa, 22
Fiorentina, La, 147, 156, 159, 160, 165, 166, 168, 175
Fitzgerald, Francis Scott et Zelda, 43, 51
Flaubert, Gustave, 20
Fontana Rosa, propriété, 64
Ford Madox Ford, 76
Foress, lady, 117
Forestier, Jean-Claude Nicolas, 22, 79
Fort-de-France, Le, 102, 104
Fortescue, lady, 76, 77, 104, 118
Foux, La, 141
France, Anatole, 43
Franco, Francisco, 29
Fréjus, 144, 145

Galayes, Léon, 13
Garavan, baie de, 9, 20, 29, 55, 61, 64
Garbo, Greta, 159
Garibondy, villa, 17, 117
Garnier, Charles, 64
Garoupe, château de La, 43, 46, 47, 51, 52
Gary, Romain, 159
Gastaldo, Paola, 32
Gauthier-Vignal, famille, 151
Givenchy, Hubert de, 165
Godard, Octave, 22
Goethe, Johann Wolfgang von, 17
Gola, Etienne, 181
Goldsworthy, Andy, 95, 96
Goris-Poncé, Bruno, 117, 118, 120, 121, 122, 135
Costling, Frances M., 20
Gounod, Charles, 13
Grant, Ulysses Simpson, 34
Grasse, 10, 16, 17, 68, 71, 72, 76, 79, 80, 84, 85, 88, 97, 98, 105, 109, 112, 113, 140, 152, 174, 175
Gubernatis, comte, 16
Guévrékian, Gabriel, 66, 67
Guillermin, Mme, 134, 135, 138

Hanbury, famille, 9, 20, 29, 32, 33, 34
Harvey, Jane, 68

Haudebourg, Marie-Thérèse, 133, 134, 135
Hebding, René, 40
Hemingway, Ernest, 46
Hesse, Lucien, 185
Heyser, Les, 140
Hicks, David, 159
Hillier, Harold, 52
Homère, 61
Horizon, villa, 43
Howarth, Patrick, 13
Hyères, 9, 20, 66, 67, 68, 71, 80, 127, 181

Ibañez, Blasco, 64
Ile-de-France, villa, 40, 42, 43
Isola Bella, villa, 64

Jagger, Mick, 188
Jekyll, Gertrude, 170
Johnston, Lawrence, 25, 52, 55, 60, 61, 71, 76, 113, 117
Joséphine, impératrice, 13

Karr, Alphonse, 13
Kenmare, comtesse de, 159

Lancaster, Roy, 32, 73
Lavandou, Le, 181
Léger, Fernand, 92
Leng, Basil, 55, 68
Leopold II de Belgique, 34, 159
Leopolda, La, 159
Lesseps, Ferdinand de, 64
Liégeard, Stéphane, 9
Lubéron, Le, 159
Lytton, lord, 16

MacLeish, Archibald, 46
Macquart-Moulin, François, 181
Madone, serre de la, 25, 60, 61, 71, 117
Maeght, Adrien, 92
Maeght, fondation, 92
Maeght, Marguerite et Aimé, 92
Maeterlinck, Maurice, 199
Mainella, Rafael, 185, 188
Malesherbes, domaine de, 130
Mallet-Stevens, Robert, 66
Malmaison, La, 13
Mansfield, Katherine, 64
Marnier-Lapostolle, famille, 34, 38
Marseille, 79
Martigues, 140
Martineau, Mme, 22, 117
Maugham, Somerset, 13, 34, 139, 159
Maujendre-Villiers, Odette, 22
Maupassant, Guy de, 13, 43, 64
Mauresque, villa, 34
Menton, 20, 22, 25, 29, 55, 60, 61, 64, 76, 117, 181
Mérimée, Prosper, 13
Millau, Christian, 147
Miró, Juan, 92
Monaco, 13, 22, 40, 52, 181, 185, 188
Moncaco, princesse Grace de, 122, 123, 126
Monnier, Yves, 64
Monte-Carlo, 13
Mortola, La, 20, 29, 32, 33, 190
Mouchy, duchesse de, 68
Mougins, 146
Moulin de Mougins, Le, 176

210

INDEX

Murphy, Gerald et Sarah, 46
Murville, famille, 145
Mus, Jean, 98, 100, 104, 105, 106, 107, 108, 146, 147, 174, 175, 176, 177, 199
Musée archéologique de Nice, 16
Mussolini, Benito, 29

Napoléon Ier, 185
Napoule, La, 146, 183
Nice, 9, 13, 16, 17, 20, 22, 76, 140, 147, 199
Nicolas de Russie, grand-duc, 43
Nicolson, Harold, 61
Noailles, Marie-Laure de, 66, 67
Noailles, vicomte de, 10, 66, 68, 71, 72, 73, 76, 105, 113, 126, 152, 168
Noailles, villa, 66, 67, 68, 71, 72, 73, 77
Norman, Anthony, 43, 47, 51, 52

Orengo, villa, 9, 29
Ouganda, roi de l', 159

Page, Russell, 71, 77, 85, 113, 135, 145, 159, 168, 172, 199
Paget, famille, 17
Palladio, 61
Parr, Tom, 188, 190, 194
Pellizzaro, Dino, 17, 139, 140
Perrier, Mme, 140
Peto, Harold, 22, 34, 38, 117, 199
Pian, parc du, 64
Picasso, Pablo, 46
Polignac, princesse de, 79
Pollonais, villa, 34
Pompadour, Mme de, 190
Porter, Cole, 43, 46, 51
Poteau, Raymond, 122
Potez, Henri, 181, 183
Profumo, Paola, 29, 32

Quatre Sources, Les, 159
Quest-Ritson, Charles, 60, 159
Quillier, Pierre, 67

Racine, Michel, 13, 17, 165, 185
Radcliff, lord, 64
Ray, Man, 66
Rayol, domaine du, 181, 182, 183
Renoir, Pierre Auguste, 76
Robinia, Henri, 181
Romeda, Bruno, 92, 93, 95, 96
Ronalle, marquis de, 88
Roquebrune, villa, 52, 55, 68
Rosemary, villa, 117
Rosset, Edouard, 170
Rothschild, Béatrice Ephrussi, baronne de, 40, 42, 43, 151
Roure, mas du, 96
Rouret, Le, 76
Roy, bastide du, 79
Ruys, Mien, 170

Saint-Antoine, bastide de, 80
Saint-Jean, ferme, 79, 98, 100, 104
Saint-Jean-Cap-Ferrat, 34, 40, 43, 118, 139, 165
Saint-Paul-de-Vence, 92, 145, 176
Saint-Raphaël, 13, 144
Saint-Tropez, 147, 181
Sand, George, 34
Scheinert, sœurs, 77, 120
Serena, Maria, 13, 25, 64
Sert, Jose Luis, 92
Sévigné, Mme de, 17
Smithers, sir Peter, 68
Smollett, Tobias, 16, 113
Stark, Freya, 159
Stein, Gertrude, 46
Stendhal, 10
Stérenal, villa, 174, 176, 177
Stern, Ernesta, 185
Stravinski, Igor, 46
Streitz, Robert, 190
Sturdza, princesse, 68
Suède, roi de, 13
Symons-Jeune, Bertram, 29
Synge, Patrick M., 55

Talleyrand-Périgord, Charles Maurice de, 16
Taylor, Elizabeth, 159
Taylor, John, 13
Terry, Emilio, 71, 80, 190
Thuret, Gustave, 34, 183
Toklas, Alice, 46
Tomkin, Calvin, 46
Torre Clementina, La, 183, 185, 188
Treille Muscate, La, 147
Truskowski, Robert, 188

Umberto d'Italie, roi, 43

Valbonne, 95, 96, 146
Valéry, Paul, 66
Vallauris, 139, 146
Val Rameh, villa de, 64
Vence, 88
Verey, Rosemary, 126
Vergé, Roger, 176
Verne, Jules, 43
Viale Nuovo, jardin, 32
Viane, Loup de, 145, 146
Victoria, reine, 10, 13, 17, 33, 117, 199
Vigier, comtesse de, 20
Vignal, château du, 151, 152, 156, 174, 175, 176
Villefranche-sur-Mer, 38, 40, 42, 147, 166
Vilmorin, Louise de, 159
Vintimille, 29
Virgile, 22
Vitale, M., 40

Waldner, baronne de, 68
Warre, Norah, 52, 55
Waterfield, famille, 55, 56, 60, 68
West, Vita Sackville, 61
Wharton, Edith, 66, 118, 151
Wilmotte, Jean-Michel, 93
Windsor, duchesse de, 43
Woolfield, Thomas Robinson, 10

Young, Charles T., 185

CRÉDITS

Toutes les photos de cet ouvrage sont de Vincent Motte
à l'exception de celles des pages 12, 13, 17 (haut), 25, 34 (les deux photos),
39 (bas), 56 (bas), 64 (haut), 65, 106 (gauche), 112, 113, 126, 127, 130 (bas),
152 (les deux photos), 181 et 182, qui sont de Louisa Jones.

REMERCIEMENTS

Mes chaleureux remerciements vont à tous les propriétaires de jardins sur la Côte d'Azur qui m'ont si aimablement reçue, souvent à plusieurs reprises ; aux savantes personnes qui ont généreusement partagé leurs différentes compétences et leurs contacts dans le monde des jardins, notamment Jean-Marie Rey, William Waterfield, Ariane Van der Elst, Bruno Goris, Fleur Champin, Hélène Costa, Rosemary Verey, Paul Hanbury, Jean Lafont, Anne Simonet, Corinne Prouvost, Roger Vergé, François Millo, Paola Profumo, Joanna Millar, Jean Harvey, Dino Pellizzaro, René Hebding, Marcel Nahmias, Vivian Russell, Frédéric Billy, Christine Lippens, Pierre Escoffier, Richard Norman, Dominique Lafourcade, Klaus Scheinert, Michèle Dental, Gilles Clément et Xavier Girard ; à Jean Mus, pour ses inimitables visites de jardins et ses idées inépuisables ; au Comité régional du tourisme de Nice et à la municipalité de Menton ; à Vincent Motte pour le grand talent avec lequel il a saisi ces jardins sur pellicule ; à Florence Picard, qui a prodigué ses soins patients et attentifs à ce manuscrit, mois après mois ; à toute l'équipe de Flammarion, en particulier à Diana Groven et à Laurent Breton, ainsi qu'à Christa Weiler, qui a préparé le texte. A Nicole Arboireau, à Pierre et Monique Cuche pour leurs conseils et leur aide dans l'établissement de la liste de plantes et du carnet d'adresses. A Monsieur Chaurand, qui a patiemment livré tous les colis urgents ! Et un merci particulier à William Waterfield, qui a scrupuleusement relu le texte anglais pour en éliminer les inexactitudes scientifiques et les effroyables canadianismes – encore qu'il reste suffisamment de ces derniers pour amuser le lecteur indulgent.

Louisa Jones

J'aimerais exprimer toute ma reconnaissance aux personnes qui m'ont apporté leur précieuse collaboration pendant les prises de vues : Evelyne et Yves Canus, M. et Mme Lamy, M. et Mme Cuche, M. et Mme Stead, M. Klaus Scheinert, ainsi que Mme Ferrari.

Vincent Motte